本书为2016年国家社会科学基金青年项目"运用土地出让金为保障房建设融资的可行性和最优策略研究"阶段性成果，批准号16CJL009。

一本书看懂中国楼市

刘 璐◎著

西南财经大学出版社

四川·成都

图书在版编目(CIP)数据

一本书看懂中国楼市/刘璐著.—成都:西南财经大学出版社,2019.9
ISBN 978-7-5504-3818-7

Ⅰ.①一… Ⅱ.①刘… Ⅲ.①房地产市场—研究—中国 Ⅳ.①F299.233

中国版本图书馆 CIP 数据核字(2018)第 256069 号

一本书看懂中国楼市
YIBENSHU KANDONG ZHONGGUO LOUSHI

刘 璐 著

总 策 划:李玉斗
策划编辑:何春梅
责任编辑:周晓琬 何春梅
封面设计:墨创文化
责任印制:朱曼丽

出版发行	西南财经大学出版社(四川省成都市光华村街 55 号)
网 址	http://www.bookcj.com
电子邮件	bookcj@foxmail.com
邮政编码	610074
电 话	028-87353785
照 排	四川胜翔数码印务设计有限公司
印 刷	四川新财印务有限公司
成品尺寸	165mm×230mm
印 张	21.5
字 数	346 千字
版 次	2019 年 9 月第 1 版
印 次	2019 年 9 月第 1 次印刷
书 号	ISBN 978-7-5504-3818-7
定 价	88.00 元

完整剖析2012—2018年中
连续发生的两轮楼市周期

完整剖析2012—2018年中
连续发生的两轮楼市周期

（直100）。

0月起新房"限价"带来的影响）。

E的参考意义。

17年3月
一轮调控
级、二手
房限购

月
川楼
剧

2017年9月
成都地铁
10号线

2017年12月
中央经济工作会
议对房地产业发
展的启示

2018年7月
精装房困局如
何"破局"

2017年4月
四川自贸区挂牌对楼市
影响有限，成都
"4.6"土拍"洼地"填
坑，"限售"登场，土
拍高地价引关注，楼市
调控背后的逻辑

2017年8月
成都近郊土拍
陆续"上万"

2018年1月
宅基地入市
引关注

2018年9月
土地市场回
归理性

Apr-17　Jul-17　Oct-17　Jan-18　Apr-18　Jul-18　Oct-18　Jan-19　Apr-19

2017年5月
"VR"看
房引关注

2017年6月
成都地铁
4号线二期
引关注

2017年11月
成都发布楼市五
年大规，摇号选
房登场，楼市向
下拐点隐现

2018年3月
共有产权住房引关
注，美国加息和贸
易摩擦影响中国楼
市？摇号升级"刚
需优先"

2018年5月
成都发布"史上最
严"的"5.15"楼
市新政，之后摇号
中签率大幅提升

2018年8月
一线城市房租大
涨引发担忧，长
租公寓惹争议

2018年10月
大手笔"降
准"，但这次和
以往有什么不同

序言

七年，沉淀

从有出版这样一本书的想法，到付诸行动，我最吃惊的是：不知不觉中，这些年我居然写了这么多篇文章！

难怪我经常纳闷儿：时间都去哪儿了？原来我把大把大把的时间都奉献给了这些文章。

从我 2010 年 8 月博士毕业回国到现在，一晃八年多过去了。在整理这本书的时候，我的心中五味杂陈。

我阴差阳错地走上了写作财经评论这条路，感觉有点"不务正业"，因为浪费了太多本应该用于做学术研究的时间。对于当年一个刚进高校的"青椒"（青年教师的网络称法）来说，这是一种非常"奢侈"的投入。毕竟，自己的职业发展所需要的主要还是学术方面的论文，而不是这些财经评论。

这些年，如果没有花费这么多的时间和精力写了将近 200 篇对各种财经问题的评论，我肯定能写出更多更好的学术论文。"青春无悔"四个字我真不敢轻易说，因为我有时是感到"悔恨"的：有时觉得写这些文章纯属浪费时间，如果不写这些文章，从某些层面讲，我的生活也许会好很多。

特别是我在 2016—2017 年陆续开通了一些媒体发布号之后，却发现写稿早已不像以前那么简单了。这两年除了很多传统主流媒体纷纷大举进军新媒体领域之外，很多专业的媒体人或房地产从业人员也转行做了自媒体，并进行公司化运作。而我由于本职工作繁忙，只能挤时间出来写稿，这导致文章产量很低。不像别的财经或房产公众号，有少则十几人、多则几百人的专职内容写作团队，每天可以更新几篇文章。这个我没法做到，我以一己之力坚持更新自己的公众号，的确越来越感到力不从心了。但和他们相比，我又显得有些"另类"，因为我并不是自媒体从业人员。我开设公众号的初衷就是希望用更专业的财经知识去为公众解读经济发展情况，特别是与老百姓息息相关的楼市趋势。这是一个学者的社会责任。

如果能够再选一次，我还会不会再走这条路？也许，在另外的一个"平行宇宙"，就没有现在这个"学者刘璐"了。

然而，有一种东西叫"情怀"，它经常"害人不浅"。别人写这些文章赚钱，而我就是写着"玩"而已。喜欢，有时就是坚持做一件事的动力，没有其他原因。

这本书在本质上更像是一本楼市"散文"，我力图用既轻松又深刻的语言来阐述对很多财经（特别是房产）热点问题的看法。从某种意义上说，这些文章串联起来也能管中窥豹地展现我国近七年来财经热点（尤其房地产方面）的一些发展线索。本书有40%的收录篇目直接在讲成都楼市，并通过成都楼市来管窥全国楼市的走势变化。

这里面有些话题的时效性较强，但有些经济问题却是周期性地反复出现的。因此，即使在几年之后再来回顾，我当时所写的这些文章仍然具有一定的参考价值。特别地，本书所收录的这些文章，较为完整地记录了我对于"2012年小跌—2013年涨—2014年跌—2015年回暖—2016年大涨—2017年、2018年严厉调控"这七年中连续发生的两轮楼市周期（以及当前正在开始的新一轮调整周期）的一些分析和看法，对相关研究应具有一定的借鉴意义。对分析其中一些反复出现的问题可能还具有一定的工具书的功能。此外，这本书立足于分析具体的财经（房地产方面）问题，而不是在讲空洞的道理。这里面既有大问题，也有小问题，但基本上都是写作当时的热点问题。本书尝试对这些问题进行思考、解读以及探寻解决之道。从这个意义上说，这本书也有一定的实务层面的价值。

当然，这些文章只能算是我对这些问题的一些粗浅的思考。而更复杂深刻的思考就只能在学术论文中来探索了。我挑选了这些年来我所写的几十篇主要与楼市相关的评论文章，它们应该算是我这七年写作所积累的一些精华吧。

出书比写公众号文章的要求要高很多，需要更系统的结构和更严谨的文字。在整理本书收录文章的时候，为了尽量忠于写作当时的原文，我基本保留了这些文章的标题和主题，但对一些文章的内容做了较大幅度的修订。这也算是这些文章另一种形式的"新生"吧。此外，我为每一篇文章都重新配了一个"背景回顾"，主要是以现在的眼光再来回顾当时这些文章的写作背景。最后，本书增加了对文章传播效果的简单总结，以期为希望研究财经评论类文章传播规律的读者提供一些素材。

本书的主体是按照收录文章的写作年份整理为七个大的章节，而每一篇文章则自成一体为一个独立单元。本书各部分的名称分别取名为：2012 年：青涩亮相，2013 年：博客时代，2014 年：重装登场，2015 年：蓬勃发展，2016 年：全面进击，2017 年：深度转型，2018 年：日益成熟。

也许，这本书既是这几年中国房地产发展的脉络，更是我的"年轮"。从某种意义上说，这本书也见证了一个财经（房产）评论人的成长之路。

在整理这本书稿的时候，我仿佛感到时光倒流，又回到了那些年我经常熬夜写稿的日子。虽然我现在已经年近不惑，但是谁又不曾青春过呢？"挥霍"你的时间，做你想做的事，这对现在每天恨不得有 48 个小时的我来说，实在是太奢侈了。

此外，与这本书同时出版的还有我的另外一本名为《中国楼市看点：典型事件解析（2017—2018）——以成都为例》的书，是本书的姊妹篇。《中国楼市看点：典型事件解析（2017—2018）——以成都为例》一书偏重对楼市"故事线"的梳理、轻评论，更具媒体新闻的特色。而本书的描述对象虽然较为分散，但是却更加注重"垂直深度"，具有鲜明的财经评论特征。实际上，各位读者朋友如果将这两本书拿来一起阅读，将能更完整地理解中国楼市的波动变化，也会更有意思。

本书适合购房者，房地产开发企业，中介、营销代理、广告策划等第三方机构、媒体人士、金融机构、研究人员、相关专业学生以及房地产监管部门等阅读。

　　最后，本书的出版受 2016 年国家社会科学基金青年项目"运用土地出让金为保障房建设融资的可行性和最优策略研究"资助（批准号：16CJL009），特此感谢！本书虽然不是专门在写保障房的问题（其中收录了一篇专门探讨共有产权类保障房的文章，其他一些文章对保障房的问题也有所涉及），但为分析和探讨商品住房与保障性住房之间的关系提供了一个更为全面的"故事背景"。作为该项目的结项成果，我另外有两篇学术论文从一般均衡的分析框架来专门讨论商品房和保障房的关系以及相对应的政府在土地资源配置上的最优决策。

　　郑重提醒：本书所收录的文章纯属学术探讨，描述和分析客观的市场情况，不构成任何投资建议。同时，本书所收录的文章亦仅代表作者个人观点，与所供职的单位无关。

刘　璐

2019 年年初于成都

CONTENTS

目录

第三章 2014年：重装登场

第四章 2015年：蓬勃发展

第五章 2016年：全面进击

第 六 章 2017 年：深度转型

第一章
2012 年：青涩亮相

　　已经很难准确地记起笔者是从何时开始"捣鼓"着写财经评论类文章的。比较大规模地坚持写作应该是从 2012 年开始的。那时笔者主要是在新浪博客和搜房博客上写一些文章，有时也向每经智库以及《地产商》等行业期刊供稿。这一年，笔者的搜房博客获评成都搜房网"2012年度成都最具影响力博客"。

　　现在回想起来，最可惜的是没有在 2012 年就开通微信公众号。那时开通公众号的人还很少，据说稍微有点深度的文章就能获得很高的阅读量和大批粉丝。的确，什么事情都要赶早。

存准率下调，凸显我国货币政策运用日趋成熟

背景回顾

存款准备金率作为一个重要的货币政策工具，在世界各国有着广泛的应用。存准率有增有减地发生着周期性变化，但是每一段周期的大背景又会有所不同。比如说，2012 年的降准和 2015—2016 年的 6 次降准相比，所处的宏观经济大背景是有所不同的。这篇文章虽然是多年前所写的，但是其中总结的一些基本规律，对后面存准率变化的分析仍然具有参考价值。

作为结论，本文判断"本次央行降低存款准备金率对股市和楼市的影响是微弱的"。事实上，整个 2012 年国内楼市依然处于价格微跌而交易萎缩的"滞涨"状态。可见，2012 年的降准并未给楼市带来立竿见影的刺激作用。本文首次发表时间为 2012 年 2 月 20 日，首发于"每经智库"。

中国人民银行决定，自 2012 年 2 月 24 日起，下调存款类金融机构人民币存款准备金率（以下简称"存准率"）0.5 个百分点。笔者试对本次央行降低存准率的来龙去脉做一番较为深入的分析，以求抛砖引玉。

怎样认识存款准备金

存款准备金的典型特点是规模可测、可控，因而是一种比较精确的调控货币供给的货币政策。2007 年至今的历次存准率的变化趋势可见图 1-1。

显然，存准率已经成为我国在货币层面宏观调控的常用工具了。时任中国人民银行货币政策司长张晓慧曾表示："存款准备金工具具有主动性较强的特点，收缩流动性比较及时、快捷，能够长期、'深度'冻结流动性，更适合应对中长期和严重的流动性过剩局面。"

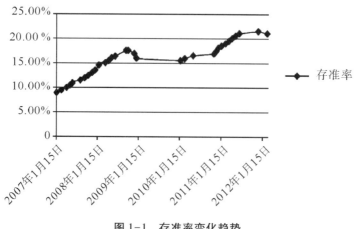

图 1-1　存准率变化趋势

"合理"的存准率的标准

　　存款准备金是中央银行要求商业银行必须存到央行的钱，这层含义从字面上看也能理解。但是，学术界也常把存款准备金看作央行对商业银行所征收的一种税收，这就不是那么容易理解的了。显然，商业银行把钱存在央行而不是投放市场，损失了可能会获得的贷款利息收益，这种机会成本就变相地构成一种税收。

　　要全面地分析存款准备金的决定，必须考察家庭/企业、金融机构和货币当局三方。显然，家庭和企业不仅进行消费与生产活动从而构成实体经济，也是流通货币的最终需求方。追求利润最大化的金融机构接受存款、发放贷款，并提供支付服务。同时，作为货币当局的中央银行通过使用存款准备金来冻结基础货币，以配合外汇市场的干预回收流动性。从存款准备金税的角度来看，货币当局会将最大化这个存款准备金税的税收作为目标。考察上述三方之间的相互联系，我们就能求得均衡的存准率水平。张晓慧、纪志宏和崔永在一篇论文①中，通过理论模型和计量模型得出的结果表明，当前我国实现准备金税最大化的最优准备金率为23%左右。这些在理论上推导出的模型是建立在一系列严格的假定基

① 张晓慧，纪志宏，崔永. 中国的准备金、准备金税与货币控制：1984—2007 [J]. 经济研究，2008（7）：65-77.

础之上的，而这些假定与实体经济运行还存在一定差距。但是，笔者认为这也许是当前学术界对我国目前适合的存准率的最佳判断。值得注意的是，这篇论文获得中国金融学会第九届全国优秀金融论文一等奖，并在央行网站公布，足见其已获央行的认可。这篇论文虽然完成于 2008 年，但在当前仍有极强的借鉴意义。

因此，笔者判断：我国货币当局所认可的最优存准率即为 23% 左右。低于 23% 的存准率水平都是政策调控可以发挥的空间，而高于 23% 的存准率水平则可能实现适得其反的调控效果，故我国货币当局会慎用。因此，我们不妨把 23% 看作当前我国存准率的一个合理的适用"上限"。

此次降准的时机分析

2012 年 1 月，我国新增贷款仅为 7 381 亿元，而存款则大幅流出 8 000 亿元。这严重影响了银行的放贷能力。鉴于资金日趋紧张，截至 2012 年 2 月中旬，央行已经连续 7 周暂停发行中央银行票据（以下简称"央票"）。此番存准率的降低所释放的部分流动性，将有利于在一定程度上改善年后企业的融资状况。

2002 年下半年以来，我国的国际收支顺差持续在高位运行，并对中国的货币政策产生了重大影响。对冲银行体系过剩流动性、抑制货币信贷过度膨胀成为这一阶段货币政策调控的主要目标，因而才出现了存准率自 2007 年以来的 34 次调整。2012 年，我国贸易顺差收缩，外汇占款投放的压力也相对减少，这也导致了存准率的下调。此外，我国物价上涨与经济增长之间的矛盾出现了一定程度的缓和，也为央行下调存准率提供了时机。

于 2011 年 6 月 20 日生效的 21.50% 这个存准率水平，不仅处于我国货币政策调控史上的历史高位，在全世界范围内也算罕见。如果按照我们之前分析的适度的存准率"上限" 23% 来看，21.50% 距离这个高位水平仅 1.5%。如果按照通常的 0.5% 一次的调控力度来看，也就只有 3 次调控之遥了。

任何政策都有其适用的范围，存准率也不例外。显然，对于存准率这个如此好用的货币调控政策，我国央行是需要"保护性使用"的。过快过早地让存准率接近 23% 的最优均衡水平，存准率这一政策的调控效果就会大大减弱甚至出现负面效果，就像生病了不能乱吃抗生素一样，好药还得留在关键的时候使用。

适逢当前国内外经济出现一系列的信号，趁着我国国内流动性过剩的压力略微减弱的当口儿，央行再次降低存准率，不仅可以释放一定的流动性，更关键的是保护了这一重要的调控政策的适用性，从而进一步扩展存准率工具的使用空间。这显示出我国货币政策运用日趋成熟。

对存准率进一步发展的看法

要判断存准率的进一步发展，我们首先必须明确，央行从 2011 年 12 月以来的这两次降低存准率的行为，并不等于货币政策将会放松。虽然降低存准率本身是货币政策变得宽松的表现之一，但是笔者更愿意相信这是管理层主动调整货币政策调控方式的战术行为，而不是政策的转向。把本次存准率的降低视作货币政策的拐点更是言之过早。不过，根据 2008 年第四季度的经验来看，央行仍然可能再次降低存准率，使存准率维持在 20% 左右的水平，从而使得央行的货币政策进可攻、退可守。

事实上，在把握住 2012 年全年货币政策将不紧不松这个"稳定"的基调以后，笔者认为我们需要把更多的目光投向货币政策的调控方式。

除存准率外，央票已经成为货币政策的另一个主要工具。当前，央票的滚动发行量越来越庞大，频繁动用存准率的做法也已引起诸多争议。2011 年 3 月 24 日，央行网站发表了央行货币政策司司长张晓慧的署名文章。张晓慧表示："由于结构调整有一个过程，未来中国国际收支顺差的状态可能还会持续一段时间。"对于未来的货币政策，张晓慧称："中国货币政策将更有条件逐步增强以利率为核心的价格型工具的作用，从偏重数量型调控向更多运用价格型调控转变。"张晓慧表示，中国人民银行在根据经济金融发展程度稳步推进利率市场化改革的基础上，也高度重视利率等价格杠杆对于引导预期、调节资金供求的作用。

"利率作为经济杠杆，在国家宏观调控体系中发挥了越来越重要的作用。"但是利率政策也不是没有副作用的，如太高了就会吸引热钱。

2012 年我国将继续实施积极的财政政策和稳健的货币政策。其实，宏观政策的基调在 2011 年 12 月中旬闭幕的中央经济工作会议上已经被提出来了。在这个背景之下，过高地看重本次央行降低存准率的效果是不合适的。也正是基于这种判断，本次央行降低存准率对股市和楼市的影响是微弱的，此处就不再赘述。

土地财政："上瘾"容易戒掉难？

2015—2017年，根据中国指数研究院的监测显示，从全国和百城平均水平来看，"土地财政"的依赖度持续攀升，尤其是2017年，各城市土地出让收入大幅提升，百城平均依赖度达68%，较上年提高了19%。在"房住不炒""长效机制"等指导思想之下，土地财政问题有望逐渐得到解决。

本文首次发表时间为2012年2月27日，在搜房博客上的阅读量超过6 000人次。

清华大学国情研究中心研究员管清友认为，从1989年的4.47亿元，到2010年的30 108.93亿元，21年间土地成交价款增幅达到约6 735倍。21年间，地方财政收入增长了21倍多。相比1989年，"卖地"（土地出让，俗称"卖地"）收入占地方财政收入的比例增长了308倍。笔者试对我国土地财政的来龙去脉做一番较为深入的分析，以求抛砖引玉。

土地财政的发展历史

政府的主要职能就是提供公共物品，而地方政府的主要职能就是提供地方公共物品。提供公共物品是需要花钱的，这就产生了政府融资的问题。中央政府融资的方式多种多样，如征收税收、印刷货币、发行债券，等等。相反，地方政府的融资手段相对来说要单一很多，主要依靠来自中央政府的行政拨付和一些地方性的税收。地方政府是不能印制货币的，而地方政府发行债券（地方债）也是近年才出现的。

地方财政收入中有一部分是不通过国家预算管理的财政收入，主要有纳入地方财政的预算外收入和行政及事业单位的预算外收入。"土地财政"是地方政府一项重要的预算外收入，顾名思义就是地方政府通过出让行政区划内土地的使用权所获得的收入，被称为"第二财政"。我国当前实行的分税制，中央和地方政府拥有不同的税种，地方政府的税收收入比重下降，但是地方政府的税收支出却是在上升，这就使得地方政府要依靠别的途径增加收入，从而使土地财政有了发展的原动力。

近10年来，地方政府的开支越来越大。因此，"卖地"收入逐渐成为地方政府重要甚至主要的融资手段。2010年全国"卖地"总收入2.9万亿元，占财政收入的35.4%。这只是全国的平均水平，部分城市的土地出让收入占财政收入的比例甚至达60%以上，少数地方甚至超过预算内收入。

土地财政也不是没有好处的，其在中国城市化初期这一特殊时期也曾有着极其重要的作用。"高房价和土地财政无关"的观点在网上曾引起激烈的讨论。笔者认为，就土地财政解决了地方建设的融资问题从而避免了大规模举债这个观点本身来说，其实是有一定道理的。

土地财政和房地产的关系

土地财政和房地产的发展有着密不可分的关系。土地和楼市的关系其实就是面粉和面包的关系。一般情况下，消费者不能直接使用一片空地，最终消费者能使用的还是附着在土地上的建筑。楼市旺则土地市场旺，土地价格高涨又必然会反过来推高房价。但究竟是谁先影响了谁，这还真是一个鸡生蛋、蛋生鸡的问题，难以说得清楚。

但是，没有永远的单边市场。有涨，就会有跌。在限购①、调控以及保障房建设的多重压力下，楼市的单边上涨行情逐渐得到遏制以至于拐点隐现。商品房成交低迷最终会传导到土地市场上来。一旦地方经济的土地引擎"熄火"，地方政府就会有资金链断裂的风险，这绝不是危言耸听。

土地财政的深层问题

要理解土地财政的深层问题，还要看中央政府和地方政府之间的博弈。中央政府希望保护耕地、稳定房价，这关系到社会稳定和人民生活幸福感的问题。但是，地方政府不论是从本地经济与其他城市的竞争出发还是从"政绩"出发，总是有在本地过度投资的冲动，例如各城市争相上马地铁等重大项目。要投资就需要融资，因此地方政府对"卖地"

---

① 限购、指限制购买，规定购买的数量。

有一种天生的冲动。可见，供地的数量和成交的价格，不仅取决于市场，还将取决于中央政府和地方政府的深层博弈。

"土地财政"难以避免地会出现"寅吃卯粮"的情况，地方政府透支后代的土地红利是必然的最优选择，这是当前土地相关制度弊端导致的必然结果。因此，在中央政府大力对楼市进行宏观调控的关头，地方政府做出种种"不甘寂寞"的举动，也就很好理解了。笔者相信地方政府也不是不想遏制住房价过快上涨的势头，但其放松调控，主要还是为了解决眼前的财政压力。

根据上面的分析，我们可以看出：当前地方政府对土地资源地使用往往是"一次性的"，至少从目前很多现象来看是这样的。显然，这不是一种可持续性地使用资源的态度。国外成熟的市场经济中，很多城市的地方建设融资也在很大程度上靠土地相关的收入。不过，它们更多的是来自土地相关物业的保有环节，而不是土地出让的增量环节。把土地出让的收入转化为物业税（后来更规范的说法是"房地产税"）的收入，从长远来看是可持续利用土地资源的最佳办法。但是，征收物业税目前也仅在上海和重庆等部分城市试点。如果要全国性地大规模征收物业税，这看起来还是困难重重的。

如何破解土地财政的难题？

从上面的分析可以看出，要在短期内改变土地财政制度的现状是不现实的。当前国家对楼市的调控，确实能够传导到土地市场，从而在一定程度上遏制地方政府"卖地"的势头。但要控制土地财政，必须从源头上抑制地方政府过度的基础设施建设（简称"基建"）的冲动，坚决控制各地盲目地上特大项目。如果地方政府的融资需求减少了，自然其"卖地"的冲动也会减弱一些。地方政府的土地财政高依赖性短时间内难以改变，但却是可以抑制的。

我们不难发现，经济越发达的地方（如一线城市），对土地财政的依赖性就越弱。显而易见，经济越发达，当地的经济结构往往就越平衡越合理，而经济相对越落后的地方就越依赖房地产的发展（纯旅游城市是一个极端案例）。促进产业结构转型（后来"调结构"的提法），是在现有制度约束（土地国有）之下，化解土地财政问题的最佳办法。

地产调控的去与留——浅析作用对象和政策效果

背景回顾

　　房地产调控是一个很有趣的话题，也很让笔者着迷。笔者甚至还专门撰写并发表了相关的严谨学术论文。在写下这篇文章近七年之后再来回顾，笔者依然觉得自己对房地产调控的研究和理解还远远不够。特别是对于楼市中不断出现的各种新问题，笔者发现不调控不行，而调控的方式如果不是最优就更不行。也许，若干年后"房地产调控"会成为一个细分学科。

　　本文中有意思的是对"小开发商把项目转卖给大开发商退出市场"的判断。因为到了 2017 年，很多主流开发商拿地的重要方式就是收并购早年因为各种原因储备了土地的小开发商。当然，这些地块又或多或少地有很多问题，如由资金债务引起的项目"烂尾"就是常见的问题。

　　本文首次发表时间为 2012 年 3 月 8 日，在搜房博客上的阅读量有近 4 500 人次。

　　自 1998 年以来中国的房地产市场迅速发展，尤其是从 2004 年以来中国房地产市场经历了一波快速上涨的市场行情。虽然在 2008 年下半年到 2009 年年初出现过短暂下跌，但是在 2009 年第二季度以后楼市又出现了快速上涨的势头，一直持续到 2010 年第一季度。

　　房地产曾经被称为我国经济发展的支柱产业。因为其不仅是普通居民一生当中的最大宗消费品，还能带动水泥、钢材等几十个相关产业的发展，被认为是带动经济发展、保增长、保就业的利器。虽然房地产对中国经济的贡献和作用是有目共睹的，但是房价的连番上涨触痛了社会敏感的神经。一时间，中国的房价收入比高、中国人供房辛苦活得累、丈母娘经济、高房价消灭了年轻人的理想等说法纷纷涌现。正是因为住房消费这个商品太"大宗"了，所以房价快速上涨也让人们的行为变得疯狂起来。诸如购房者通宵排队买房、抢房如"抢菜"等报道屡见不鲜。

房价的上涨已经不是一个单纯的经济问题了，它演变成一个社会问题，是一个全社会共同关注的热点问题。在这种背景之下，2010年4月起，我国政府连续出台了号称史上最严厉的地产调控政策，概括起来就是：限贷①、限购和保障房建设。

房地产调控的工具

历史上我国曾多次利用利率调整等政策来调控房地产市场。但是由于利率调控会作用于整个社会经济，而不单单是房地产市场，所以其政策效果较为复杂。2010年4月以来的"限贷令"主要是针对住房贷款的首付比例，如第二套房执行60%的首付比例要求。当然，也会搭配一些差别化的利率措施，如第二套房执行1.1倍标准利率的政策。对首付比例的调控显然比单纯依靠利率调控能更精确地调控房地产市场。但是，并不是所有人都必须通过按揭贷款来买房。对资金充裕的人来说，按揭不过是一种杠杆工具而已，并不是必不可少的。从市场反应来看，限贷令的效果是有限的，2010年4月后的全国房价基本上仍然在环比上涨。

随着各地纷纷落地具体措施，"限购令"正式登场。虽然各地对政策的解读不尽相同，但最核心的一条政策几乎都是"暂停对拥有两套及以上住房的本市户籍居住家庭售房，包括新房和二手房"。换句话说，一个家庭最多只能拥有两套住房，而第三套房则一律停购。

如果说"限贷令"只是给楼市吹了寒风，那么"限购令"则是实实在在给了楼市以迎头痛击。"限购令"出台后，虽然住房销售价格未见明显地大幅下跌，但各地楼市成交量逐步递减，以致2011年全年成交惨淡已是既成事实了。

调控影响的对象

房地产调控到底影响了谁？

不论是"限贷令"还是"限购令"，其矛头都是直指楼市的需求方的。我们可以根据家庭拥有财富的多少，粗略地把楼市的需求分为以下

---

① 限贷，指对不能提供一定年限的当地纳税证明或社保缴纳证明的非本地居民暂停发放购房贷款，对贷款购买商品住房严格执行首付款比例和贷款付率规定。

三大类："刚需""改需"和"投需"。"刚需"就是所谓的刚性需求，就是一个家庭对住房的最基本需求。"改需"就是改善型需求，也是家庭对住房正常的升级换代需求。而"投需"则是投资（含投机）性需求，是一种资产性的需求。向着好的方向看，这是理财的需要；而向着坏的方向看，这其实和投机倒把没什么大的区别。严格来说这已经是一种金融类需求了，和股票、期货等类似，与实体性的消费类需求已经脱离了关系。

其实从"限贷令"作用不大而"限购令"作用明显的这一事实中，我们就不难看出：当前我国楼市需求的主体，恐怕可能已经是投资性需求人群了。虽然尚无准确的数据可以印证笔者的这一判断，但粗想一下，其实也不难理解。随着我国经济的不断发展，居民手里的钱从整体上看多了起来。在通货膨胀预期高企的情况下，居民手里的钱需要有一个妥善的投资渠道，否则将其存银行里要想跑赢 CPI（居民消费价格指数）是很困难的。在股市变化莫测、自主创业也不容易的各种情况下，楼市成为最佳的投资渠道绝非偶然。一方面，我国人口众多，随着城市化加速发展、人口向城市集中，城市里住房资源的稀缺性日益提高，这决定了其内在价值的持续走高；另一方面，投资住房的技术含量低，不需要炒股和创业所要求的那些专业知识与技能，而普通投资者也缺乏更多的投资渠道。再加上住房的耐用品属性及人民币升值等因素的共同作用，最终使得住房产生了从普通消费品到金融投资品的转变。2000 年以来，我国楼市基本延续了单边上涨的行情，其相对股市来说低得多的风险和较高的收益率，吸引了大量资金，深受投资者的青睐。

调控的作用和效果

可见，我国政府的限购政策，可谓打蛇打七寸，正中要害。虽然当前房价上涨的势头初步得到遏制，但是楼市成交量锐减带来的后果也是极其严重的。一方面，对当前楼市成交价格出现的小幅下降，我们要有清醒的认识。在很多城市，市区楼盘主动大幅降价的情况是很少的。整体均价的下跌更多的是郊区楼盘的成交比重增大带来的。另一方面，开发商都会追求利润最大化，没有人愿意主动降价。

在需求受到抑制的情况下，开发商的住房卖不出去，这从全国许多城市的住宅库存大幅增加中已经得到了印证。开发商的融资是有成本的，而且这种成本还不低。在这种情况下，大开发商还可以挺住，小开发商就非常艰难了。由于当前在售的商品房库存的建设用地很多是在2007—2009年（2008年下半年的除外）的地价高峰阶段拿的，高昂的土地成本决定了开发商很难大幅降价销售。开发商如果大幅降价会出现亏损，而库存房卖不出去所承受的融资成本也会导致亏损。

所以，笔者预见，如果限购政策不放松，很多中小开发商会退出市场。其退出市场的方式要么是把项目转卖给大开发商，要么干脆破产走人。大面积烂尾楼的出现，可以视为本轮地产调控的高潮，而把项目转卖给大开发商又会加剧市场的集中度，出现大开发商兼并潮，从而导致垄断。在这个过程中，可能地产中介类行业早就由于成交量的大幅萎缩而倒下了，而地方政府也会出现很大的融资问题。

地方调控会不会放松？

中央政府会不会放松地产调控，这是当前楼市关注的焦点问题，也是两会的热点议题之一。其实，从高层的多次表态中，我们不难看出，可能很难在短时期内放松楼市调控。甚至，在整个"十二五"时期内，这种偏紧的预期都可能持续存在。前面已经分析过，高房价已经不是一个单纯的经济问题了，实际上其在我国已经上升到了关乎国计民生的政治高度。毕竟，社会人口的主体还不是富人，而解决低收入人群的住房问题，关系到整个社会的稳定，老百姓安居乐业、拥有幸福感等。

仔细思考一下，我们不难发现，当前的形势变了。一方面，中央政府用大力发展保障房的办法来拉动投资，毕竟从建设层面来讲，保障房和商品房并没有本质的区别，都可以带动几十个相关产业的发展；另一方面，中央政府主动把2012年的经济增长速度下调到7.5%，足见其对调整经济结构的坚定决心。笔者认为，往严重点说，房地产（主要是商品房）在我国经济中的地位有"失宠"的可能。此一时彼一时，"even milk has its expiration day"（牛奶也有保质期）。

虽然"限购令"这种非市场化的调控手段，从经济学的观点来看会产生严重的效率损失，但是在当前的情形下确实不失为一种维持社会稳定的有效手段。另外，目前的"限购令"仍然有改进空间，以尽可能地减少经济效率的损失。仔细考量本次的限购政策，我们会发现其实它也有"误伤"之处。

受我国户籍制度的影响，我们常常把一个城市的居民分为"本地人"和"外地人"两大类。在本次限购中，"外地人"就受到了或多或少的影响，如必须在当地缴纳一定年限的社保之后才能购房。如果我们把外地人的购房需求分成"外地刚需""外地改需""外地投需"这三类，那么显然外地人的投资性需求是需要限制的，而外地人的刚性需求和改善型需求则是需要保护的。

其实，在很多年以前（如 2004 年），全国多个城市的住房很大比例（部分城市甚至在半数以上）都是外地人购买的。从这一点来看，外地人的购房需求是当地楼市的坚实基础。虽然外来的投资需求是推高当地房价的重要因素，属于重点"打击"对象，但是"外地刚需"和"外地改需"，特别是"外地刚需"，则属于被误伤的范畴。毕竟在当地工作的外地人，置业也是安居乐业的需要，应该予以保护。这不仅不会过度地推高房价，也会对当地楼市形成有力的支撑。

当前，再纠结于放不放松调控的问题，其实没有多大意义。显然，放松还是不放松，主要取决于监管层愿意承受多大的社会成本的问题。前面已经分析过，当前购房者对楼市的投资需求十分旺盛，一旦开禁，市场价格机制势必会导致一波猛烈的上涨行情，从而造成社会资源的畸形配置，不利于经济结构的调整，这是一种社会成本。而维持限购，将不可避免地承受高昂的经济效率损失，或者导致楼市的"烂尾潮"和"兼并潮"，这又是另外一种社会成本。宏观调控，其实就是在这左右为难之中走钢丝。

大力进行保障房建设是个好办法，但要发挥作用恐怕也非朝夕之功。而且，依笔者判断，当前楼市的需求主体如果真是投资需求的话，那么保障房对商品房建设的挤压，反而还会增加商品房的稀缺性，从而可能加剧商品房的价格上涨。

尽快发展起一个完善的金融投资市场，妥善地解决居民存款的保值、增值的投资渠道，可能对控制房价来说不失为一个更治本的办法。毕竟，限贷也好，限购也罢，都只是治标的办法。如同治水，我们是应该用堵还是用疏呢？

GDP "破 8" 与下半年房地产形势

背景回顾

资金使用量大、涉及上下游行业多的房地产业，一直被认为是"稳增长"的利器。一旦经济疲软，很多人就会觉得应该提振房地产了。现在回过头来看，在这篇文章写作的 2012 年，好像还真应了这个道理：2013 年国内的房地产市场就结束调整、应声而起。

然而，随着房价基数的不断走高，通过刺激房地产市场来提振宏观经济的"边际效应"也越来越弱。那么，这里会不会存在一个国内房地产行业的天花板呢？至少在本书写作的 2018 年年底，我们还没有看到这个问题的答案。

本文在搜房博客上的阅读量超过 1.1 万人次，首次发表时间为 2012 年 7 月 19 日，首发于《地产商》。

一方面，2012 年第二季度 GDP（国内生产总值）增速放缓；另一方面，房地产调控将何去何从也受到社会各界的广为关注。2010 年 4 月以来的"史上最严厉"的房地产调控措施，一直持续到现在。但如果我们仔细观察各种监控数据可以发现，在这一轮调控政策实行最初的一年多时间里，其实只是逐渐减缓了上涨势头，真正起到降低房价作用的还是 2011 年 11 月以来的这 8 个月时间。从国家统计局发布的"70 个大中城市新建商品住宅价格指数"来看，成都在本轮调控中，整个 2010 年仅 7 月出现了极其微弱的环比下跌，而 2011 年仅在 4 月、6 月和 7 月出现了很微弱的环比下跌。在长达 19 个月的时间里，仅 4 个月出现非常微弱的下跌，这体现出成都房价从整体上看是非常"抗跌"的。毕竟，相对于拥有近似 GDP 规模的东部沿海城市杭州而言，成都的房价确实还不算太高。之后，从 2011 年 11 月起一直到 2012 年 5 月，成都的房价终于开始了连续地环比下跌，仅在 2 月环比持平，也就是说整整跌了 6 个月。在图 1-2 中，我们可以清晰地看出，从 2011 年 11 月到 2012 年 5 月，一条明显的下跌趋势线已经确立，这可以看作 2010 年 4 月以来的本轮调控的

"靴子落地"。

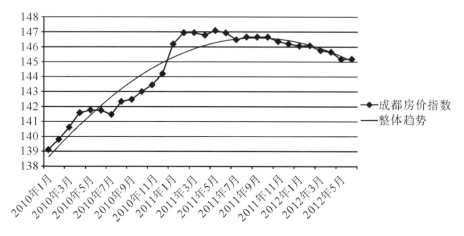

图1-2　2010年1月到2012年6月
70个大中城市新建商品住宅价格指数（2004年1月=100）

2012年4月以来，全国多个城市的楼市成交量出现较大幅度上涨，体现出刚需凶猛的势头，这也和开发商们纷纷调整销售策略，变得紧盯刚需有很大关系。我们都知道量的变化最终会传导到价格上来，于是全国多个城市的房价又出现了微涨的势头。2012年7月18日，国家统计局公布6月70个大中城市住宅销售价格变动情况。从新房来看，环比上涨的城市数量由此前的6个增至25个，猛增3倍；二手房环比上涨的城市数量由18个增至31个，楼市回暖迹象明显。房地产企业又在考虑涨价了，而消费者的心又开始有些浮躁了。再看成都，2012年6月的价格指数在连降6月后终于出现了环比持平。这到底是价格反转的拐点还是下跌趋势中的中继，至少从图上来看还很难说。

本轮严厉的调控中，"限贷、限购"的双限政策，其实都是冲着需求去的。如果我们把需求分为刚需、改需和投需，那现在投需和部分改需都在打压之列。楼市出现下跌的趋势，说明针对投需和改需（其中主要是投需）的打压是有效的。笔者估计，当前市场需求的主体正是投需。

这是由当前中国居民的财富差异的不平衡性以及居民投资渠道的匮乏等因素共同决定的。但刚需和投需究竟各占多大比例，这个还很难准确地估算。简单地说，当前的调控政策让楼市的需求主体变成了刚需人群。而刚需就像是一座矿山，储量毕竟有限，总有挖完的一天。靠刚需支撑楼市，也许今年没问题，那明年呢？后年呢？可持续性有待评估。

此外，不同层级的管理层在楼市上的博弈正在深化。从各种信息来看，当地财政吃紧：如果土地不能卖出去，地方的财政资金就会面临严峻考验！这么多年的"土地财政"也不是能说改就改的。于是乎各地纷纷试探性地出台了各种地方松动政策，以前是一旦出台即被中央坚决取缔，后来是有选择地被取缔。国土资源部2012年7月19日在北京召开视频会议指出，近期房地产和土地市场出现一些波动，房地产调控仍处在关键时期，对此，各级国土资源主管部门、住房城乡建设主管部门要有清醒认识，坚持房地产市场调控不放松，不断巩固调控成果，坚决防止房价反弹，这体现了管理层调控房价的决心。

国际货币基金组织于2012年7月下调了对全球经济的预期，同时呼吁各国决策者采取更有力的行动来对抗经济复苏所面临的多重风险。如果经济增长继续走低，那么不仅地方扛不住，管理层的压力也会越来越大。到时会不会为避免经济增长过度放缓而放松房地产调控呢？笔者认为这种可能性相当大。毕竟，不论是把房地产看作消费还是投资，其对经济增长的带动作用都是非常突出的。总体来说，只要"限购"没有实质性的放松，楼市就很难有大的起色。而一旦放松，房价难免不会出现较大幅度的上涨。这确实让宏观调控处于两难境地。

（2019年7月30日，中共中央政治局召开会议，分析研究当前经济形势等问题，中共中央总书记习近平主持会议。会议专门提到："坚持房子是用来住的、不是用来炒的定位，落实房地产长效管理机制，不将房地产作为短期刺激经济的手段。"至此，关于"我国用房地产作为短期刺激经济的手段"的猜测和争议可以"盖棺定论了"。）

从电商价格战看商业地产的发展趋势
——实体店的未来在哪里

背景回顾

作为一个普通消费者，笔者只想说：让价格战来得更猛烈一些吧！不料，电子商务（简称"电商"）平台的价格战激战正酣，倒下的却是商业地产。笔者写这篇文章的六年以后再来回顾，我们不难发现电商已经深刻地改变了人们的生活。许多老牌的大百货商场纷纷关门，而大多数商业地产都在艰难地转型。"提袋购物"型的百货消费已经成了电商纵横的主战场，而各种新型的购物中心则越来越依赖"非提袋式"的体验型消费业态。

本文在搜房博客上的阅读量超过 7 000 人次，首次发表时间为 2012 年 8 月 17 日，首发于《地产商》。

电子商务及其特点

电子商务的兴起，深刻地影响着人们的消费方式。据报道，2011 年，我国电子商务市场交易规模达 7 万亿元，同比增长 46.4%；其中，B2B（企业对企业）电子商务营业收入规模达 131 亿元，同比增长 35.1%；网络购物交易规模超过 7 700 亿元，同比增长 67.8%；在线旅行预订市场交易规模近 1 700 亿元，同比增长高达 61.3%。根据艾瑞咨询的统计，2011 年，中国网络购物用户规模达 1.87 亿人，占中国 PC 网民的 41.6%，但与发达国家相比，我国网络购物的渗透率依旧较低。2010 年，韩国和美国网购用户占其国内网民的比例分别为 64.3% 和 66%，明显高于我国网购用户规模。2011 年，中国网络购物占社会消费品零售总额的比重为 4.3%。这个数字虽然还很低，但对于处于飞速发展阶段的电商来说，谁能保证 10 年或 20 年后，这一比重不会变成 40% 甚至更高呢？笔者斗胆预判：未来实体店将很可能会彻底沦为电商的"配角"。

概括来说，这些面对终端消费者的电商（俗称 B2C）都具有极为鲜明的特征。

第一，经营的商品不仅种类全、数量大，而且还开设了搜索、评论、排行、推荐等各种服务，尤其是信息方面的服务特别齐全。第二，完善的物流配送体系。消费者只需要在电脑前（甚至使用手机客户端）轻点鼠标，就可以实现 24 小时不间断地足不出户地购物，这与传统的实体店消费是完全不同的体验。第三，各种促销手段。国内外网店在促销上都采取了各种各样的手段，如各种排行榜、推荐、折扣、免运费等。第四，可以选择各种方式进行支付。在各大知名的网店购物，都可以选择不同的支付方式，如可以选择货到付款、网上支付、邮局汇款、银行转账、礼券、积分兑换及如支付宝这样的第三方支付等多种支付方式，这要比实体店购物灵活方便一些。第五，售后服务日趋完善。售后是网上购物最大的问题之一，也是传统实体店的优势。但是目前一般来说售后都是由厂家而非商家直接负责，而越来越多的网店也可以实行店铺保修（就是用快递寄来寄去的稍显麻烦），所以网店售后的劣势正在减弱。第六，强烈的成本优势。由于网店是虚拟商店，不仅不需要支付房租，而且所需的员工数量也远远低于实体店。亚马逊书店的 1 600 名员工人均销售额为 37.5 万美元，比全球最大的拥有 2.7 万名员工的 Bames &Noble 图书公司的人均销售额要高 3 倍以上。

愈演愈烈的电商大战

愈演愈烈的家电产品价格大战正将越来越多的企业卷入其中。2012年 8 月 16 日上午，北京一家大型家电卖场对外宣布，从明天开始，其北京区域的线下门店将确保所有价格低于包括京东商城在内的所有电商网站。但是明眼人都知道，这更像是一种赌气。因为实体店的成本是肯定高于电商的，短期打价格战可以，从长期来看，商家不可能总是做亏本买卖。当然，这家长期扎根大家电的企业也许进货成本比京东低不少，这也许是它的底气所在。

这场电商大战之所以备受关注，在于其主战场是"大家电"。受人们长期消费习惯的影响，大宗消费品被认为是实体店最后的防线，因为对花钱多的商品，消费者还是希望眼见为实，而且对售后的期望也更高。

这次京东掀起的电商大战，最大的作用就是把人们的注意力吸引到电商"大家电"上来。从这个意义上说，这次电商大战电商并没有成为输家，而从一开始实体店就注定是输家。不仅有"大家电"，目前淘宝已经开始在网上卖奔驰牌汽车和奥迪牌汽车了，而潘石屹也已经在网上卖房上做出了大胆的尝试。实体店的"底线"被一次又一次地攻破，网店的最终胜利，也许只是一个时间问题？

实体店未来何去何从

虽然随着我国经济的不断发展，社会零售总额在不断增加，商业也在进一步繁荣，但需要注意到在蛋糕变大的同时，电商在里面的份额也在不断变大。这是趋势，也是潮流。电商对实体商业的冲击，注定是一场深刻的变革。那么，我们不妨猜想一下，未来的实体店，可能在电商的冲击下演变成什么样子呢？

首先，以体验和临场感为核心的消费不会受到太大的冲击。最简单的例子莫过于餐饮。餐饮这类消费必须有一个消费的物理场所。虽然现在网上订餐已经不是稀罕事，但那主要还是针对快餐。即使未来所有的餐饮类别都可以送餐上门（如海底捞所推出的上门火锅服务），但餐厅所能提供的独特的就餐环境，是无法"送货"上门的。当然，这话也不能说得太绝对了。如果未来虚拟现实技术普及，在送餐的同时，放一个3D的虚拟现实投影，让家里和办公室瞬间变成了高档餐厅。那时可能真的是商业地产的末日吧？

其次，未来实体店可能会突出高端形象展示功能。就算网上的360度展示做得再好，还是没有现场亲自观看效果好（当然，如果3D的虚拟现实技术广泛地应用于网店，那就是另外一回事了）。但是相对于网上无限的展示空间而言，物理面积有限的实体店的展示空间是有限的。未来品牌的实体店，可能更主要的功能是配合线上网店做一个实体的形象展示，把该品牌最有代表性的商品做一些陈列。

再次，未来实体店可能成为品牌网店的提货终端。网上购物的最后一个环节（除了支付之外）总是物流配送到家。为了弥补消费者不能眼见为实的缺陷，品牌可能在开设的实体店提供自提服务，即在品牌的线上网店下单支付之后，消费者前往实体店自提。这其实也是上一条"形象展示"的延伸。

最后，未来实体店可能着重为消费者提供购物之外的服务。上面所列的三条其实都是购物之外的商业服务。纯粹从购物来讲，网店对实体店有着革命性的优势。但是实体店也有着良好的体验性等诸多优势。未来完全有可能出现这种趋势，即实体店退化成配合网店经营的辅助手段。因为对于品牌来说，实体店的运营更多的是一种成本投入，而收入将主要来源于网店。此外，对于很多消费者来说，购物不是目的，逛街才是目的。例如，我们经常可以看到很多在酷暑和寒冬前往大型商店"蹭"空调的人。于是，不排除出现这种可能性，未来一些硬件投入很大的商店，将对消费者收取"门票"性质的费用，以弥补水电、人工、设备折旧等开支。

"躺枪"的商业地产

不论上面哪一条应验，对商业地产来说，都将意味着商业经营所需要的商业地产的面积将大幅度减小和萎缩。笔者在国外留学期间，除了买新鲜食品必须去商店之外，需要的其他商品全部都在网上搞定。当然，网购确实也有一些不便之处，例如，你在网上买西服什么的，没人帮你测量和裁剪。据《每日经济新闻》评论，传统商业百货是受电商冲击最大的行业，而百货业是对商业经营面积需求最大的商业业态，这对商业地产来说确实不算是一个好消息。此外，最新消息显示，苏宁门店销售全线萎缩，其增长主要靠电商业务；而国美八年来首次出现亏损，未来其实体门店可能全线萎缩。

虽然上面的分析和设想让我们对商业地产的未来充满担忧，但短期也不用太担心。如在网购业发达的美国，也一样有很多实体店。大城市的中心地带也有很多大型商店，郊区也有很多像沃尔玛这样的大型超市。但从商业地产开发和投资的角度来讲，却不能不回避电商冲击这样一个革命性的因素。这其实是一种系统性的风险。从我国的情况来看，即使只按商业用地 40 年的生命周期来考虑问题（建筑的物理寿命应该会长于40 年），这也是一个充满变革的时间。40 年前谁能想象到现在的科技水平？笔者可以预见，虽然网店对实体店的冲击目前才刚刚开始，但也许10 年以后这种冲击已经大到可以动摇甚至颠覆实体店的主体地位了。而40 年后，实体店也许就彻底沦为网店的配角了……

房地产开发告别粗放

背景回顾

房地产市场有着鲜明的周期性。在一轮又一轮的周期中，很多事情其实在反复发生。从 2008 年开始，"跌—涨"这样的周期发生了三轮。而目前，我们正在经历第四轮。

在写这篇文章的 6 年以后，笔者回顾这 10 多年来对楼市的研究和理解，不禁感叹："扩张期比谁拿地多，紧缩期比谁跑得快。"不论对开发商还是购房者来说，"踩对"楼市起伏的节奏，才是最重要的。

在对的时间做对的事。对房地产行业来说又何尝不是如此呢？

本文在搜房博客上的阅读量有近 2.1 万人次，首次发表时间为 2012 年 9 月 22 日，首发于《地产商》。

"粗放"的房地产经营方式

曾几何时，房地产被认为是一种粗放型的、低技术含量的、资金密集型的产业。似乎在人们的印象中，你可以不懂设计、不懂工程、不懂营销，可以什么都不需要懂，但只要你有钱，就可以做房地产。2004 年以来的这一大波行情，成就了房地产这个行业，也成就了很多房地产开发企业。在行情最疯狂的时候，只要你能拿到地，你就能赚钱，唯一的差别就是由于买地价格有低有高而造成的赚多赚少的结果。

去深究房地产行业的利润率究竟是多少其实没有太大的必要。一个可以参考的背景指标是，国内工业行业的平均利润率为 6%。理论上说，只要房地产业的利润率大于 6%，就已经足够吸引跨行业的资本流动了。毕竟，生产要素向着回报率更高的行业流动，这是市场经济的基本规律。于是，在这波大行情中，我们见证了做 IT 的企业改行做了房地产，做化工企业的改行做了房地产，做煤炭的企业改行做了房地产，做服装的企业也改行做了房地产……曾经有段时间，每个行业的人都想来做房地产。

调控下的房地产经济

大浪淘沙，在政府强力调控下，胶着了一年多的房地产市场终于从2012 年年初开始全线走低，不管中国的房地产市场曾经是否真的是"过热"，至少从 2012 年开始，房地产市场开始了真正的"降温"。相关统计显示，2012 年 1 月至 4 月全国房地产开发投资增速自 2010 年 1 月以来首次落后于全社会固定资产投资增速。这说明：房地产投资对国民经济的拉动作用正在明显地减弱。对房地产开发企业来说，这显然不是一件好事。尤其是对于前几年大举拿地、高价拿地，准备按照前几年的趋势大干一场的开发商来说，这确实是一种煎熬。

一个地产大佬曾经说道："2008 年、2009 年，我们买地时，没人说要调控，等我们买了三四百亿元的地，政策出来，说要限购了。"这没有办法，虽然市场有其客观的运行规律，但政策的作用还是很大的。于是，在调控期，不少房企的资金链都出了问题。

笔者相信，任何一笔投资都有风险。在股市 6 000 点的时候，还有很多人期待能上到 1 万点。在 2009 年至 2010 年投资数百亿元拿地的房企不少，但到 2012 年，很多项目都无法推动。"很受伤"的一些房企，通过卖项目和促销回笼资金，虽已初步度过了最艰难的阶段，但却元气大伤。虽然一些房企的资产负债率已由 2011 年年末的约 150% 下降至95% 左右，但其资产规模因为卖项目已经缩减了近一半。谈到未来，一些地产大佬说坚决不再买地了（现在来看，不再拿地就是一句玩笑话）。

由于误判形势而大举拿地，有的房企为其激进行为付出了沉重的代价，这是全国的房地产开发企业值得认真研究和学习的案例。业内另一个巨头则显得理性得多。早在本轮调控伊始，其就抛出了"过冬论"，引起业界对其是否对调控反应过度的质疑。2012 年 9 月初，其新掌门表示：这个冬天是长期的，不要存在侥幸心理。在"冬天"要积极锻炼身体，不然会被"冻死"。于是我们看到，地产界非常流行练习跑步，甚至有公司把跑步列为对员工的 KPI（关键绩效指标）考核指标之一。

锻炼身体首先要有钱，把钱放在身上就能御寒。根据《人民日报》的说法，从管理层的态度看，未来经济不打算靠房地产来拉动。从这一点看，行业龙头对后市严峻性的谨慎判断是不无道理的。在他们看来，房地产行业已经不再是支柱产业，更应该是一个配套产业，这样定位更为准确。未来城市发展更新升级，房地产行业应为城市发展、社会经济发展做配套。"房地产行业的上半场过于辉煌。"房地产过去那种好日子一去不复返，未来楼市调控将会长期化。很多房企开始向着养老地产、旅游地产等方向发展，但谁又知道这不是新的"坑"呢？

房地产的情怀与务实

事实上，很多开发商总是喜欢赋予房地产开发一些其他的东西，如文化、理念等。但房子就是房子，不管是自用还是出租，最终都是要拿来住的（后来关于"房子是拿来住的，不是拿来炒的"的提法其实就是这个含义）。赋予房地产居住以外的更多东西，自然可以增加住房的附加值，但对投入来讲，往往意味着成本的增加。如果所赋予住房的附加值不能获得消费者的认可，即不能让消费者爽快地为这些附加值买单，则对产出来讲，就不能获得超出市场上普通产品的回报。那么，增加的成本不能转化为增加的售价，其结果只能是降低了自己的利润率。在市场环境好的时候，"务虚"无伤大雅，只要能打动消费者就行。一旦市场环境变得严峻，多余的动作就意味着多余的成本，而成本优势才是在艰难环境中活下去的根本（后市证明，在一个"刚需化"的市场中讲"情怀"的房地产企业，日子一般都过得不好）。

虽然从整体来看，市场的长期主体是改善需求和投资性需求人群，但由于受到"限购令"的影响，当前的市场主体暂时只能为刚需人群。和刚需人群谈过多的生活理念和营销概念其作用可能会非常有限。与其倡导打高尔夫、喝红酒、开派对的生活方式，还不如来点实际的，例如，性价比高一些，赠送面积多一些，优惠的力度大一些。简单动作，无须过多的花架子。

行业中的公司差异

除了对房地产企业之间理想主义与务实精神的讨论，据笔者观察，将房地产市场中的大企业与小企业，以及专业公司和项目公司进行对比也是非常有意思的。

先看大企业与小企业，它们的区别不仅仅是规模。大企业往往拥有更长的生命周期，也会有更广的眼界，所以其考虑问题不是按照单个项目来的，而是立足数年甚至数十年的优化（经济学上专门有个研究工具叫作动态优化）。因此，大企业往往需要维持较稳定的土地储备、开工项目、现金等的配置，而小企业的资产组合则往往更具波动性。因而，大企业是不会因为当前行情不好就完全不拿地的，它们需要维持一个合理的土地储备的库存量。而且，土地价格本来就存在很强的周期性，行情胶着的时候不储备点地，难道等行情火爆了再高价去抢？近期全国土地市场的回暖，这可以提供一种解释。

再来看专业公司和项目公司，它们主要体现了一个长期和短期的区别。专业公司长期扎根行业，往往各项成本都能做到低于行业平均水平，这体现了经济学上的"学习曲线"。因而其抗风险能力更强，也能够承受短期的亏损。项目公司往往都是抱着随时退出的心态来的，因而其成本不低，抗风险能力也弱，会出现时而进入时而退出行业的现象。其实，观察项目公司的多少，往往也能辅助判断这个行业的成熟程度。如果市场上的项目公司很多，特别很多还是外来行业的资本进入，则表明这个市场利润率高且不规范。如果市场不好，则项目公司的数量会逐步减少，最后只有最专业的公司才能生存下来。

此外，在复杂的房地产市场中，还有不少很有特色的企业。例如，"金主"类型的一些"港资"房企，近期不断加仓内地房企的股份，体现了其对内地房地产市场的长期看好。另外，把房子当作艺术品来修建的一些"情怀型"房企，也值得研究。特别是在当前市场环境下，其产品的销量有待观察。另外更多的企业当前最关注的核心问题，除了销售回款，可能就是融资了。近日，又一家地产龙头跨入香港资本市场希望通过收购控股香港上市房地产企业来拓宽融资通道。

不论如何，像几年前那样，随便拿块地就能赚大钱的粗放经营房地产的时代真的一去不复返了。这对一个行业的健康发展来说，其实是件好事。毕竟，暴利和"拍脑袋"就能赚大钱的行业，一定会吸引大量的竞争者，即使没有调控，竞争最后也会导致行业利润率的下降和大量企业的退出。当前的房地产调控，不外乎促使这一变化提前到来而已。以后，房地产业应该是需要精打细算才能过日子的行业了，科学的分析和决策将在这个行业中变得越来越重要。

商品房预售许可审批权下放县级影响几何

背景回顾

这个话题当年真正关心的人其实不多。但是到了笔者写这篇文章的六年以后，随着新一轮"史上最严"楼市调控期的到来，"有没有拿证"（此处指预售许可证）成了不论是开发商还是购房者都最关心的问题之一。

本文在搜房博客上的阅读量超过 1 万人次，首次发表时间为 2012 年 10 月 22 日，首发于《地产商》。

房产预售制度的来历

2012 年 10 月 10 日，中国政府网公布了《国务院关于第六批取消和调整行政审批项目的决定》（以下简称《决定》）。《决定》里说，商品房预售许可被列入下放管理层级的行政审批项目。审批机关由原来的"县级以上地方人民政府房地产管理部门"变更为"设区的市级、县级人民政府房地产管理部门"。

房屋预售也称商品房预售，香港地区称之为"楼花"买卖。我国内地商品房预售制度确立于 1994 年，1995 年 1 月 1 日起执行，俗称"买期房"。这项制度被称为我国房地产市场制度的两大基石之一（另外一项是"按揭制度"）。此项制度在引进内地后成为目前房地产市场主流的销售方式。它是指房地产开发企业与购房者约定，由购房者交付定金或预付款，而在未来一定日期拥有现房的房产交易行为。房屋预售本质上就是一种期货，因为买卖的只是房屋的一张期货合约。可能大多数居民对期货还是很陌生的，觉得这是很高端的金融产品。的确，人们平时听得最多的期货产品有铜、大豆什么的，最多就是近年炒得比较热的股指期货。虽然这些和非金融专业人士关系不大，但实际上几乎人人都参与了期货的交易，这就是房屋预售，即期房的交易。目前各主要城市商品房预售比例普遍在80%以上，部分城市甚至达90%以上。

《中华人民共和国城市房地产管理法》第四十五条第（四）款规定："向县级以上人民政府房产管理部门办理预售登记，取得商品房预售许可证明。"所以，这次政策主要的变化就是把"向县级以上人民政府房产管理部门"变成了"设区的市级、县级人民政府房地产管理部门"。商品房预售人应当按照国家有关规定将预售合同报县级以上人民政府房产管理部门和土地管理部门登记备案。在讨论这条规定的影响之前，我们不妨来谈谈房屋预售的好处和坏处。

房产预售制度的优点和缺点

房屋预售的好处是很多的：首先，它解决了商品房建设资金不足的问题，预售制度实际上成了房地产开发企业重要的融资渠道；其次，它降低了房产商的资金门槛，短期内增加了商品房供应，推动了房地产市场的繁荣；最后，它加快了整个建设资金周转速度，提高了资金使用效率，降低了资金使用成本。1998年我国开启房地产市场时，开发商普遍力量屡弱、资金实力不足，如果不借助预售这种方式就很难筹集资金完成项目。客观地说，住房预售制度对推动我国商品房市场的发展和繁荣功不可没。

当然，任何事物都有其两面性，预售制度的缺点也是明显的。一方面，预售实际上增加了房地产开发投资的杠杆，开发商用较少的资金就可以开发项目并取得回款，这把项目未来所有的风险都转移到购房者身上。一旦项目烂尾，购房者就将血本无归。另一方面，中国商品房预售制度实际上变成了一种融资工具，被认为是绑架了消费者和银行。在"预售制"下，开发商有了"空手套白狼"的可能性。房子还没建好就可以售出，实现资金回笼，继而可以抽出资金进行别的项目的开发建设。

有人把房屋预售制度看作造成房价居高不下的重要原因之一，甚至有学者声称"预售制度是房地产市场的万恶之源"。这当然有夸大问题之嫌。但房价问题最终还是由市场的供需双方的均衡所决定的，而预售制度，不外乎在短期内放大了市场的供给而已。其实国外也有房屋预售制度的，但国外很少要求购房者付全款，而只是支付一个预售款。如在美国，房屋预售基本上发生在房地产市场比较火热的地方，一般开发商要求 1 万~2 万美元的预售款，这与 30 万~50 万美元的房价相比所占总房价的比例一般都不大。而在我国商品房预售制度的起源地香港，购房者也只需要支付所买住宅全价款 5%~10% 的定金。

房产预售制度是否应该存在

多年来，有关商品房预售制度是否该存在的争论一直没有停止过。

2005 年，中国人民银行发布《2004 年中国房地产金融报告》，就曾公开建议"取消现行房屋预售制度，改期房销售为现房销售"，其理由是"很多市场风险和交易问题都源于商品房新房的预售制度"。2006 年 3 月，33 位全国人大代表提交议案建议取消商品房预售制度。2007 年，国土资源部土地利用管理司司长表示应该完全取消商品房预售，因为"现在的房地产市场上出现的种种问题，特别是乱炒房地产，都跟预售制度有关"。2012 年 8 月 2 日，一条关于"商品房预售制将取消"的传闻在网络疯传，尽管针对此传闻，住房和城乡建设部新闻处声明称是谣言，且本次国务院督查组的调研会议中也并未提及。但受此传闻影响，8 月初的房地产股集体暴跌。在此之前，2012 年 7 月社会科学院发布的《中国住房发展（2012 年中）报告》建议政府在目前开发商商品房库存量较大的条件下，适时取消期房预售制度，以控制开发商资金链，促其快建快销。但是，多年来，这项被称为我国房地产市场制度的基石仍然岿然不动，目前仅山东省试点了现房销售。

如果取消预售制度，对于开发商而言肯定会有直接的负面影响，可能很多开发企业会"死掉"。在开发贷、个人房贷受到限制的情况下，预售回款成为支撑房地产最为重要的资金来源。据国家统计局的数据显示，目前定金及预收款和个人按揭贷款已占到房地产开发资金的 30% 以上，形成了与房企自有资金、银行借款三分天下的局面。有了预售款，开发商就能占用购房资金进行滚动开发，如果缺乏 30% 的预售款，大部分开发商的资金链将会断裂，房地产市场基本上就完了。因此，取消预售制度将使房企资金压力加大（财务成本加大），行业门槛被抬高，而这个成本最终会转化给市场承担。从长远来看，如果市场供需矛盾加剧，则可能进一步推高房价，这可能也是多年来政府不愿取消这项制度的重要原因。而这次的政策调整，实际上否认了短期内会取消预售制度的可能性。

在这一轮号称"史上最严厉"的房地产调控开始之前，房地产市场呈现供不应求的格局，因此预售制度对增加短期住房供应、缓解供需矛盾是有积极作用的。在以"限购"为核心的房地产调控开始后，大量有购买力的客户群被人为地挡在了市场之外，因此购房需求萎缩严重，市场出现了供大于求的情况。在此情形之下，预售制度的实际作用已经非常有限了。此时不是楼盘无预售证不能销售的问题，而是都挂着预售证但缺买家的问题。由此可见，预售制度严格还是放松，或者有没有作用，主要还是看楼市的供需状况。总体来说，预售这个制度，不外乎就是开发商早卖晚卖的问题，对开发商的意义最多就是回款速度快慢导致的一点资金成本的问题（前面说的融资问题），比起能不能卖出去这个根本性的问题而言，这个问题相对不是那么重要。

但是，下放审批权这条规定确实也会给市场传递一些信号。也许很多人会联想到调控放松。在笔者看来，虽然审批的机关变了，但审批标准并没有变，所以就直接影响来看，调控放松这一说法难以成立。就间接影响来看，下放审批权在一定程度上可以降低审批的难度，通过更多地赋权地方政府，让行政效率更高。虽然审批标准没有变，但在预售审批权下放后，如果各个部门执行的标准不统一，市场可能会出现混乱，这也是应该关注和避免的地方。当然，对开发商来说，能够更方便地取得商品房预售证，总是一件好事，虽然在当前市场环境下不一定有实质性的作用。更为关键的是，此举消除了市场对取消预售制度的担心，也算是吹了一点暖风吧。

选市区电梯大户平层，还是郊区低密别墅

这个话题即使在笔者写这篇文章的六年之后来讨论，也依然有趣和不失新鲜感。相信很多读者会在心里说：只要有钱，各买一套那是最好不过的……

本文首次发表时间为 2012 年 11 月 12 日，在搜房博客上的阅读量达近 9 500 人次。

是选市区电梯大户平层还是选郊区低密别墅？这不是一个新话题，但在近期的成都楼市，这确是一个现实的问题（当时成都有一些大户平层项目较为集中地入市）。

随着城市的发展，城区土地日益稀缺并向着高密化的方向发展，因而要在市区开发低密别墅项目就越来越困难，一旦出现必是"天价"。低密别墅向着郊区发展，这是必然的趋势，甚至其主要的出现区域已经发展至远郊，近郊都不容易看到。假设总价相同，那是应该选市区电梯大户平层，还是郊区低密别墅呢？这是两类完全不同的产品，直接比较确实很困难。

低密别墅肯定代表了人居的理想状态，楼房密度低、生活品质高，这是主要优势。据笔者调研，容积率 4.0 的普通住宅小区（在 2016 年以前，容积率 4.0 是成都住宅用地出让较为常见的规划条件）已经比较容易出现两个遛狗的人所带的狗发生"狗打架"的情况了，这绝不是夸张。别墅产品除了低密以外，附着有土地的室外花园和大面积的屋顶花园也是主要的卖点，这体现了"有天有地"的理想人居生活状态。此外，别墅常见的挑高客厅也是居住品质的体现。别墅的这些优点在平层户型的电梯项目中较难实现。当然，也有人认为别墅几层楼的楼梯爬起来太麻烦了，特别是对有老人和孩子的家庭而言。

再来看大户平层的电梯项目。虽然作为电梯公寓的项目来说，整体用地的容积率不会低，但大户型的设置可以在一定程度上抵消其在密度

上的劣势。比如说一个容积率为 4.0 的项目，假设按照普通的面积区间来开发可以容纳 4 000 户居民，但如果该项目按照 1 000 户来开发成大户型小区，则可以在实际容积率不变的情况下，变相达到容积率 1.0 的低密效果。同时，在生活体验上，平层的舒适度可能比别墅爬楼梯的舒适度高，当然，这个体验因人而异。

至于装修和设备等，别墅和电梯大户平层倒没有本质的区别。大户平层可以把室内楼梯的钱节约了，但是别墅的屋顶花园可以安装太阳能，这个电梯大户平层较难实现。

上面说的只是别墅和电梯大户平层的一些区别，但对于地处郊区的别墅和市区的电梯大户平层来说，更主要的区别则是地段位置。如果不需要天天去市区，那么郊区别墅也许是更好的选择。这部分客户群可能是养老的老人，或者不需要天天坐班的自由职业者。而对于周一至周五需要上班的人群（即使是职业经理人）来说，住得太远即使享受了更高的生活质量，但花费在路上的时间成本也是难以承受的，因此市区的电梯大户平层也许才是更好的选择。

除了与工作地点的通勤距离以外，大多数国人仍然喜欢"热闹"，即希望有便利的商业配套，而不是像国外老百姓习以为常地一周去一次商场。此外，如果家中有适龄孩子，上学的问题也必须考虑，因而教育配套资源也非常重要（很多条件较好的家庭甚至把此条看成主要需要考虑的因素）。其他诸如医疗配套等，都是城市电梯大户平层超越郊区别墅的地方。还有一点，郊区别墅一般来说自然环境更好，部分远郊别墅更可坐拥山水资源。但是如果市区电梯大户平层附近有较大的公园作为环境的配套，则又可以在很大程度上抵消郊区别墅的环境优势。

成都当前涌现出很多大户平层的电梯项目，主要集中在东大街——"攀成钢"区域和"南延线"区域，未来在这一细分市场的竞争会非常激烈。大量高端电梯项目的面市，一方面是随着经济的发展，为满足富裕家庭的居住需求而出现的市场选择；另一方面也是开发企业应对前些年高价拿地的无奈之举。对于那些楼面地价动辄 7 000 元/平方米甚至更高的地块来说（在当年这算是很贵的楼面地价了），不走高端路线连保本都难，为了多获得一些开发利润，走高端路线也是没有办法的办法。由于近年来高地价成交的地块不在少数，因而未来一段时间市场上出现大量的高端电梯项目也情有可原。

在相近的总价之下，这些项目首先会面对来自东西南北大量的郊区别墅项目的竞争，其次还会面临大户平层的电梯项目本身之间的竞争。早期的大户平层电梯项目走过一些弯路，主要是单纯地追求"面积大"。如果在一个小户型项目中把 8~10 套 30~50 平方米的标间和套一全部买下并打通，总面积也有 300 平方米甚至更多，堪比别墅的面积，但这是豪宅吗？目前市场上出现的大户平层电梯项目显然吸收了早期类似项目的经验和教训，在项目规划、园林、户型、会所等方面都向别墅看齐。很多时候，除了容积率和高度的区别，其实这两类产品的本质区别已经越来越小了。此外，电梯项目由于"天生"的建筑密度比别墅项目低得多，因而电梯项目的园林往往能做得更为出彩，毕竟中庭面积更大。

对于消费者来说，自然是希望有着更多的选择和更具差异化的产品。而受限购影响，未来在总价上可与郊区别墅匹敌的市区电梯大户平层的走向究竟如何，这是笔者非常感兴趣的研究课题。这些市区大平层项目的市场表现如何，让我们拭目以待。

用客观科学的态度看待"限购令"的影响

背景回顾

在笔者写这一篇文章的时候，正是2012年那一轮楼市调整期行业感觉最艰难的时候。自2010年一些城市陆续开始以"限购"和"限贷"为主要特征的"双限"楼市调控之后，楼市惯性上涨了一段时间，但是从2011年年底开始市场有了明显的转冷趋势。

单纯从房价指数来看，2012年的这一轮楼市调整真的只能算是"调整"，一些城市的房价指数在一年内整体下跌仅1%左右。然而，这种"滞涨"对于营销的打击是巨大的。因为房子卖不出去，就拿不到销售提成。而开发企业回不了款，也会承受很大的资金压力。

2012年楼市回调的表现和2014年的楼市回调有着很大的区别。如果说楼市在2012年的这次回调受政策影响较大，那么2014年的这次楼市较大幅度的下跌，则受市场本身的影响更大。正因如此，在2014年年底楼市异常艰难的那个寒冬，不少业内人士都认为房地产大势已去，"黄金时代"变成了"白银时代"。

至于2016年的新一轮上涨行情，那是后话了。

本文在搜房博客上的阅读量为2.2万人次，首次发表时间为2012年11月19日，首发于搜狐焦点网（本文是一篇专访）。

问：2012年的"金九银十"可谓非常惨淡，有人认为现在整个房地产市场低迷的情况是由"限购令"导致的，而有人则认为其关乎房地产市场的非理性博弈，您怎么看？

答：直接原因肯定是"限购令"的作用，但这个作用目前来看更多地体现在成交量上，对楼市成交量影响很大，但是从全国来看价格下跌得不是很厉害，个别城市是特例。从全国来看，限购令出台后一直到2011年年底，房价才真正走下坡路，到2012年上半年差不多呈现下跌的趋势，目前来看这个趋势感觉在回归，2012年10月全国有30多个城市又出现了小幅上涨的趋势。

当前我们把市场分为刚需、改需和投资性需求。从组成比例来看，投资性需求比例更大一些，可能是过半。限购令主要针对的是投资性的群体和部分改善性群体，限购令对这些需求的抑制作用是比较明显的。我们知道价格实际上是一个供需双方博弈的结果，住房供应是受限的，这主要是因为土地资源有限，因为土地不像其他原料一样或者工业制品一样想生产多少就生产多少。特别地，土地资源在空间上的价值差异也很大，这使得"位置好"的土地资源就更有限了。目前来看刚需还能够匹配市场的供应，所以降价不是太明显。但是如果刚需无法消化市场供应了，那么房价向下的压力就会越来越大。

问：能否从限购的作用机理以及成立条件这方面来详细解读一下此次限购。

答：首先分析一下这个政策是否能生效，这取决于什么呢？取决于居民的购买意愿，是不是真的在调控指标上。如果有人本来只想（或只买得起）一套房，那限购两套房就没有作用；反之，如果有人想买三套房就受限制了。

咱们国家这么大，每个城市的基本情况都不一样，比如像鄂尔多斯，投资性需求的比例非常高。鄂尔多斯新城计划的人口是100万，房地产就是按照这个预期来建设的，但实际住的人口也就3万人左右，你想过3万人和100万人的差距吗？如果把购房按投机和投资来分类，投资偏于长期，投机就偏于短期，也就是付少量的钱以获得更大的收益。那么鄂尔多斯投机者比例达到90%以上，如果按照上面的数字来说就是97%。

每个城市的自住和投资、投机的比例是不一样的，如果采用一刀切的政策，那么这个政策针对不同群体的作用效果都是不一样的。可能这个限购政策对像鄂尔多斯这样的城市效果非常明显，也许你加大限购的力度效果更明显，我们看到鄂尔多斯的房价降得很厉害，温州也有类似情况，房价下降很多。但全国大多数城市没有出现大的降价，说明正常的购房需求比例是比较高的。我们用一个统一的政策，同时作用于几十甚至上百个城市，效果肯定是千差万别的。在现实中我们确实也会发现这个政策对有的城市有作用，对有的城市没有作用。

问：对于限购我们大多数人看到的是很窄的一面，而且是感性的思维方式，很少有人用数据来推理。

答：学术界应该是用科学、严谨的方式来分析问题。我不能说这个对还是不对，这个政策有没有效果，以及效果是提升房价还是降低房价，实际上每个政策是有一个作用区间的，中国这么大，每个城市千差万别，合理、科学的态度是对每一个城市都详细也调查，制定不同的政策。

从房价指数也可以看出来。2012 年 8 月，统计局对 70 个大中城市的调查数据显示，价格下降的城市有 20 个，持平的城市有 14 个，上涨的城市有 36 个，实际情况跟这个统计数据基本吻合。我们应该以一种科学的态度去看待此类研究，不要一味赞同或是批评，应该明白它有一个适用区间。

（笔者于 2013 年在国内财经类的顶尖学术期刊之一的《管理科学学报》上发表了一篇题为《限贷和限购政策对一般均衡中房价的影响》的论文，用详细的数学模型科学地分析和论证了这两种政策对房价的影响和作用。在 2012 年做这个专访的时候，这篇论文正在修改和完善之中。）

第二章
2013 年：博客时代

与其说这是博客的时代，不如说这是博客最后的辉煌。

在这一时期，笔者在博客上也发布了一些阅读量还不错的文章。但在同一时期，以微信公众号为代表的新媒体蓬勃发展，代表了另一个时代的开始。而这一切，笔者遗憾地错过了……

2013 年年底，笔者入选"2013 地产人价值榜专家学者榜"全国前15 名。

八年，刚需出城

背景回顾

随着 10 多年来我国房地产市场的快速发展，"刚需"一词也变得越来越流行。那么，究竟什么是刚需呢？从不同的视角可能理解会有些不同。如果严格地按照经济学的定义来解释，"刚需"是指对某种商品的需求弹性低。弹性低可以看作价格敏感性低，那么即使涨价也还是要买。一般意义上的生活必需品可以划在此类。然而对于住房来说，人们习惯于把"低收入人群"看作刚需人群，特别是首套房置业的群体。如果某人在大城市的一端居住，但是却在另一端工作，那么不得已需要在工作地点附近买房，这又算不算刚需呢？

此外，"低总价""小户型""高密度""位置偏僻"等往往也是人们给刚需购房所贴上的标签。

有意思的是，在笔者写了这篇文章的五年之后，成都楼市迎来了"刚需优先"的摇号选房优惠政策。这，算不算是刚需的逆袭呢？

本文在搜房博客上的阅读量超过 2.7 万人次，首次发表时间为 2013 年 2 月 24 日，首发于《地产商》。

2004 年，笔者刚刚接触房地产。记得那时，成都九眼桥头隔河相望的两个高层电梯住宅项目每平方米卖 4 000~5 000 元，当时本地的众媒体惊呼"成都进入电梯豪宅时代了！"

在笔者的印象中，那时似乎没有太强调"刚需"这个说法。那正是一个需求急剧释放的年代，人们有的是需求：拆迁安置的（当时成都正在进行大规模的旧城改造，拆迁户的置业需求强劲）、舒适升级的、投资投机的，当然也少不了首次置业的。当时成都二环路内的新建楼盘那是一片一片的，普通的电梯房价格也就每平方米 3 000 元出头，运气好偶尔还能找到"2 字头"的。当时，人们在选楼盘时首先考虑的问题是买多层呢还是买电梯呢？

刚需，是一个沉重的话题。一般来说，人们认为刚需是指首次置业需求，来自较低收入人群。对应这个特点，刚需者的置业需求通常是低总价的、紧凑户型的。但这只是表象。通常市区房价高而郊区房价低，所以人们会认为刚需者最适合住在郊区。这个观点是不准确的，甚至是错误的。有"刚需"的基本上都是朝九晚五甚至经常加班的人士，他们难以承受高昂的通勤成本（既包括金钱上的，也包括时间上的）。此外，中国的城市发展形态决定了各种好的配套资源往往都集中在市区，如商业、教育、医疗等，而刚需者对配套资源的依赖程度更高。因而，刚需者更需要住在市区。笔者清楚地记得，当时一个朋友是"多层住宅"的铁杆粉丝，坚决不买市区的电梯房。他在看了一圈之后买了一个刚出三环路的多层项目，在市中心工作的他说这幸好还勉强在电瓶车的"射程"之内。

一晃八年过去了，"刚需"一词也逐渐成了业内的重要谈资，虽然早年的时候人们并没有把它区分得这么清楚。一些楼盘喜欢在营销上打出"刚需盘"的旗号，以彰显亲民。当年成都核心区每平方米3 000元出头的盘可以说自己是刚需盘，但我们不妨来看看，现如今，就在成都这地儿，刚需盘都成什么样子了？笔者2012年曾偶然去看了一个楼盘，在温江，如果按成都现有城市布局划圈的话怎么着也得是五环以外了。容积率高就不说了，户型设置基本是40多平方米的套一、60多平方米的套二、90多平方米的套三这种设置，典型的紧凑型户型配置，刚需中的刚需，就差做成标间了。价格大约每平方米5 000元的样子。恍惚中，笔者想到了一个以前看过的位于市中心的楼盘。几乎一样的价格和户型设置，也就2005年的楼盘，当时其实也基本上是当作刚需盘来卖的。但其位置是CBD中的CBD，紧挨着成都最核心的商圈，自身配置也非常齐全。7年时间，同样价钱能买到的住房已经从城市的最核心区域迁移到了五环外。

2010年以来的地产限购令，让"刚需"概念着实火了一把。不是刚需的群体都属于限购令的打击对象了。一时间，市场上"刚需盘"泛滥。毫无疑问，市场在把刚需当作救命稻草。刚需就像一座矿山，但这座矿可以挖多久呢？根据最新的统计数据，中国家庭财富分布差异极大。这决定了刚需的购买力是不高的。换言之，"刚需"这座矿山不是富矿。要想靠刚需支撑起整个楼市，这可能是不现实的。

通过房贷计算器计算可知，如果房屋总价30万元（首付10万元、贷款20万元，20年还清），月还款需1 500元，对应月收入3 000~4 000元。如果总价50万元，同等条件下月收入需要6 000元。如果总价80万元，月收入需要8 000 ~9 000元。如果房屋总价100万元，则月还款需1.1万元。从当前的市场情况来看，能在市区买房的刚需者都已经是经济条件好的刚需者了。而对更多的人来说，已经很难在市区买房。顺着地铁往郊县布局的房源，也许是他们唯一的选择。

成都和全国很多大城市比，房价其实还不算贵，所以刚需的问题目前来看还不是很突出，但我们已经可以从其他一些城市看出端倪了。有报道说，如果要二居室的话，杭州很多年轻人只买得起郊区的房。但随着孩子长大要读书了，不得已只能把郊区的房卖了，进城买更小的房。国外的通常例子是，穷人住市中心而中产阶级住近郊，富人则住远郊（曼哈顿这种特殊案例除外）。而受制于人口、交通等的压力，我们的城市发展则跳过了这个阶段。

"刚需出城"的趋势已经无法逆转，我们唯有大力发展郊区的基础设施配套，让刚需不必再因为不得已而回城。

从"财富论坛"看成都城西的发展

背景回顾

成都城西绕城高速（四环路）一带，一直给人的感觉是较"空"。城南同半径区域，却早已是非常成熟的新会展商圈了。后来"环球中心"这一商业巨无霸的出现，更是夯实了城南绕城高速内外一带成都"新中心"的江湖地位（后面笔者专门有文章来分析成都市中心的问题）。

距笔者写这篇文章之后 5 年半过去了，如今城西绕城外一带已经发生了很大的变化（如地铁开通等），但和城南的发展节奏相比，似乎还是慢了很多。

2016 年 7 月下旬，第三次 G20 财政部部长和央行行长会议在成都市举行。每一次在成都举办这种大型国际会议，都见证并促进了成都经济的发展，而城南总是直接的受益区域，城西则相对"黯淡"。从这一点来看，本文所探讨的问题在多年之后仍然具有时效性。

本文在搜房博客上的阅读量为 34.3 万人次，首发时间为 2013 年 6 月 22 日，首发于《地产商》。

财富论坛对成都的意义

2013 年 财富全球论坛于 2013 年 6 月 6 日至 8 日在成都举行。这是该商业盛会继 1999 年在上海、2001 年在香港和 2005 年在北京举办后第四次落户中国，也是该论坛首次落户中国中西部腹地城市。本次财富全球论坛主要在市中心的酒店和城南新会展中心举行，和城西有没有什么关系呢？一个媒体朋友问笔者这个问题，乍一看财富全球论坛和城西发展是风马牛不相及的，但仔细思考一下，其实这里面不仅有关系，而且还有很大的关系。

我们先来看看财富全球论坛对成都有何意义。

一方面是关注，而且是全世界的关注。每一届财富全球论坛都是全球知名政商云集，因其总能敏锐地觉察到世界经济的脉搏，被称赞为"把握世界经济走向最清晰和最直接的窗口"。时任《财富》主编苏安迪说，成都地处中国快速发展的西部地区的中心位置，对跨国公司而言它已成为一块充满活力的磁石，是高等教育的中心，也是从汽车、物流、技术到服务等多个行业的领跑者。作为中国西部大开发的引擎城市，成都拥有巨大的经济增长潜力和发展空间、强大的创新能力、独特的文化气质、丰富的国际会议承办经验以及优良的政务服务。

另一方面，财富全球论坛带来的不只是表面繁华。有媒体称，它给成都乃至四川注入产业经济活力，或将持续影响几十年。2013 成都财富全球论坛期间，成都市获得世界 500 强企业和知名跨国公司 74 个项目、1 120.15 亿元的投资。还有一些重大项目投产开工，密度之高令人目不暇接。世界 500 强企业通过这些投资，展示了它们对以成都为代表的中国西部前所未有的兴趣。成都则借助这股强大的投资潮，使自身的产业能级及区域竞争力再度提升，并获得源源不断的可持续发展活力。

从地理位置分布来看，财富论坛对成都经济的带动仍然主要体现在高新西区和高新南区。高新区管委会负责人表示，财富全球论坛在成都召开是一个重大历史机遇，它能够有效提升成都高新区在承接全球高科技产业转移中的优势和 IT 产业的能级。在本次论坛中，德州仪器宣布大规模增资扩能，在高新区新建封装测试项目以及扩建现有晶圆厂。戴尔成都全球运营基地 7 月 1 日也将正式出货，成都基地生产的戴尔台式机产品不仅服务于中国本地客户，也同时向欧洲和美国供货，该基地将成为戴尔全球供应链中重要的一环。而在 GE 中国创新中心（成都）成立一周年之际，GE 宣布其医疗智能响应中心落户该创新中心。在南边，世界 500 强企业、全球知名的"端到端"供应链解决方案公司伟创力在成都双流投产其在华的第二家机械制造工厂。对于正在大力发展现代制造业的成都来说，伟创力成都新厂无疑是重要助力。

财富论坛的利好与成都城西的定位

现在再次回到我们之前提出的问题，这些显著的利好与城西有什么关系呢？这其实涉及成都城西的定位问题。虽说成都有"西贵"之说，但是其实城西开发较早，过于强调居住属性。加之 2.5 环路和羊西线发达的餐饮娱乐，让城西的发展有一些杂乱，缺乏主线，现代产业和服务业也一直没能建立起来。城西的发展中最具代表意义的就是光华大道。这条曾被寄予厚望的射线型道路，在 2004 —2007 年是被当作中产阶级的梦想居所来打造的。但多年过去以后，这里的沿线依然有着大片的闲置土地，办公和商业配套匮乏，住宅产品也日趋"刚需化"。虽然三路环外的城西也有着初具规模的成飞工业园、青羊工业发展、青羊绿洲总部基地、非物质文化会展中心以及正在新建的光华新城等，但和南延线成片的挺拔写字楼相比，仍然难成气候。甚至和龙泉兴起的汽车制造等相关的产业园相比，城西的发展都缺乏一个明显的主题。

实际上，从图 2-1 即可看出，成都西北方向的高新西区的高新技术制造业基地，和正南方向的"国际城南"的现代 IT 和金融服务业集群，都可以说是"世界级"水平的（不能随意称之为"世界级"，但类似 Intel 芯片工厂这样的产业肯定可以称作世界级）。在财富论坛的持续影响之下，这两个区域将是未来成都经济发展的重要引擎，仍会不断发展壮大。而本文所关注的大城西就在这两个区域组成的大扇形之中。可以看出，大城西的发展，如果不借助西北和正南这两个高新区的"势"，那确实太可惜了，而且也必然会更困难。换句话说，大城西的发展就是要为两个高新区做配套。从本次财富论来看，成都的这两个高新区的水平都是世界级的，所以这"做配套"也没有什么好"丢人"的。

大城西优良的人居和生态环境，是其独有的优势。所以，如果把大城西看成两个高新区的居住配套，这是可行的。从位置上看，以三环外青羊区和温江区为代表的大城西离高新西区是很近的。因此，在高新西区上班的人，完全可以选择在大城西居住。目前，从绕城高速到郫温路，郫县①到温江之间已经有多条道路相连接，而郫县南北大道到温江正在兴建一条宽阔的大道，可以从未来城片区直达光华大道（这其实就是后来的"五环路"的一部分），这必将进一步加强郫县和温江的道路联系。大城西距离"国际城南"的距离要稍远一些，需要跨过双流城区等地。不过借助绕城高速（四环路）和未来的 3.5 环路、五环路等快速环路，从大城西到城南也不算远。毕竟，比起横穿市区到城南，从市郊的城西

① 指现在的成都市郫都区，因本文写作时间为 2013 年，当时称其为成都市郫县。后文相同。

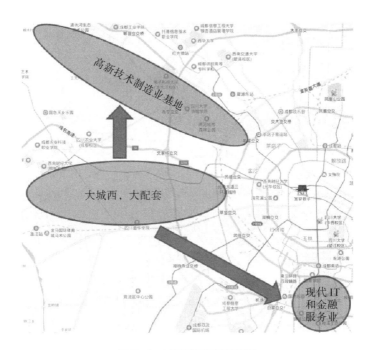

图 2-1　城西发展主题规划

到城南肯定要方便得多。

　　在郫县和南延线已经有大量住宅开发的情况下，人们为什么还要舍近求远来大城西居住呢？前面已经说过，城西的生态环境好，适合居住。"金温江"的称号可不是浪得虚名，而是多年以来老百姓对其居住环境的口碑与认可。大城西的住宅开发应该坚持生态人居的理念，适当地降低开发密度，以和其他区域的住宅开发形成一定的差异性。同时，笔者所说的这种"配套"也绝非简单的住宅开发，而是一种综合性的配套，涵盖办公、商业、酒店、会展、制造等，这是一种产业链层面的配套，即要发展和两个高新区互补的产业，并最终将西北和正南的这两个高新区串联起来。这种借势的发展战略，可以有效地提升大城西的综合发展速度，并避免低层次的重复建设。

华府向北，刚需向东

在 2013 年的这一轮上涨周期中，位于城南后来的"五环路"内侧的这一片区域，被成都的地产圈称作"华府板块"。在 2013 年，华府板块推出了大量的住宅用地，一时间地价上涨较快，业内人士和购房者对这片区域的关注度也很高。当时笔者前去调研，发现不少楼盘推出了建筑面积 60 余平方米的套三产品。这让笔者难以理解，觉得这简直是对这片区域价值的严重误读。

在这篇文章写作的约半年以后，楼市即开始向下转向。2014—2015年，随着楼市的下行，华府板块果然成了市场调整的"重灾区"。城南多地遍布发放楼盘宣传资料的"小蜜蜂"们（成都房地产业内常把在街上散发楼盘宣传单的人称作"小蜜蜂"），而所发放的资料也主要是位于华府的楼盘。

直到 2016 年 6 月笔者再去华府调研的时候，"3 字头"的特价房（指建筑面积单价在 4 000 元/平方米以下）依然存在。据笔者了解，这里有开发商的其中一个项目亏了约 1 亿元后黯然离场的案例。

当然，到了 2016 年下半年和 2017 年，华府板块又变得火爆起来。2018 年 9 月，华府板块出现了单价 2 万元的大户型高端项目。从某种意义上说，这也算是华府板块对自身价值的一种自然修正。

华府，真是一个神奇的区域。

本文（原标题为《华府板块：刚需版的大源，升级版的刚需?》）首次发表时间为 2013 年 9 月 13 日，发表于搜房博客。在搜房博客上的阅读量有近 9 000 人次，2014 年 3 月 11 日修改后以现标题再次发布于"锐理资讯"。

华府板块土地储备充足成城南楼市主角

国际城南从来就不缺热点。华府板块的兴起，其实和攀成钢区域的兴起有一定的异曲同工之处：在某一个区域突然有大量土地放量，必然会受到业界和媒体的追捧。只不过攀成钢所在区域对土地的饥渴和其稀缺性决定了它的价值远远高于华府，但从本质上说，它们的崛起有类似的地方。

这块本不太为购房者熟悉的区域能够崛起，媒体的热捧功不可没。华府板块位于大源和南湖这两个房地产界传统认知板块的夹角区域：大源往南，南湖向西。也曾有媒体用"在华阳的府河"来描述这一板块。该板块位于成都市城南华阳镇，因临华府大道（原迎宾大道）而得名，其核心区域北至双华路、南至牧华路、东至剑南大道、西至华府大道。华府板块引起业界关注的一个重要原因，就在于其巨大的土地供应潜力。据相关机构统计，华府板块从 2007 年至 2013 年第三季度，共供应 12 宗土地，合计约为 2 386 亩（1 亩 ≈ 666.67 平方米），以住宅兼容商业用地为主，其中出现过两次供应高峰，分别是 2009 年和 2012 年。仅 2012 年，华府板块的土地放量就已经超过 1 500 亩。可见，在其他传统的城南板块土地储备日渐减少之时，华府板块充足的土地储备将为该区域在一段时间内争取到城南楼市供应的主角席位。

华府板块定位刚需和首次置业显"遗憾"

然而，"主角"不是人人都能当的，特别是在发展成熟、竞争已经白热化的国际城南。关于华府的各种媒体报道很多，笔者亲自去实地考察了一圈以后，深感遗憾。这让笔者联想到市区的一块地。这块地在成都东南一环和二环之间，距离著名的望江公园仅一步之遥，规模也较为可观，有百亩之大。其实，在成都一环路和二环路之间，笔者一直觉得望江公园一带的自然和人文条件是唯一可以和浣花溪比肩的地方。然而"不幸"的是，这块地住宅区的容积率高达 6.8。这是在修写字楼吗？当然，九眼桥一带甚至有容积率高达 11 的项目，但毕竟九眼桥一带和这块地的微观条件完全不一样。

那么，笔者认为华府板块的遗憾在哪里呢？从区位上讲，华府板块直接承接了走城市中高端定位的大源板块，与之共享了很多大区域的大型基础设施配套，如很多大型商业设施以及锦城公园等绿化和文体娱乐设施。除此之外，华府板块东侧的南湖度假区已成气候，又为该板块提供了更多的购物和休闲娱乐选择。如果换个年份（如 2007 年、2009年），仅比大源板块多几分钟车程（在便捷的交通条件下这根本不是问题），而享有更优越自然生态条件的华府板块无疑拥有更佳的先天条件，完全可以发展成为升级版的大源板块。然而，华府板块的崛起时机可谓"生不逢时"，"史上最严"调控期让华府板块的众多开发商不约而同选择了刚需和首次置业的市场定位。特别是在华府板块土地放量最大的2012 年，正是成都乃至全国楼市的低潮期，这使得在这一时期拿地的开发商纷纷做出非常谨慎的市场定位决定。这不能不说是一种"遗憾"，也可以看作开发理想向市场环境妥协的一种产物。另外，华府板块距离天府软件园较近，大量的青年就业人群的置业需求可以为该板块的发展提供一定的支撑。可以说，华府板块的这一定位在当时的市场环境下也有一定的道理，但却是一种无奈的选择。

华府板块的区域属性究竟适合怎样的市场定位呢？应该说，华府板块的先天条件是非常适合深度居家的，这在前面已有讨论。那么我们再来看看华府板块的产品。限于刚需和首次置业的定位，每套住房的总价自然不能太高，40 万~50 万元是一个较为合理的区间。然而，传统的在市区常见的单间和套一这类的产品，又不能满足深度居家的需要。从笔者考察的一些楼盘可以看出，开发机构对产品的研发是下了苦功夫的。67~84平方米的面积区间，居然全部做成了三房，再通过较高的赠送比例，基本消除了公摊对建筑面积的蚕食。虽然赠送面积会提高整个项目实际的容积率，对品质有一定的影响，但对于刚需和首次置业客户群来说，这些都不如多一些使用面积来得更实际。

当华府遇上刚需，我们不知道这到底是幸运还是不幸。换个市场环境，这里也许是豪宅和高端项目扎堆的地方。但在当下，让更多的人享受这个区域，或许也不是一件坏事，这又再次让笔者联想到望江公园附近的那个楼盘。华府板块的市场定位到底是刚需版的大源板块，还是升级版的刚需呢？这需要市场的检验。

华府板块从产品创新寻突破

2014 年春节后，关于华府板块的报道再次在媒体圈多了起来。

《华府板块"野蜂飞舞"客户量低催生行销大热》《"捂不热"的华府：理想很丰满　现实很骨感》《华府板块土地量少价高　想拿地？得三思!》……从这些报道中，我们无不深切地感到业界对华府板块的忧虑和"恨铁不成钢"的心情。当前，华府土地存量在经历了前两年的放量以后，已经日益减少。2013 年 1 月 29 日的土地拍卖会上，一宗备受关注的位于华阳街道一心社区 1、3、5 组的面积为 112.5 亩的地块，以 552万元/亩的起拍价拍出了 830 万元/亩的成交价，其成交楼面地价高达 4 150 元/平方米，这对于目前该板块新房（清水房）6 000 余元的单价来说，开发压力是较大的。值得一提的是，该地块的容积率仅 3.0，这是明显低于东边的南湖板块的众多容积率为 5.0 左右的楼盘的。笔者也曾去南湖板块的一些楼盘调研过，那感觉就是一个"密"字，很有些"重庆森林"的感觉，但南湖板块的楼盘目前的均价一般都在 7 500 元/平方米以上，是显著高于华府板块的。据统计，大源板块 2013 年销售金额为 121 亿元，备案均价为 11 077 元/平方米；南延线华阳段 2013 年销售金额为 116 亿元，备案均价为 8 255 元/平方米。和地理位置相近的这两个板块相比，2013 年华府板块 36.61 亿元的年度销售额和 6 129 元/平方米的备案均价显然相形见绌。

可以预见，2014 年和之后较近的时间里，在楼市调控不放松的前提下，难以涨起来的房价和已经涨起来的地价，将使华府板块的开发压力越来越大。虽然土地和楼盘的确是面粉和面包的关系，但土地市场和楼市毕竟是两个独立的市场。先期进入该板块的开发商有成本优势，而后期高地价拿地的开发商将不得不在产品创新上寻求突破，从而在产品同质化严重、价格差距不大的区域市场中艰难地获取利润。

第三章
2014 年：重装登场

除了继续在博客写作以及给一些媒体供稿之外，2014 年笔者也在一些行业机构的网站上开设了专栏。博客上有一些文章的阅读量还不错，但在各种新媒体的冲击之下，这可能真的要成为"绝唱"了。2014 年下半年，笔者开通了微信公众号，算是正式在新媒体平台上跨出了第一步。

此外，在写作内容上，在 2014 年笔者更加专注于对房地产问题的写作，而不像前两年那样还写了很多房地产以外的其他财经类题材的内容。

楼市调控新"国五条"① 实施一周年盘点

背景回顾

"楼市越调控越涨"的论调其实是一种误解。楼市涨跌有其内在规律，影响的因素有很多。应该是房价先过快上涨，然后才会引发调控。而不是先有调控，然后引起房价过快上涨，这在逻辑上就站不住脚。

事实上，从 2013 年开始，我国城市间的楼市就已经出现较大的分化。当然，到了 2015 年，这种分化就更大。笔者在之后的文章里会专门分析国内城市间的楼市分化。

站在 2018 年年底再回顾，2013 年的这一轮上涨行情和 2016 年的那一轮上涨行情相比，的确只能算是"小巫见大巫"。在 2013 年出现过的"排队离婚"现象，2016 年又再次出现。而包括"限购""限贷"在内的各种调控政策，也是放松之后又再次收紧。

如果现在给楼市做一个总结，那我们会发现，房地产市场有着鲜明的周期——"扩张周期"和"紧缩周期"交替进行。所以在 2013 年说"楼市越调控越涨"的人，怎么不想想 2014 年的房地产市场有多惨淡呢？

当然，进入 2014 年后，楼市的分化更加严重。一些城市的房价在波动上升，而一些城市在波动下降。而对于一些城市来说，2014 年年初的房价可能就是"历史高点"，即使放在 2018 年年底的现在来看也是这样。不过对于本文而言，这些都是后话了。

本文在搜房博客上的阅读量有近 25.8 万人次，首次发表时间为 2014年 2 月 6 日，首发于《重庆青年报》，"锐理资讯"（原题为《回顾 2013楼市调控大棒高举轻落》）。

---

① 新"国五条"指在 2013 年 2 月 20 日国务院常务会议确定的五项加强房地产市场调控的政策措施。

背景：2013 年国内房价上涨压力大

2013 年年初，如果没有这个新"国五条"，很多专家和业内人士都认为 2013 年的市场是乐观的。

笔者根据国家统计局按月发布的 70 个大中城市新建商品住宅指数的成都指数制作了 2010 年以来的成都房价整体走势图（截至 2013 年 1 月），如图 3-1 所示。其主要目的是体现成都整体房价的按月环比变化趋势（设定 2004 年 1 月为 100）。从图 3-1 中可以明显看出，整个 2012 年的房价走势体现了一种先抑后扬的趋势，特别是 2011 年的 11 月、12 月这两个月，已经明显走出了下跌转折后的盘整态势，掉头向上，但幅度还算温和。问题就出在 2012 年 1 月上。1 月的指数突然拉大了幅度，而且创了新高。这不仅是 2010 年以限购和限贷为代表的"双限"调控以来的新高，而且也是 2004 年以来的新高。不仔细看还不觉得，但从整体的环比指数来看，这确实是新高了（全国很多城市都有类似的走势）。

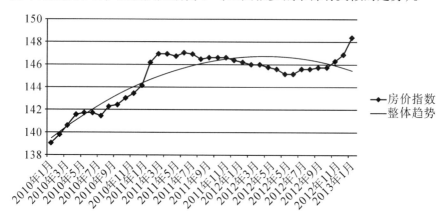

图 3-1　2010—2013 年成都房价走势

全国大多数城市其实都属于"误伤"。这一次新"国五条"的焦点是首都北京。"两个月挂牌房价每平方米跳涨 1 万元""六环路外每平方米房价突破 2 万元""五道口附近 37 平方米套一每平方米单价为 10 万元"……2013 年年初的时候，这些触目惊心的消息看得笔者头皮发麻、心里发虚。果不其然，调控的"板子"迅速就落了下来。

了解了本次调控出台的背景，也就不难理解这次新"国五条"的内容了。虽然说很多人都认为本次的新"国五条"基本上都是"老调重弹"，主要是释放调控信号以及给市场敲警钟，但仔细观察一下，还是可以发现许多重要信号的。其中，"完善稳定房价工作责任制"这一条，其实是本次调控最具威力的一个内容。中断一年后再次强调房价调控目标，并明确考核问责制，一方面显示出政府坚持楼市调控不放松的决心，另一方面也显示出政府层面对于房价的要求依旧是"处于合理范围内"。这也算是对2013年春节前中央经济会议未提及"合理房价"的一个回应。大家可不要小看了这一条措施，这实际上就是一条价格控制线啊！中央要求各地"于第一季度向社会公布"，所以2013年3月底和4月初是非常关键的时间窗口。

细则：有的城市严有的城市松

如果将此次调控解读成硬画一条线、超过就问责，那对房地产市场的影响就太大了。例如，一个城市画一条15 000元的价格控制线，超过了就不给发预售证或备案。

在发布细则的城市中，北京、上海等一线城市仍然是属于政策执行较严的区域，但二、三线城市普遍都留有一定余地。北京是最为具体的，不仅有19条新规，还有多条严厉规定。而各地最多的细则是"新建商品住房价格增幅低于城市居民人均可支配收入实际增幅"。

显然，不同经济水平的城市的收入增长水平是不同的。一般来说，经济发达的城市由于人均可支配收入基数高，所以增幅会比欠发达城市低一些。以广州为例，城市居民人均可支配收入增长的目标为11%，城市居民消费价格指数即CPI涨幅控制在3.5%左右，以此推算，广州全年的房价控制目标为不超过7.5%。像一些西部城市，人均收入都是十几个百分点的增长率，扣除通货膨胀因素的房价涨幅限制也基本在10%左右。

效果：一些城市的二手房交易出现"井喷"

新"国五条"颁布后，二手房交易出现了"井喷"。很多人认为一旦新政实施，二手房的交易成本会陡增，因而赶着过户。买卖双方都很紧张，卖家担心多支付很多的所得税，而买家又担心这多出来的所得税转嫁到自己的头上来（这基本上是事实）。以房价一贯比较稳定的长沙市为例，新"国五条"发布后，长沙二手房 3 月成交量环比暴涨了近 7 倍。"往常一天来办手续的只有 50 多人，但是'国五条'出台后，激增到 200 多人，最高峰的时候 400 人。"长沙市二手房交易中心现场一位保安这样对媒体记者说道。与此相伴随的，当然是中介行业的狂欢。2013 年 3 月很多中介机构的营业额都翻了倍，一些业绩好的年轻中介代理人靠这一轮行情赚到了人生的第一桶金。据中原研究中心监测，仅 2013 年 3 月 4 日至 3 月 10 日的一周，北京、上海、广州、深圳、天津、成都六大城市二手住宅成交面积就约为 301 万平方米，环比上升约 71%，创 2012 年以来的周成交量新高。

与二手房交易井喷相伴随的，就是颇具特色的"排队离婚"现象。新"国五条"出台后，为突破限购及税收政策，不少夫妻选择通过离婚来解决买房问题，很多城市的民政局甚至出现了"排队离婚"的景象。甚至有民政局婚姻登记中心门口不得不特意设立公告警示牌，提醒"楼市有风险，离婚需谨慎"，引来一片唏嘘。不过有法律人士提醒，这种做法风险极高，会导致人财两空。即使重新登记结婚，房产也只属于一方个人婚前财产。而且，又会有多少破镜不能重圆、"假戏真做"故事发生呢？不过，在北京的严厉细则中，明确提到"单身人士禁购二套房"，这也基本堵死"假离婚"购房的出路了。

那么，人们最为关心的问题是，这一年下来新"国五条"对房价的调控效果究竟如何呢？

整个 2013 年全国绝大多数城市的房价都还是在上涨，从 3 月开始总体来看全国房价的涨幅在收窄。换句更通俗的话说，2013 年的全国房价还在涨，但总体来看越涨越慢了。为了更清晰地表示出不同类型城市的房价走势，笔者分别选取了部分一、二、三、四线城市加以分析。

北京、上海、广东、深圳这四大一线城市 2013 年第一季度的房价增幅都较大，但从 4 月开始出现了明显的增幅放缓的趋势，房价涨幅一路走低，到 2013 年年底的时候环比增幅已经明显小于 1% 了。

二线城市房价的走势和一线城市基本类似，但波动幅度小一些。2013 年年初房价快速增长的时候，一线城市的环比增幅基本在 2.5%~3%，而二线城市基本上增幅在 1%~1.5%。年末涨幅最低的时候，一线城市也仍然在 0.5%的环比之上，而二线城市已经基本回落到 0.5%的环比之下了。

　　三、四线城市总体来说全年的房价涨幅都比较"稳定"（温州除外），全年的环比增幅基本上都在 1%以内波动。温州的房价走势就是维持现状都难，特别是 2013 年第四季度的走势，让人很为其 2014 年的走势捏把汗。

　　如果说上面的房价月度环比增幅走势图还不够直观，那么我们不妨挑选部分城市来做一个完整的房价走势说明（图 3-2）。

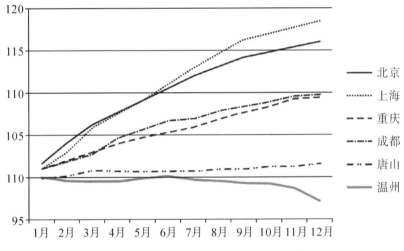

图 3-2　2013 年部分城市房价指数整体走势（2012 年 12 月 = 100）

　　在图 3-2 中，我们可以清楚地看到，2013 年全国各类型城市的房价基本都在上涨（温州除外），但是不同类型的城市出现了越来越大的分化：第一，一线城市房价非常坚挺，而且上涨势头仍然强劲。和 2012 年 12 月相比，上海全年累计上涨超过 18%，北京上涨将近 16%。第二，二线城市的房价涨幅虽然没有一线城市这么夸张，但依然走势"稳健"，成都和重庆全年的累积涨幅都逼近 10%。第三，三、四线城市的房价基本上涨不动了，属于"稳定"的走势，如唐山全年的累积涨幅仅为 1.5%，甚至低于 CPI 的涨幅，说明持有房产事实上已经处于资产贬值的状态了。第四，温州不管是放在江浙一带的小区域还是全国的大范围来看，都可以说是一个另类，其房价走势基本上就是"崩盘"的前兆，让人想起一句电影台词："出来混，总是要还的。"

展望：期待房地产调控的长效机制和分地区的差异化措施

那么，新"国五条"究竟作用如何？抛开"排队离婚"不说，仅从 2013 年全国房价的走势来看，新"国五条"显然是有用的。虽然全国房价基本上仍在涨，但至少从 2013 年年初的"加速上涨"演变成了年末的"减速上涨"，而且这个增速下降的趋势在一、二线城市中还非常明显。但即使这样，一、二线城市特别是一线城市全年的累积增幅仍然非常可观。那么，从各城市年初制订的"新建商品住房价格增幅低于城市居民人均可支配收入实际增幅"的房价控制目标来看，一线城市肯定不达标，二线城市基本达标，三、四线城市其实不用担心这个问题。

2014 年，我们又会迎来什么样的房地产调控政策呢？党的十八届三中全会给我们指明了"市场化手段""房产税""土地供应""保障房"等房地产调控的长效机制。可以预见，以往"头痛医头、脚痛医脚"的各种行政调控手段可能会逐渐淡出。另外，在中国当前各类型城市发展分异日渐拉大的趋势下，全国"一刀切"的政策也应该会避免。显然，一线城市可以采取更严厉的房地产调控政策，而二线城市可以采取更灵活的调控手段。对于三、四线城市来说，在人口流出和住房高库存压力的现实面前，适当放松调控也不失为一种有效的办法。

（在 2018 年年底再来回顾这篇文章会更有意思，这时"长效机制""一城一策"等都已经成了楼市调控的主流指导思想。）

"90 后"买房的"幸"与"不幸"
——到底买还是不买呢

　　笔者在这里主要是探讨"90 后"买房的话题。截至 2018 年年底，20 世纪 90 年代出生的最早一批"90 后"都满了 28 岁。不知道他们都买房了没有。

　　当然，如果按照现在的眼光来回顾的话，2016 年应该是一个重要的分水岭。在 2016 年之前买房和之后买房，对这批"90 后"来说应该有很大的影响，他们的命运也许会有大不同。如果在 2015 年年底或 2016 年年初，最早的这批"90 后"初入职场的时候（硕士毕业大约是 25 岁，如果本科毕业就工作那就更早）就买了房，那目前看来就是刚好抓住了买房的好时机。

　　在写这本书的时候，最早一批"00 后"已经成年了。虽然"00 后"还没有正式大规模地进入社会，但是可能不少"00 后"都有"传说"中的"六套房"。未来 4~10 年，是否主力购房人群见顶以及楼市购买力会出现严重的结构性短缺，只有到时候来看了。随着国内城市生育率的持续走低，也许国内房地产业的"终局之战"不会太远了。

　　本文在搜房博客上的阅读量有近 46.7 万人次。本文首次发表时间为 2014 年 2 月 25 日，首发于"锐理资讯"。

2004—2014 年的房地产特征

　　毫无疑问，"90 后"已经正式成为当今社会的生力军。既然"90 后"已经进入社会了，其买房的问题也就被正式提了出来。和 10 年前"80 后"开始考虑买房的时机相比，现在楼市的市场环境已经有了翻天覆地的变化。

　　说这 10 年是中国经济社会最急剧发展的 10 年也毫不为过。2004 年中国 GDP 为 1.9 万亿美元，居世界第六；2013 年中国 GDP 已经高达 9.4 万亿美元，居世界第二，是日本的两倍。当然，做房地产的人更清楚 2004 年意味着什么，那可是这一轮波澜壮阔行情的起点啊……曾经有这样一个故事描述了 10 年前买房和不买房的人的差别。说的是，有两个小伙伴经济情况差不多，都有大约 10 万元存款。其中一个小伙伴花了约 10 万元买了一辆高配的桑塔纳，在当地县城彼时是可以买 100 多平方米房子的钱啊。另一个小伙伴咬牙贷款买了 200 平方米的房子。现在他们资产差别有多大，大伙儿自个算吧。

笔者其实不太赞成给"60 后""70 后""80 后""90 后"等各年龄段的人贴标签。要说不同年龄段的人有什么明显的不同，其实不外乎是他们所处的社会经济环境不同而已。拿房地产来说，这 10 年过后楼市的一个基本特征可以用三点来概括：①房价已经涨起来了；②该买房的已经都买了，而且还买了很多；③全国城市房价走势分化已经很严重了。下面笔者来分别阐述一下这三个特征。

对于第①条，事实摆在那儿，这 10 年房价翻了 2~3 倍的多了去了。对于第②条，毫无疑问"60 后"和"70 后"享受了这一阶段资产上涨的红利，是最大的受益者。在这一历史发展阶段，"60 后"和"70 后"无疑正处在人生如日中天的阶段，总体来说占据着最好的社会资源，工作好，关键是还能贷款，享受了史上最大规模的信贷扩张。还记得 2003 年、2004 年的首付两成不？那时也没有限贷和限购之说。如果夫妇俩都在大单位有稳定工作的"60 后"和"70 后"，虽然两口子都是工薪阶层，但是这一特殊的历史机遇让他们可以各自用公积金按揭一套再用商业贷款按揭一套。而且，他们不少还赶上了房改房、单位分房等福利住房制度的末班车。大城市里这样的人肯定不在少数，所以现在手里有四套左右城市住房的"60 后"和"70 后"家庭大有人在。"80 后"相对来说就"苦"多了。有人说"80 后"是赶上中国最具变革时期的一代人，这一点说得很有道理。别的不说，就拿住房来说，福利分房对刚踏入社会的"80 后"来说那基本上就是"传说"（个别在特殊行业单位工作的除外），又正好赶上起飞的房价。所以对于"80 后"来说，买房基本上就是"心慌"二字。好在"50 后"的父母节衣缩食给"80 后"凑了首付，在按揭的情况下，"80 后"或多或少、或大或小还是能买房。"啃老"虽然无奈，但在飞涨的房价面前也不失为一个理性的选择。这样一来，经过这10年的爆发式发展，可以看出，不管是"60后""70后"还是"80后"（在"50后"父母的支持下）能买房的其实已经都买了，而且有的还买了很多。根据西南财经大学中国家庭金融研究中心发布的《中国家庭金融调查报告》，2011年中国城市住户户均拥有住房已经超过1套，为1.22套。这一数值比2010年中金公司发布的数据0.74套住房相比有大幅提高。至于第3条城市房价走势的分化，笔者曾有一篇专门的文章讨论（请看《2013年全国整体房价增幅放缓》一文）。

"90后"买不买房

现在，"90后"闪亮登场，但"'90后'买不买房"这事儿还得分开来看。

在一线城市生活的"90后"，如果"60后"的父母已经在该城市为"90后"子女买了房，那确实不是问题，也不需要买房了。但如果"60后"的父母没有为其在所在城市买房，那的确压力是很大的。一线城市的房价基数已经很高了，而且还在以较快的增幅上涨（2013年在15%以上）。在这种情况下，摆在"90后"面前的有两条路，要么不买房，因为以其刚工作的收入在一线城市买房可能是想都不敢想的事情；要么远在外地的父母赞助首付买房。在一线城市，外地的两个父母家庭加小夫妻自己的家庭一共三个家庭一起供房，是一线城市的房价得以支撑的重要原因，这相当于在汇集全国的资源支撑一线城市的楼市。而对于没有父母支援的"90后"来说，也许在一线城市生活更现实的问题是怎么支付日益高涨的房租。

在二线城市生活的"90后"，压力自然比一线城市小多了。虽然现在二线城市的房价基数也不低了，但至少涨得还算温和。大多数二线城市的房价年增幅低于10%，理论上说是低于"可支配收入的增幅"的（编者注：这是以2013年的楼市而言）。但二线城市的房价差异也很大，在杭州可能很难有每平方米2万元以下的房源，这和一线城市比也差不了多少；而在成都每平方米1万元左右的房源多的是，郊区甚至有每平方米四五千元的房源。

在三、四线城市生活的"90后"，会发现一个有趣的现象，就是房价基本涨不动了，很多地方的年增幅甚至小于CPI。我们可以把三、四线城市的房价看成一种相对均衡的状态，所以此时的"90后"根本不需要心慌，可以"按需购买"，需要就买（如结婚买房等），不需要就等一下再买，反正房价的波动也不大。

总而言之，"90后"对买房的态度在当前的市场环境之下可以更淡定，有更多的选择。这种淡定和更多的选择其实也折射出中国经济结构的一些重要转变。当前，随着我国不同城市住房价格变化的分化加剧，住房作为一种投资品来说在不同的地方也有着不同的重要性。毫无疑问，一线城市的住房仍是当前中国最优质的资产配置品种之一。二线城市的住房作为投资品来说，正受到越来越多的各种金融理财工具的挑战。而三、四线城市的住房，前面已经分析到其年度增值甚至低于CPI，事实上已经处于贬值状态，如温州已经处于下降通道了。因此，一线城市的住房未来其金融属性甚至有可能大于居住属性，这个结论参考了国外发达城市的类似的发展经历（如除了自身增值和收租金以外，作为金融抵押物的功能很强，等等）。二线城市的住房将在居住和投资功能中交替发展。而对于三、四线城市来说，住房将逐渐回归居住属性。

面对已经涨起来了的房价，"90后"也许是不幸的。但"90后"面对买房问题又可以有着更淡定的心态和更多的选择，所以，他们又是幸运的。

（在2018年年底再来回顾这篇文章，会发现这时"房住不炒"这一对楼市的主流提法，与这篇文章中的一些观点有着惊人的契合。）

天府新区：产业比房地产更重要

背景回顾

在写这篇文章的时候，其实笔者自己也没有想到两年后天府新区的楼市会那样火。不过这篇文章所表达的观点，放在今天依然适用。

在2014年，天府新区还只是一个概念。然而从2016年开始，天府新区逐渐成了成都楼市版图中炙手可热的一个区域。

城南、天府新区，这可能是2016年开始的这一轮行情中，成都楼市最重要的两个关键词。2016年10月的楼市调控开始以后，天府新区的住宅用地供应减少，楼市热度有所减弱，但这却丝毫没有减少人们对天府新区的关注。

本文在搜房博客上的阅读量近9 500人次，首发时间为2014年3月18日，首发于"锐理资讯"。

天府新区的成立和发展

2014年3月9日下午，出席十二届全国人民代表大会第二次会议的四川代表团举行第四次全体会议。会议讨论通过了以四川代表团名义提出的六条建议，其中包括"关于将天府新区尽快批准为国家级新区的建议"。2013年两会四川代表团也曾全体提议力争天府新区升级，可见四川代表团对将天府新区升级成为国家级新区的重视程度。2014年天府新区升级的可能性有多大我们尚不得而知，但我们不妨借此机会来回顾和展望一下天府新区。

2010年9月1日到2日，四川省深入实施西部大开发战略工作会议召开，提出要规划建设天府新区，形成以现代制造业为主、高端服务业集聚，宜业、宜商、宜居的国际化现代新城区。"天府新区"的建设目标是成为继上海浦东新区、重庆两江新区等之后的又一个国家级新区，在带动成都现代产业发展的同时带动整个四川的经济发展。2011年5

月，国务院正式批复《成渝经济区区域规划》（以下简称《规划》）。《规划》明确要求规划建设天府新区。建设成渝经济区，成都和重庆显然肩负着"双核"的重大使命。

截至2014年3月底，我国共有8个国家级新区：从1992年10月成立的上海浦东新区，到天津滨海新区、重庆两江新区、浙江舟山群岛新区、甘肃兰州新区、广东南沙新区，再到2014年1月成立的陕西西咸新区和贵州贵安新区，其中前3个的行政级别为副省级，等同于计划单列市（如成都等）。重庆两江新区实行的是"5+3"战略性布局：轨道交通、电力装备（含核电、风电等）、新能源汽车、国防军工、电子信息五大战略性产业布局，以及国家级研发总部、重大科研成果转化基地、灾备及数据中心三大战略性创新功能布局，要加快培育一批高成长性新兴产业集群。天府新区提出的是"现代制造业为主"加"高端服务业集聚"。应该说这两个区的产业发展定位是有较大区别的，但可能也存在一些重叠。总的来说，这两个区若能一起发力，则成渝经济区的"双核"会更加强大和显著，对区域经济的提升会有很大的带动。

天府新区作为目前成都城市发展的重要部分，无论升级与否，其快速发展的形势已经有目共睹。从2011年到2014年，3年多过去了，天府新区的建设取得了哪些成绩呢？

天府新区划分成了几大片区，概括起来就是八个字——一带两翼、一城六区。每个片区的发展程度差异很大。

天府新区高新天府新城片区位于成都市南中轴天府大道，北起绕城高速，南与双流、华阳接壤，包括"大源""中和"两个组团，这也是人们非常熟悉的两个房地产板块。大源组团正在建设中国西部最大的金融后台服务产业园。目前（指到2014年3月），成都高新区金融后台集中建设区项目总投资已超过110亿元，项目占地面积千余亩，其业务内容几乎涵盖金融行业所有的后台支持和服务功能。而中和组团即将启动3个重大产业化项目总投资达240亿元，包括新川创新科技园起步区（3平方千米）、成都天河生物医药科技研发与产业化中心、成都高新国际低碳环保产业孵化器。双流县（2015年年底撤县，改为成都市双流区）除九江、金桥、彭镇、黄水4镇（街）外的20个镇（街）均被天府新区全覆盖，是天府新区面积最大的部分。2012年年底，双流县按规划有600亿元~700亿元的项目动工建设，2013年6月前，双流还有1 100亿元项目开工。这些项目的开工建设，将为双流区域的产业发展打下坚实的基础。

天府新区龙泉起步区划定规模约 30 平方千米，主要沿东风渠沿线，北起皇冠湖新城中心，南至成渝客专线，东至经开区拓展区。龙泉驿区已为天府新区准备了 87 个项目，总投资将达到 1 500 亿元。其中"起步项目"17 个，总投资 403 亿元。这里面包括 10 个工业项目和 7 个配套项目。工业项目大都是汽车项目，包括沃尔沃、上海瑞华纯电动汽车、神钢大吨位起重机、德国博世底盘、一汽大众核心配套、经开区汽车产业科技孵化园、城兴汽车配套科技产业园、一汽铸造汽配等项目。配套项目包括教育资源配套等。在大面街道，北京大学附属实验学校将拔地而起，项目总投资 4 亿元。

新津县 76 平方千米的土地被纳入天府新区规划，属于"两翼"中的西翼和"六区"中的成眉战略性新兴产业功能区范围。涵盖新材料产业功能区和国际铁路枢纽及现代物流功能区两个市级战略功能区，成为整个天府新区产业构架中不可或缺的两环。除了大量基础设施建设以外，起步区内已落户中材西部新材料产业基地、新筑路桥轨道交通产业园、林海卫星通信材料基地、长阳科技新材料基地、方大西部新材料基地、中粮西部产业化基地、普洛斯现代物流等项目 39 个，总投资约 350 亿元。

天府新区眉山片区面积为 94 平方千米，其中以仁寿县视高镇 20 平方千米、彭山县（2014 年 10 月撤县，改设眉山市彭山区）青龙镇 25 平方千米为核心区域。目前，眉山市拟开工项目 34 个，总投资 355 亿元。其中青龙片区项目 11 个，总投资 296 亿元；视高片区项目 23 个，总投资 59 亿元。

天府新区资阳片区总面积 191 平方千米，主要区域为"两湖一山"，即三岔湖、龙泉湖和龙泉山。天府新区资阳片区项目共 32 个，总投资约 100 亿元，其中三岔湖起步区开工项目 17 个，总投资 84.32 亿元。起步区的 17 个项目中，基础设施项目 13 个，总投资 63.7 亿元；生态建设项目 4 个，总投资 20.62 亿元。当然，还有已经公布消息的落户简阳的天府国际机场，将在五年后建成投入使用。这里未来将成为成都的主要机场和中国西部的重要航空枢纽，空港经济圈布局呼之欲出。

天府新区对成都楼市的影响

天府新区的发展和升级对成都楼市的主要影响是什么呢？这也许是房地产行业最关心的问题。房地产业内对天府新区的关注可能主要是基于这样一种预期，即天府新区的概念能让区域内的物业升值，从而促进销售。这当然有一定道理，但其实也有一定的误解。天府新区无论从哪一点看实际上都在反复说着两个字：“产业”。<u>未来天府新区对成都乃至四川具有的最重要意义是聚集大量的现代产业，产生巨量的 GDP 和税收，并带来大量的就业机会</u>。开发初期对房地产的带动可能更多的是工业地产和办公类商业物业的利好。当然，这些就业人口肯定需要居住，所以配套的住宅物业和一定规模的商业物业的发展也是必需的。但是，产业发展一定是最核心的要素，否则就可能成为“鬼城”和“睡城”。把天府新区看成一个房地产炒作概念，这实际上是一个美丽的误会。<u>还有一点值得一提的是，随着天府新区大量土地的投入开发，其大量的供应量可能将对平抑整个成都的房价发挥重大作用</u>。

就目前天府新区的楼市的发展情况来看，高新区的大源组团已经是发展非常成熟的楼市板块，而中和组团在之前的“领馆区”概念炒作之下有了初步的发展，现在借着并入高新区的契机有加速发展之势。双流县不论是作为航空港片区、双流新城片区还是华阳片区来说，都是发展成熟的楼市板块。未来随着天府新区概念的持续发酵，双流楼市发展的潜力非常之巨大，如黄甲、公兴、胜利三镇可能成为新的热点。而正兴镇等已经随着生态城的打造逐渐成为楼市的新焦点。就龙泉驿区来看，目前的大面、龙泉新城等片区发展得都越来越成熟了，未来随着大量汽车产业的发展，面积大且更靠近双流的柏合镇楼市可能迎来爆发式的发展。至于新津县，虽然花园镇未被划入天府新区的范围，但至少牧马山片区发展成熟，且随着天府新区的打造，新津县以后成为真正的第一居所的概率大增，目前空置率奇高的状态也有望逐渐改善。至于简阳市、彭山县和仁寿县，虽然目前和成都楼市基本还没什么关联，但随着天府新区的建设，其为当地引入的产业提供配套的住宅项目也会越来越多。特别是简阳，可以参照双流航空港的发展模式。

未来的天府新区会是怎样的一幅蓝图呢？天府新区规划的建设用地

将达到 650 平方千米，人口预测为 600 万（对比：成都绕城高速内的面积约 541 平方千米，人口 600 多万）。如果天府新区的现代产业集群能发展成功，那意义不亚于再造一个新成都。按照设想，天府新区将建成现代产业、现代生活、现代都市"三位一体"的国际化新城区，再造一个"产业成都"。到 2015 年，天府新区将实现地区生产总值 2 500 亿元；到 2020 年全面铺开、形成框架，以先进制造业和高端服务业为主的国家级现代产业高地基本形成，实现总产值 6 500 亿元以上；到 2030 年，建成国家创新型城市、宜业宜商宜居的国际化现代新城区，产值按类比估算可能上万亿元。参照成都目前超 9 000 亿元 GDP 和 1 400 万人口的经济和人口规模，届时成都的 GDP 将会逼近国内一线城市，人口可能接近 2 000 万人。天府新区就是成都的浦东，而现在的高新区起步区，就是未来成都的陆家嘴。

综上所述，天府新区不论能不能在短时间内升级成为国家级新区，都是值得期待的。这不是现在就在天府新区买套房坐等升值这么"肤浅"的事，而是成都乃至整个四川经济的跨越式发展、未来成都平原成为中国一个重要的经济增长极的大事。成败的关键，既取决于能否在世界向中国和国内东部向西部的产业转移浪潮中承接到足够分量的"干货"，又取决于能否在产业创新中抢得先机。

"大城市化" VS. "小城镇化"：哪种模式更好？

背景回顾

人们是喜欢住在大城市，还是小城市？哪种城市的发展模式更好？这是一个有趣的问题。

本文在搜房博客上的阅读量为 5 000 多次，首次发表时间为 2014 年 3 月 26 日，首发于"锐理资讯"。

2014 年 3 月 16 日，中共中央、国务院印发了《国家新型城镇化规划（2014—2020 年）》（以下简称《规划》），《规划》明确了未来城镇化的发展路径、主要目标和战略任务，统筹相关领域制度和政策创新。要求各级党委和政府着重解决好农业转移人口落户城镇、城镇棚户区和城中村改造、中西部地区城镇化等问题，推进城镇化沿着正确方向发展。

城市化，也有人称之为城镇化、都市化。其实从字面上看，"城市化"和"城镇化"并没有本质的区别，都是指一个由于城市工业、商业和其他行业的发展，使城市经济在国民经济中的地位日益增长而引起的人口由农村向城市的集中化过程。但如果非要咬文嚼字，可以体会出"城市"与"城镇"的差别。"城市"既可以是一个统称，也可以特指大城市；而"城镇"则给人一种偏指中小城市的感觉。

作为一个传统的农业大国，我国有着庞大的农村人口。《中国新型城市化报告 2012》指出，中国城市化率突破 50%。这意味着中国城镇人口首次超过农村人口，中国城市化进入关键发展阶段。

为什么我们需要城市化

其中一个主要原因是解决就业问题。由于传统农业回报率低，所以大量的农村人口要想获得就业机会就必须到城市去，因为基于城市的第二、第三产业可以吸纳庞大的就业人口。另外一个主要的原因就是城市拥有大量的公共资源，可以提供公共服务。公共资源的聚集是城市除了提供就业机会以外最主要的吸引力。国外有学者曾提出一种"引力模型"，说的就是城市之间用基础设施的建设水平来吸引就业人口，从而带来更高的税收，而更高的税收又可以提高公共服务水平，这就形成了一个良性循环。

我们更需要大城市化还是小城镇化

《规划》中提到的"瞄准卫星城、旧城改造"这两条其实体现出一个导向，即控制特大城市的发展规模，大力发展中小城镇。"旧城改造"是设法从大城市内部增加新的土地供应，而"瞄准卫星城"则是直接提升中小城镇自身的吸引力，减少向特大城市聚集的人口。

人口和各种资源向大城市聚集，特别是向特大城市聚集，其实体现了经济发展中的"效率"。在一个城市中集中配置各项公共资源，可以为一定半径范围内的所有人口服务，节省通勤成本。但是，城市过大和人口过多，又会带来所谓的"城市病"，尤其是环境问题（如难以处理的城市垃圾和空气污染）和交通问题等。

因此，从合理的城市规模而言，我们更需要的其实是一种优化，即将公共资源和对应的就业人口做一个更好的匹配。

但遗憾的是，虽然我国早已明确提出要大力发展中小城市，但由于历史原因形成的公共资源在大城市聚集的现状难以改变，其后果就是大城市特别是特大城市像磁石一样不断地吸引着大量的新增人口和以资本为代表的各项资源。北京就是一个典型的例子，其作为首都不仅是政治和行政中心，更因聚集了全国最优质的大专院校、各种科研和文化资源，也是全国的科技和文化中心，同时也是经济中心之一。

关于"中西部地区城镇化"的问题

《规划》中提到培育成渝城市群。一方面，成都和重庆作为西部"双核"，都会获得更大的发展；另一方面，成渝城市群显然不是仅有两个大城市这么简单。在成都和重庆之间的众多中小城市都应获得发展，既为成都和重庆的产业发展做好配套，自身也可以形成完整的产业链，从而吸引就业，这显然不光是利好房地产这么简单。

东客站：我不是火车北站

背景回顾

笔者写这篇文章的时候，连通成都的高铁线路还很少，东客站也还远没有今天这样重要。如今，快五年过去了，东客站的地位已经大幅提升，成为高铁时代成都的一个重要交通枢纽。而火车北站，基本还是以前那个北站。

就在 2018 年国庆大假前一天的下午，笔者还专门到几条地铁线上做了一个小调研。当时地铁上有很多提着行李箱的人，而他们的目的地都是东客站。

本文在搜房博客上的阅读量有近 1.2 万人次，首次发表时间为 2014 年 4 月 1 日，首发于"锐理资讯"（题为《东客站进化论　非成都北站的'继承者'》）。

"东客站"发展潜力巨大

成都火车东站，即俗称的东客站，是国内六大枢纽客运站之一，也是中西部最大的铁路客运站之一和西南最大的综合交通枢纽。作为西南规模最大、功能设施最为先进的铁路客运枢纽，东客站从 2008 年年底开始建设以来就受到了很高的关注。2011 年 5 月 8 日正式投入运营以来，东客站主要办理成绵乐客专、遂成铁路始发终到及宝成铁路通过客运作业，是成都铁路枢纽城际动车和高速动车的主要始发站和终点站。笔者初步统计了一下，从目前开通的车次来看，虽然也有到深圳、温州、南宁、海口、杭州、长沙、桂林、武汉、贵阳等全国各地的车次，但来往重庆的车次占了将近 31%。不到两个小时的车程极大地便利了成渝两地的交通，使得"双城"生活变得现实起来。毕竟，在成都从东三环一路到西边的成灌高速入口，如果车流不畅，有时都得花差不多两个小时的时间，而别人可都一溜烟地到重庆了。

东客站对周边究竟有何利好?

我们先来看看东客站的位置条件。东客站所在片区东到东三环路五段,南到静明路(驿都大道),西到锦绣大道(机场路东延线、2.5环),北到迎晖路(蜀都大道),是介于成都东南方向2.5环路到三环路之间的一大片区域(图3-3)。"住宅先行"和"以住带商"仍然是城东很多片区发展的主流模式。实际上,在东客站片区的外围区域(这里指"东三环路五段—静明路—锦绣大道—迎晖路"一线的外围)已经发展出了较多的住宅项目,比如在以西的沙河沿线和迎晖路沿线,都分布有一些住宅。特别是在以东的三环路外侧,已经聚集了较多的住宅项目。外围的这些住宅项目都或多或少地打出了东客站的概念,但实际上真正在这条线内部的住宅目前还不多。

图3-3　东客站区位图(图片来自百度地图)

其实,东客站对住宅到底是一个利好还是利空,还真是一个让人觉得矛盾的问题。我们不妨参考一下火车北站。"脏乱差"一直都是各地大型火车站周边的通病,虽然一直在努力整治,但巨大而嘈杂的人流量还是决定了大型火车站周边的物业档次很难提升。

再来看看商业。同样参考火车北站，它不仅是客流的集散地，也是货物的集散地，所以在其周边形成了很多商品批发市场，如著名的荷花池市场。其实大型火车站周边地段的商业价值是显著大于居住价值的。虽然东客站也是一个地铁站，但其作为城际和长途交通节点的基本属性决定了人们不能用传统的地铁物业的眼光来看待它。

什么样的商业项目适合东客站片区呢？

这个问题非常关键，也决定了东客站区域未来的发展。

第一，我们来看看东客站片区适合不适合发展大型集中式商业项目。从火车北站以及全国很多大型火车站周边的情况来看，大型集中式商业有着很强的生命力。这其实是经济规律，紧邻火车站物流便利，是商品集散的要求。但这种大型集中式商业往往演变成以批发为主的专业市场，对片区综合环境的伤害很大。由于东客站的定位主要是客流集散，所以发展批发为主的专业市场形态的集中式商业也未必合适。那么，发展大型购物形态的集中式商业如何呢？这个首先要想清楚一个问题，这是要服务旅客呢？还是要服务周边的居住人口？如果在东客站旁边修几个大型商场，那长途奔波、舟车劳顿的旅客一下火车会来逛商场吗（除非是目的性很强的人，如提着编织袋来进货的人）？如果是想服务周边的居住人口，那不可避免的一个问题就是，现在成都大型购物中心已经很多了，不说市中心和南延线，就连离这里不远的东二环外侧的攀成钢一带，大型购物中心都不少。而且，目前东客站周边的住宅项目都是以刚需型的产品为主，东客站片区如果发展大型购物中心，未来需要多大的购买力支撑呢？

第二，升级型社区商业。这从形态上既可以是传统的底商，也可以是更进一步的独栋商业。从业态上说，可以提供除了大型购物之外的大多数商业业态，包括餐饮、小型购物、娱乐，等等。这种方式的商业形态灵活多变，档次可以中档也可以高档，既能达到服务旅客的要求，也能服务周边的居住人口。

第三，酒店。对旅客集散地而言，酒店类业态是必需的。倒不一定是五星级酒店，普通的商务酒店和经济型酒店就会很有市场。不信把一幢小户型住宅物业放在东客站旁边，要不了多久它就会变成各种经济型或商务型酒店了，这就是市场的力量。对开发商来说，这里既可以修建专门的酒店，也可以按照公寓来修建，还可以和上面提到的底商相结合。

第四，办公。这其实是笔者想重点强调的一类物业。一般来说，在大型火车站周边办公可能并不是一个好的选择，因为人流太嘈杂了，很影响品质，这和其对住宅的影响是一样的。但东客站还不太一样，它有着独特的优势。"成渝经济带"作为西部大开发的重中之重，是一个国家级的战略。笔者前面的统计已经提到，来往重庆的车次目前在东客站占了将近 31%。可以这样说，快铁对成渝经济圈的作用非常重要。约400 千米的距离，乘坐快铁是最佳选择，而东客站就是成都在成渝经济圈的"桥头堡"。笔者估计东客站区域对商务的需求是巨大的，特别是对于和重庆生意往来密切的公司而言，在这里办公有极大的便利性。

如果我们翻开成都的地图，将大型商业、各类写字楼和酒店在上面一一标注，我们可以发现一个有趣的现象：市中心和城南特别密集，城西也不错，城北较弱，而城东甚至还不如城北。除了市中心以外的各个环域的发展相比较，城南发展得最好，甚至超出了绕城高速直达华阳；西边基本发展到了三环附近；城北基本快发展到三环；而城东则最为尴尬，基本上在二环附近就戛然而止，出现了断层。整个城东北方向，基本上是空白（除了东北三环外目前正在发展中的龙潭总部基地）。

东二环，已经形成了成熟的居住、商业和商务氛围，但东二环不应该是城东发展的一个句号。东二环，应该成为新城东发展的一个崭新的起点。成都向东向南发展的战略已经提出多年了。相比于城南的快速发展，城东的发展则显得较为滞后。目前，二环路以外的城东发展仍然是以居住为主，商业发展也以社区配套为主要形式。大量在城东居住的人口，仍然不得不朝夕式地往返于城市中央（以及城南）的就业中心与城东的家，饱受奔波和拥堵之苦。

不难发现，新、老城东的发展是间断的，中间有一大片"空白"地带。而东客站的出现，对填补这个"空白"能够发挥的作用是非常让人期待的。2013 年，东客站区域有多块土地放出，基本上都是纯商业项目。2014 年 3 月底，东客站商旅城管委会发布消息称，2014 年年内将新增 5 个重大产业化项目落地东客站商圈。其实这次提到的多个项目都是"老朋友"。例如，有的项目其实在 2012 年就公布了方案，但随后被"搁置"了一段时间。这些项目的正式启动，当然是"东客站商旅城"有实质性成果的关键一步，可以有力改变周边住宅发展迅猛而商业发展滞后的局面。

地方 7 万亿元投资来了?

背景回顾

"上大项目"对于地方经济来说,有着极其重要的作用。然而,其背后的一些"副作用"也不得不引起重视甚至是警惕。

本文在搜房博客上的阅读量有近 5 000 人次,首次发表时间为 2014 年 5 月 6 日,首发于"锐理资讯"。

国家统计局公布了 2014 年第一季度经济数据。数据显示,第一季度我国国内生产总值同比增长 7.4%。除了 2011 年的高开低走之外,2012 年和 2013 年都出现了低开高走再回落的经济运行态势。那么,2014 年的这个"低开",又有着怎样的含义呢?

显然,人们对 2014 年第一季度 7.4% 的增长速度有着截然不同的两种看法。悲观派认为经济下滑趋势明显,必须推出新的大规模刺激措施以保证经济增长和就业;乐观派认为第一季度数据表明我国总体经济运行平稳,GDP 增长尚且在合理区间,不必要采用大规模经济刺激措施。

在做判断之前,我们不妨来看看 2014 年第一季度 GDP 的结构。

在第一季度的 GDP 中,第一产业为 7 776 亿元,占比 6%;第二产业为 57 587 亿元,占比 45%;第三产业为 62 850 亿元,占比 49%。为了对比,我们不妨看看 2013 年第一季度的情况,当时第一产业占比 6.2%,第二产业占比 45.9%,第三产业占比 47.9%。可见,进入 2014 年以来,第三产业在国民经济中的地位进一步提升,超过第二产业的幅度正在逐渐加大。这体现了我国经济结构的优化。进一步看,第二产业中工业的季度增长幅度,从之前较为稳定的 7.5%~7.7% 的增幅,下降到 2014 年第一季度的 7.1%,这是一个较为显著的下降,这也间接反映了当前我国制造业的一些困难。而第二产业中的建筑业的季度增幅,也从 2013 年第一季度的 9.8% 下降到 2014 年第一季度的 9.3%,下降较为明显。

在第三产业中,交通运输、仓储和邮政业的季度增幅,从之前较为稳定的 7% 左右,下降到 2014 年第一季度的 5.7%,降幅明显。批发和零售业的季度增幅从之前较为稳定的 10.3%~10.5%，下降到 2014 年第一季度的 9.8%，也有一定的降幅。住宿和餐饮业增长较为明显，从 2013 年第一季度的 4.5% 变为 2014 年第一季度的 5.9%。金融业也体现出了一个较为明显的下行趋势，从 2013 年一季度的 11.4% 一路走低到 2014 年第一季度的 9.5%。房地产业的降幅更是"惊人"，从 2013 年第一季度的 7.8% 一路下降到 2014 年第一季度的 3%，特别是与 2013 年第四季度的 6.6% 相比直接少了 3.6 百分点，的确降得有点多。

值得让人欣慰的是，"其他服务业"从 2013 年第一季度的 6.8% 一路上升到 2014 年第一季度的 8.9%，上行趋势明显。请注意，即使增幅下降，只要该项指标的数值为正，也是在增长的，只是增长的速度变慢而已。当前（指 2014 年 5 月），房地产在 GDP 中的比例约为 6.9%，略低于 2013 年第一季度的 7.1%。

对以上现象的一个简单的理解是，我国经济结构正在发生变化：第三产业在经济中的比重越来越大，而第三产业中除了交通、仓储、邮政以及住宿餐饮、金融地产等传统的服务业之外的"其他服务业"的比重越来越大。这体现出我国经济中的现代服务业正在快速兴起和发展的深刻变化。

然而，出于对 2014 年经济下行的担忧，2014 年 4 月，各地方稳增长政策已然启动，广东、海南、天津、江西、贵州等多地发布总额超过 7 万亿元的重点项目投资计划。虽然地方稳增长主要依靠投资拉动的情况没有改变，但值得注意的是，投资结构正在改变。在地方投资清单中，涉及民生、环保和结构调整的项目在增加，对于房地产投资的关注在弱化，而城镇化的投资在增加。

前面已经说过，2014 年第一季度房地产业的增幅下降明显。在这种情况之下，怎么稳住中国的经济增长会更"考验手艺"。

保定楼市：昙花一现的"副中心"？

背景回顾

在 2014 年，国家还没有决定设立雄安新区。

本文在搜房博客上的阅读量有近 8 500 人次，首次发表时间为 2014 年 5 月 3 日，首发于"锐理资讯"。

2014 年过去的几个月，如果要问全国哪个城市的楼市最火，可能不是备受关注的首都北京，而是北京周边的保定。2014 年 3 月 19 日上午，网上突然开始滚动播出一条新闻，各家媒体都引述了《财经》杂志的消息，称京津冀三地已经达成共识，初步确定将河北省保定市作为"政治副中心"的首选地。转发这条新闻的媒体有很多，既有专业的经济类媒体《21 世纪经济报道》、证券时报网、和讯网，各大门户网站如腾讯财经、新浪财经、凤凰财经，也有一些综合性的媒体网站，如人民网、新民网，等等。

这则消息一出，无异于晴天之中的一声惊雷，全国轰动。保定，从一个"默默无闻"的河北中等城市迅速成为媒体关注的焦点。

据 2014 年 3 月 19 日《21 世纪经济报道》的报道原文显示："保定与北京、天津处于等边三角形地带，保定又处于北京到石家庄的中间点，政治副中心定在保定对拉动河北经济作用最为显著。据悉，部分国家部委的下属事业单位以及教育机构将率先搬迁，为促进搬迁顺利进行，涉及人员的北京户口将不做变动。另悉，河北环绕北京的 13 个县市有望使用北京 010 的区号，这是京津冀一体化的又一进展。此前，中央曾经提出建设'政治副中心'来分担北京作为政治中心的职能。"

保定离北京仅百余千米，与北京、天津互成犄角之势，城区相当于丰台区大，又曾经长期是河北的政治经济中心，还是整个河北的中心点，所以可能对拉动整个河北的经济作用更大。网上铺天盖地的消息和各种分析，乍一看确实有一定道理。笔者看到这个消息后第一反应有两个：①保定楼市要火；②马上抢入保定概念股。嗅觉灵敏的资本市场对于京津冀一体化的概念似乎提前多日有所反映，其中A股的河北宣工、廊坊发展、沧州明珠等均有大幅上涨。2014年3月19日，保定本地股批量涨停。当天证券时报网发表了一篇题为《保定成政治副中心首选　本地"地主"腾飞》的文章，来报道这一现象。

　　媒体四处打探印证消息，但多个相关部门却表示不知情。第二天，也就是2014年3月20日，各界的质疑声越来越大。笔者梳理了一下，主流的观点是：河北承接北京的产业转移是正常的，北京太大了，需要功能分流，但"副都"可不是说着玩的，牵涉因素太复杂，而且保定与北京的距离会带来高昂的行政成本。2014年3月21日下午，据新华社官方微博"新华视点"消息，时任保定市市长马誉峰在"绿色专题会"论坛上正式否认了保定将成北京"政治副中心"的传闻。他表示，在京津冀一体化中，保定将发挥在高科技、医疗养生、新能源等产业方面优势，承接北京的产业转移，疏解北京压力，为北京提供好的环境。2014年4月2日上午，据财新网报道，河北当地官员表示，此前中央定保定为"政治副中心"的传言并不属实，仅为保定一厢情愿表达热情，最终首都功能如何疏散尚待中央拍板。

　　在短短两周时间内，保定"副中心"的传闻跌宕起伏，让人眼花缭乱。保定由于没有被国家统计局列入"70个大中城市"的名单，所以无法从这个渠道查找其房价指数。但《2014年3月中国城市住房价格288指数》显示，河北保定房价涨幅居全国之首。河北某房产商说，短短十来天的时间，上涨的价格超过过去五年的总和。

　　面对全国各地蜂拥而至的炒家，保定本地刚需可谓被"流弹误伤"。保定距离北京140千米，手机显示"河北移动/联通/电信欢迎您"这都算了，但这个距离要实现跨省上班确实有点不现实。人们很容易就联想到一个既有案例：燕郊。燕郊距天安门仅30千米，距首都机场25千米，虽然也是"河北移动/联通/电信"，但这个距离毕竟可以实现睡在河北而工作在北京。从2008年传言"燕郊将划归北京"后，燕郊房价飞涨，但最终却没划，区号没改成"010"，"传说"中的城际铁路也没修。

　　这一阶段，资本市场的反应远比楼市更为剧烈，只要沾一点保定概念的股票都或多或少地被炒了一把。以这一阶段的"明星股"宝硕股份为例，从3月19日最低的6.3元/股一路飙涨到3月28日的最高点10.19元/股，仅6个交易日涨幅就高达61.7%。值得一提的是，宝硕股份五年被证监会处罚八次，一度进入破产清算，但由于在保定圈地反而被机构青睐。

然而，进入 2014 年 4 月下旬，在全国性的楼市困境中，保定也难以幸免。一个广为流传的案例是一套总面积 171 平方米的高端花园洋房，3 月业主卖 230 万元还嫌低，这个月降到了 180 万元，降价 50 万元"急抛"仍然无人问津。据当地房屋中介介绍，保定房价确实下跌，但是幅度不大，目前处在僵持状态，像这种高端楼盘价格的变化不具有普遍性。在 3 月保定楼市最火的时候，那两天买房就跟不要钱似的，很多本来打算卖房子的人都改了主意，宁可给违约金也要再等一等，现在房价下跌让他们追悔莫及。

据估计，目前保定房地产市场的库存量高达 510 万平方米，去库存周期超过 37 个月，供过于求的态势明显，炒房资金加速撤离态势明显。

5 月 12 日，宝硕股份的股价最低跌到了 6.39 元，基本回到了 3 月 19 日的原点。

（约 3 年之后的 2017 年 4 月 1 日，中共中央、国务院决定在河北省保定市境内的雄县、容城、安新 3 个小县及周边部分区域设立国家级新区"雄安新区"。至此，保定"副中心"一事算是终于尘埃落定。值得注意的是，这一次中央采取了有力的措施，避免了雄安新区的房地产炒作，当年保定"副中心"传闻时的炒作并没有再出现。）

从"高转送"看地产股的投资价值

背景回顾

地产股算是股票池中的一个重要大类。很多业绩亮丽的地产公司被认为是"蓝筹股"，因而"高转送"这样的好事在地产股中也较为常见。当然，股市中有句名言："研究基本面，输在起跑线。"地产股的股价有时和"高转送"似乎又没有太大的联系。就这篇文章本身来说，文中笔者对2014年地产股走势的判断显然是正确的。这篇文章的写作时间基本上也就是那一轮地产股行情的"抄底"时机。

楼市下跌，而后股市上涨。股市下跌，而后楼市上涨。真的存在这样的投资规律吗？

本文在搜房博客的阅读量为4 000多人次，首次发表时间为2014年6月3日，首发于"锐理资讯"。

虽然2013年全国各大城市的房地产价格增幅都出现了不同程度的下降，然而对于房地产公司来说，2013年市场表现异常火热（编者注：现在回想起来，这就是典型的楼市"冲顶"的特征）。2014年4月底，上市公司对2013年的年报披露工作也接近尾声。根据各家上市公司2013年的年报来看，不少公司的销售业绩都创下了历史新高，整体业绩增幅达13.4%。共有130家房地产公司发布了2013年年报，共实现营业总收入7 076.69亿元，较2012年同期的5 457.83亿元，同比增长29.66%。其中，实现归属于母公司股东的净利润820.06亿元，较2012年同期的723.17亿元，同比增长13.4%。

在这130家上市房企中，2013年实现业绩增长的达83家，其余47家则出现下跌，只有7家出现亏损。在这份看似不错的成绩单背后，却折射出房企在利润率上的下滑。根据年报披露信息不难算出，房企营收增幅近30%，但净利润增幅却不到14%，仅为营收增幅的一半。这个问题要从两方面来看。一方面，2013年全国房价的月度环比增幅不断走低；另一方面，土地价格和财务及人力等成本又在增加。此消彼长之下，自然出现利润率下滑也是在所难免。

在中国的 A 股市场中，地产股由于良好的业绩一直都被认为是蓝筹股的代表，其"市盈率"也普遍较低，是机构和股民配置金融资产的重要选择。然而自 2007 年 8 月 A 股从 6 000 余点的历史高位跌下，地产股也和其他所有股票一样经历了那段阵痛与难熬的日子。正所谓屋漏偏逢连夜雨，2010 年 4 月以来的"史上最严"房地产调控政策（这是指 2014 年的当时，显然这和 2017—2018 年的楼市调控又没法比了），更是让地产股雪上加霜。以某地产股为例，2007 年 8 月的最高股价为 21.82 元/股，然后一路下跌到 2008 年 9 月的 3.26 元/股。经历了"4 万亿"的反弹，2010 年 4 月的单月跌幅高达 22.74%，之后一路走低到现在。截至 2014 年 5 月 30 日，该地产股的股价为每股 3.29 元，仅约为其最高时的七分之一。

然而，进入 2014 年 3 月以来，情况似乎正在发生一些变化。地产股"一潭死水"的状态似乎一下被激活了，在 3 月的股市中表现异常抢眼。以某地产"龙头股"为例，其股价从 2014 年 2 月最低的 6.11 元/股，一路上涨到当前的 8.55 元/股，涨幅接近 40%。另一家大房企股价同期的涨幅也超过 20%。值得一提的是，这两家房企在 2014 年 4 月都给出了高转送方案，让人瞩目。某地产"龙头股"2013 年度 10 派 4.1 元（含税），另一家大房企 2013 年度 10 转 5 股派 2.94 元（含税），都很大方。

对投资者来说，"高转送"方案是不是一定就是利好呢？这还真不一定。

这个首先得科普一下，股票的分红和大家通常理解的利润分红是不一样的。一个最重要的区别是，上市公司的分红需要"除权"。除权就是指把流通股东获得的权益从股票市值中扣除。例如，一只 10 元一股的股票，分红 1 元，在你拿到 1 元的分红之后，之前 10 元一股的股票就变成了 9 元一股。分红 1 元而股价跌 1 元，按照债权的思维，确实是一分钱没赚，但在股权思维下却有不同的意义。因为市场上的其他投资者看到这家公司每年都能分 1 元钱，就会以合适的价格购买这只股票，从而又会把股价顶上去。这就是所谓的"填权"。所以说，股票的分红意义在于帮助投资者发现所投资公司的价值。而公司的盈利就是价值的源泉。

一些公司在发布"高转送"方案之后，往往就会迎来一波上涨，这被称作"高转送行情"。一般来说，高转送的公司都有良好的业绩，有着高盈利的支撑，即使除权后，股价也能大涨回来，即所谓的"填权行情"。当然，也并不总是这样。高转送并非灵丹妙药，不是所有推出高转送的个股都能连续大涨。没有业绩支撑的高转送概念，很可能就会将红包变成"地雷"。实际上，的确有利润下降的公司大方地发布高转送方案，此举有炒作或配合大股东减持的嫌疑。不过，从当时高转送地产股的情况来看，其都有着非常好的业绩支撑。2013 年的年报显示，某地产股的每股收益高达 1.37 元，比 2012 年大幅增长 20.17%。另一只地产股的每股收益为 1.51 元，比 2012 年更是大幅上涨 27.36%。所以说，这些地产股的高转送有着良好的业绩支撑，并不是"虚"的。

　　那么，地产股现在是否具有投资价值呢？这肯定是广大投资者最关心的问题。抛开个别地产股可能出现的重大项目炒作机会不谈，就地产股整体来看，2014 年将是扑朔迷离的一年。地产股的蓝筹特质加上其整体来看处于历史较低价位，逐渐打开的上升通道使得其具备一定的投资价值。

成都房价的"拐点"来了吗

背景回顾

记得在 2014 年年初的时候，各地楼市依然延续了 2013 年的热度，土地市场更是高潮迭起，"土拍"的溢价率普遍较高。就在 2014 年的 4 月底，一家首次入蓉的外地房企以每平方米 9 000 多元的楼面地价拿下了一块地，而当时同区域房屋的售价每平方米还不到 9 000 元。就在很多业内人士普遍认为 2014 年会延续 2013 年的火热行情，甚至还有业内专家和笔者打赌认为 2014 年楼市仍将大涨的时候，笔者冷静地写下了这篇文章。

然后呢？笔者写下这篇文章之后不久，楼市果然迅速变冷。2014 年的那个冬天，来得比以往似乎要早一些。房价一降再降，而土地市场上"流拍"也成了常态。那个冬天，不少资金链断裂的房企和个人，都没能挺过去。

在这篇文章发布的两年之后，笔者又发布了另外一篇判断成都房价即将大幅上涨的文章，同样精准。不过这是后话了。

本文在搜房博客的阅读量 5 500 多人次，首次发表时间为 2014 年 7 月 8 日，首发于"锐理资讯"。

如何判断楼市拐点

这可能注定是一个不受欢迎的题目，但其实我们心里都知道会有这么一天的，只是时间早晚的问题。任何行业都有周期。作为一个研究人员，笔者只是想透过冰冷的统计数据客观地做一些科学的分析。的确，不断恶化的统计数据与各种业内人士经常发布的热销、排队和抢购的信息形成了巨大的反差。这是一个容易让人困惑的情况，人们不知道哪个才是真实的。

国家统计局公布的 2014 年 5 月 70 个大中城市住宅销售价格变动情

况显示，与 2014 年 4 月相比，70 个大中城市中，价格下降的城市有 35 个，持平的城市有 20 个，上涨的城市有 15 个。环比价格变动中，最高涨幅为 0.3%，最低为下降 1.4%。回顾 2014 年 1 月的时候，环比价格下降的城市有 6 个，2、3 月的时候，环比价格下降的城市有 4 个，4 月环比价格下降的城市有 8 个。而在之前的较长一段时间内，环比价格下降的城市都仅有温州一个。可见，2014 年 5 月的市场环境可以用"迅速恶化"来形容，环比价格下降的城市已在 70 个大中城市中占据了一半。从 8 个到 35 个，这个环比房价下跌的城市数量扩大的速度比我们想象的更快。

记得 2014 年年初的时候，笔者在题为《2013 年全国整体房价增幅放缓》一文中，总结了 2013 年全国房价的一个整体走势，即从 2013 年年初的较高环比增幅逐渐回落，其解读就是房价还在涨，但涨得越来越慢了。房价的环比增幅是一个非常重要的指标，其分析价值远大于同期增幅。打个比方，中学物理我们学习过速度和加速度的问题。前进的物体要掉头，需要速度降低，然后才能转向，其中最关键的临界点，就是加速度变小到零这一点。回到我们的房价上来，环比增幅就好比是房价的加速度，环比增幅为零，就是房价下跌的临界点了。经常听说各种楼市的拐点论，那么究竟什么才是拐点呢？我们如果想给这个拐点下一个专业一点的定义，笔者觉得房价的拐点从技术上讲就是房价环比增幅为零的这个点。

记得笔者 2014 年 4 月在参加一个专题访谈的时候，主持人问如何判断楼市的拐点是不是到了，就谈到了这个观点。当时笔者说，未来半年将是一个非常关键的时间窗口。2014 年 3 月的数据已经显示出大量城市的房价环比增幅跌到接近为零了，虽然直接下跌的城市还不多。笔者当时就判断，如果未来半年内大中城市大面积出现房价环比下跌的情况，那房价拐点就基本可以确立了。现在看来，这个"大面积"下跌的情况出现得更快。

成都历史房价的走势分析

当然，人的感觉是不准确的，只有客观的数据才能揭示出最客观的东西。我们看图 3-4 和图 3-5。

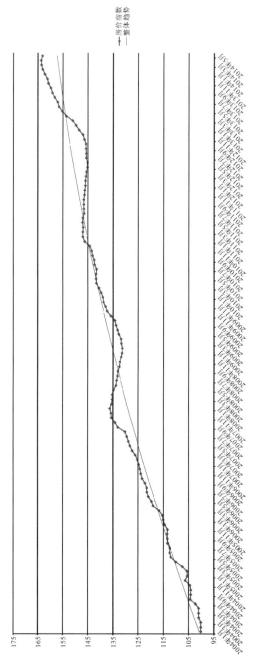

图3-4 2004年以来的70个大中城市房价指数的成都指数（2004年1月=100）

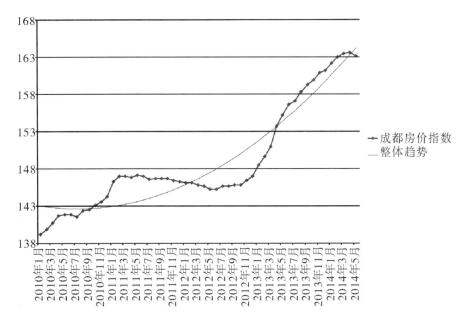

图3-5 2010年以来的70个大中城市房价指数的成都指数（2004年1月=100）

从这两幅图可以清晰地看出成都近十年来房价的整体走势。在2014年5月这35个环比下跌的城市中，很不幸，一向抗跌的成都也位列其中，虽然仅下跌0.3个百分点，但毕竟是转向的标志。为了更清晰地说明这个问题，我们不妨来看看成都近十年来的月度环比增幅变化的情况。除了2004年和2005年有一些零星的月度环比增幅为负，近十年来成都房价只有两段明显的向下调整期，其余时段都在涨（这从上面的整体趋势图也可以看出来）。第一段就是从2008年2月到2009年2月，受国际金融和经济危机的影响，加上对地震的担忧，成都房价出现了一段较长也较明显的下跌。虽然时间持续了约1年，但从指数上看其实跌幅并不大，仅约4%。第二段就是从2011年4月到2012年5月，受"史上最严"调控的影响，成都的房价指数也下跌了约1年的时间，这一次的指数跌幅就更小，仅约1.1%。虽然这两段调整期房价的整体跌幅都不大，但对于这个行业的各个企业和从业人员来说，显然都是日子不太好过的两年。

那么这一次呢？当然，一个月出现的环比下降也许只是偶然现象，不能当作确立趋势的理由。这个还要结合较长时间段的月度坏比数据和全国各城市的对比来看。一方面，前面已经提到过，整个 2013 年的月度房价环比增幅都是在走低的，进入 2014 年也在继续走低，现在终于变为负了，我们当然有理由相信未来一段时间月度环比会继续为负。另一方面，2014 年 5 月全国 70 个大中城市中一半的城市环比下跌，另外 20 个城市持平，也就是说这 20 个城市也岌岌可危，随时会转跌了。显然，这已经能够说明全国楼市大环境的问题了，个别城市的楼市要想走出独立行情，是比较难的。

放松楼市调控有用吗

现在很多业内人士都寄希望于放松限贷和限购能够力挽狂澜地"拯救"楼市，这种想法其实是很危险的，会导致相关企业在拿地等投资重大决策上出现严重的误判。笔者 2013 年曾发表了一篇题为《限贷和限购政策对一般均衡中房价的影响》的论文，用详细的数学模型科学地分析和论证了这两种政策对房价的影响和作用。任何政策都有其适用的条件和范围，而实施一种政策也不一定就能实现想要的效果。其实，指望放松调控就能救市，不妨反过来想一想。

"双限"政策 2010 年第二季度就出来了，但直到 2011 年年中至 2012 年年中的这段时间才发挥了一些作用，而 2012 年年中以后以北京为代表的大城市的房价依旧飞涨。既然严厉的政策并不能保证有效地降低房价，那么又凭什么指望放松调控就能够让房价上涨呢？

所以，造成当前楼市困境的最根本的原因，还是供求关系的变化，这才是影响房价的本质因素。西南财经大学中国家庭金融调查中心发布的最新调研数据显示，当前全国空置房高达 4 898 万套，多为投资房和婚房。估算出来的我国住房空置率高达 22.4%。其实晚上在成都郊区成片的新建小区走一圈数数亮灯的房间，就知道这个估算是相当靠谱的了。这还只是已经售出的住房。如果算上待售的和在建的，那存量住房的数量更是大得惊人。

理解这个供需变化的问题并不复杂。过去的 10 年，各种旧城改造、城市化、投资投机等，能买房的家庭基本都买了，这消耗了中国相当庞大的一部分家庭财富，造成了中国家庭资产中金融资产仅仅只占总资产 8.76%，而非金融资产占比高达 91.24%。虽然不断有新增的刚需入市，但很难像前 10 年一样再支撑得起整个楼市。2 亿~3 亿人口的农民工家庭的确有置业需求，但目前来看，其消费能力要满足商品房的要求还需要一个较长的过程。此外，随着金融市场的不断发展，越来越多的金融理财产品不断出现，这对家庭财富肯定是一个分流。不动产在中国家庭资产配置中的权重会不断降低，富裕家庭将有更多的投资选择，这是经济发展高级化的必然规律。

货币政策的影响

最后，我们来看看货币政策的影响。的确，这 10 年中国房价的飞涨和中国广义货币（简称 M2）的飞涨绝不会是一个简单的巧合，虽然这里面的传导机制很复杂。但是，当前的货币环境已经发生了重大转变，期望再出现 10 年前那种宽松的货币政策环境的可能性很小。长期以来，为了稳住人民币汇率，央行一方面大手买进外汇资产，从而在其资产负债表上形成外汇占款；另一方面，央行又通过发行央票、上调存准率等方式进行对冲，回收流动性。也就是说，过去宽松的货币环境和近 10 年高速的外贸增长是匹配的，外汇占款是央行投放大量基础货币的重要原因，这就是固定汇率制的弊端之一。但随着近年我国贸易顺差收缩，外汇占款投放的压力也相对减少，而 4 万亿美元的外汇储备早已成为烫手山芋，现在从中央到地方都在鼓励"走出去"。

2014 年 4 月和 6 月，央行两次实行"定向降准"，为"三农"和小微企业增加融资额度。可以预见，在稳健的货币政策的基调不变的情况下，未来央行将更多地采用定向降准这样的微调措施，而不是像以前那样的大规模的全面的宽松货币政策。

综上所述，笔者认为，成都房价的拐点已经基本确立，将进入一段时间的下降调整期，这也是自 2004 年以来的第三段下跌调整期。参考以往两次的调整期，本次调整的时间可能也在 1 年左右，整体来看下降幅度不会很大，市场更多地将表现出价格微降而销售滞销的状态。当然，也不排除个别楼盘为了走量回款而较大幅度降低售价的情况，毕竟每家房企的资金成本都不尽相同。

还养生地产一个"养生"的本质

养生地产是一种典型的"功能型"地产。养生地产到底是"挂羊头卖狗肉"式地玩概念呢，还是真正地做养生呢？这不仅考验开发商的"手艺"，也考验购房者的"手艺"。

本文在搜房博客的阅读量为 5 000 多人次，首次发表时间为 2014 年 7 月 29 日，首发于"锐理资讯"。

养生地产越来越受到市场的关注

作为房地产的一个细分市场，养生地产正在获得人们越来越多的关注。这其实也是经济发展迈向更高阶段的必然规律。毕竟现在吃饱穿暖对多数人来说已经不是问题，而获得更好的生活质量，更健康、更长寿成为人们在生活上的新的追求。据说当人均 GDP 达到 6 000 美元以上，人们用于日常消费的费用会减少，更多的费用则将用于精神享受和文化消费需求。对这个标准，笔者没有深入地考察，相信在不同的国家和地区肯定是有差异的，但越有钱越在乎精神文化方面的享受，这的确是一个普遍规律。

"养生地产"这个概念是何时被提出来的，已经很难考究。顾名思义，养生地产的核心就是"养生"二字。当前，养生，已经成为一种趋势，一种潮流，一种思想。什么是养生呢？说起养生，可能大部分人会想起道家。道家提倡顺其自然，养生就很符合其思想。《庄子》里有这样一段话就是专门讲养生的："吾生也有涯，而知也无涯。以有涯随无涯，殆已；已而为知者，殆而已矣！为善无近名，为恶无近刑。缘督以为经，可以保身，可以全生，可以养亲，可以尽年。"这主要是告诉人们养生之道重在顺应自然，忘却情感，不为外物所滞。养生是为了健康，是为了长寿，上古先人养生是需要抵抗外界恶劣的环境，还要防御疾病。

随着时代的发展，养生也在不停地发展，保养身体成了当今人们所需要的。通俗一点说，养生就是找个自然环境好的地方修身养性以期健康长寿。

那么，养生地产又是什么呢？那当然就是在适合养生的地方修建的房地产项目。可见，养生地产是一种典型的资源型地产形态，对自然环境的先天条件要求很高。我们不妨闭眼冥想一下，在花香鸟语、风景秀丽、空气清新、水质清澈的地方居住，那肯定是非常惬意的。养生地产肯定是一种休闲地产，但和人们通常听得较多的旅游地产还是有很大区别的。现在，带有主题乐园的旅游地产形态大家都很熟悉，但笔者想可能没人会认为可以去游乐园里养生吧。

另一个与养生地产既有联系又非常容易混淆的概念是养老地产。养生和养老有什么区别呢？养生是调节身体机能，从而达到益寿延年的目的；而养老就只是过好晚年生活而已。从联系上来看，肯定中老年人特别是老年人更需要和注重养生与养老，所以老人可能是这两类地产项目共同的目标客户群。然而，随着经济水平的不断提高，注重养生的人群有年轻化的趋势，中年人甚至青年人都可以是养生地产的目标客户群。此外，养老地产更注重功能性，如失能介护、临终关怀、医疗保健等功能，而对地理条件的要求相对较弱，甚至在市区也可以发展养老地产。相反地，养生地产可以弱化养老地产的功能性要求，但对自然环境的要求则更为苛刻。

投资养生地产应该注意的要点

那么，投资养生地产，应该注意哪些因素呢？

1. 如何选择养生地产区域

前面已经说过，养生地产对于自然条件的要求极为苛刻，不是任意找个地方都可以做养生地产。那么，养生讲究什么呢？空气、气候、山林、水，这四条可以看作养生所需的"硬"条件。此外，养生还需要有一些相对较"软"的条件，这主要是一些人文要素，如养生文化遗迹资源、养生民俗资源等。

2013年《焦点访谈》曾播过一期节目，讲一个偏远山村，由于传说当地的水喝了能"治疗癌症"，于是全国各地的各种癌症患者云集于此。

一时间当地旅馆一铺难求，很快遍地都是开工的住房项目。这个故事当然非常有特殊性，但也正是一个典型的养生地产案例。可见，养生地产所要求的地域条件是非常高的，绝不仅是简单的绿化好点，而是需要有明确的"说法"，即要有拿得出手的资源可以讲故事。

2. 如何挑选养生地产产品

挑选好地域，当然就需要接着挑选产品了。这其实和普通的住房产品的挑选过程并无太大区别，不外乎还是看品牌、品质、配套，缺一不可。值得一提的是配套。前面已经介绍过，养生地产对功能性的要求没有养老地产这么高，但就日常生活和居住而言所需的基本配套还是要有的。

3. 如何判断养生地产价值空间

任何商品的价值都取决于其供求关系决定的稀缺性。从前面讲的那个"喝水治癌"的特殊例子就可以看出，不管多么匪夷所思，如果求远远大于供，那么其升值空间就是较大的。所以，判断一个养生地产的价值空间，首先就需要判断其对应的核心资源的稀缺性如何（如前面提到的"喝水治癌"中的水）。此外，项目现在售价、区域发展、周边同类产品开发现状都是需要考虑的因素。

需要强调的一个问题是，养生地产虽然也包括在房地产的这个大类中，但有很多独立的属性。我们肯定不能用刚需眼光来看养生地产，也不能用一般的投资眼光来看。毕竟，和普通的住宅物业相比，养生地产是很突出"养生"这个功能性的。例如，这几年成都的"都江堰—青城山"区域的房价走势很平稳，和成都主城区相比显得特立独行。笔者认为这其实是件好事，养生本来就追求心平气和，暴涨暴跌都不符合养生的要求。就这样走自己的行情，有养生需求的人和爱家自然会来置业，单纯的炒家也不用来凑热闹。还养生地产一个"养生"的本质，这样不是更好吗？

第四章
2015 年：蓬勃发展

2015 年笔者逐渐停止了在搜房博客上的更新，开始以在微信公众号上发布文章为主。笔者在搜房博客上的累计阅读量近 243 万人次，这也见证了笔者前些年写稿的艰辛。

虽然笔者在 2015 年写作的文章本书收录得较少，但其实笔者并未"偷懒"。

实际上，笔者在这一阶段写了很多土地评估类的文章，但并没有全部收录在这本书里（本书仅收录了极少数的几篇土地评估类文章）。大量土地评估类文章笔者会在整理后另行出版，敬请期待！

雾里看花："不动产登记"

背景回顾

相信现在人们对"不动产登记"并不感到陌生了。但是在 2014 年年底和 2015 年年初的时候，很多人还对这个政策感到有些迷茫。

本文在搜房博客的阅读量有近 6 000 人次，首次发表时间为 2015 年 3 月 7 日，发表于搜房博客。

2014 年 11 月 24 日，国务院签发了《不动产登记暂行条例》，该条例自 2015 年 3 月 1 日起施行。相信自 2015 年 2 月底以来，人们围绕"不动产登记"的讨论就增加了，媒体和专家的解读也很多。对于拥有房产的人以及准备拥有房产的人来说，这都是一个值得关注的问题。那么，面对众说纷纭的讨论，究竟这个"不动产登记"对人们的生活有着什么样的影响呢？本文试图围绕"不动产登记"对人们住房的影响来做一些梳理，厘清人们对其认识上的一些误区。

误区一：不动产等于房产？

相信这是人们对"不动产登记"最常见的一种误解。"不动产"和"房产"其实是有很大区别的。根据《不动产登记暂行条例》的规定，我国的不动产是指土地、海域、房屋以及林木等定着物。显然，房产只是不动产其中的一种，虽然房产可能是最受关注的一种不动产。

误区二：登记等于收税？

这也是一个人们对"不动产登记"的常见误解。笔者把《不动产登记暂行条例》看完了也没有看到"收税"二字，只是在说"登记"。根据该条例的规定，不动产登记是指不动产登记机构依法将不动产权利归属和其他法定事项记载于不动产登记簿的行为。不动产登记从本质上来说其实就是两个目的：一是信息收集，二是确权。

从信息收集来看，不动产登记其实就是一种类似"人口普查"的工具和渠道，摸清家底，为后续的政策制定提供准确的信息依据和基础。如果连我们国家各种类别的不动产的数量和分布这一基准情况都不能准确掌握，所制定出的政策又谈何科学呢？以房产为例，我国的房产有很多门类，如历史上的政府分配房、单位福利房、单位集资建房等，还有现在的商品房和保障房。其中商品房有电梯公寓、多层住房、别墅等，保障房有经济适用房、限价房①等。可见，我国的不动产由于历史和现实的各种原因，门类繁多且五花八门，的确需要一种统一的规范的制度来"登记"。

从确权来说，由于相对于普通的消费品而言，不动产具有价值大、使用年限长的特点，所以其所有权的归属问题也是一个非常敏感的话题。根据《不动产登记暂行条例》的规定，这是要落实各种不动产的"权利"，包括集体土地所有权、房屋等建筑物和构筑物的所有权、森林和林木的所有权、建设用地使用权、宅基地使用权、耕地林地草地等土地承包经营权、海域使用权、地役权、抵押权，等等。可见，不动产登记所涉及的权利种类是很多的，有的是所有权，有的是使用权，有的还是其他的权利，如承包经营权、地役权和抵押权等。

误区三：不动产登记等于"以人查房"？

其实在不动产登记进入人们的视线之前，还出现过一个"房产信息联网"。人们想象不动产登记以后可以通过用姓名查询的方式获得他人的房产信息，简称"以人查房"。这感觉像是在一个电脑系统中打开一个搜索窗口，输入某人的姓名和身份证号码等信息，然后其名下登记的所有不动产信息就都可以显示出来。此前社会舆论曾将"以人查房"作为不动产登记的主要看点，认为一旦执行，各种"房叔""房嫂"等现象将被迅速曝光。但是《不动产登记暂行条例》的规定说的是自然资源、公安、民政、财政、税务、工商、金融、审计、统计等部门应当加强不动产登记有关信息的共享，而且相关信息共享单位和工作人员应当对不动产登记信息保密。此外，查询不动产登记资料的单位、个人应该向不

---

① 限价房，又称限房价、限地价的"两限"商品房，主要解决中低收入家庭的住房困难，是限制高房价的一种临时性举措。

动产登记机构说明查询目的，不得将查询获得的不动产登记资料用于其他目的，且未经权利人同意，也不得泄露查询获得的不动产登记资料。简单地说，就是可以查，但不是随便查，查了也不能乱用。

误区四：不动产登记等于房产税？[①]

前面已经分析过了，不动产登记其实只是一种信息收集和适时披露以及确权的机制，它和房产税并没有直接的联系。当然，任何税种都需要落实两个最重要的因素，即税基和税率。不动产登记虽然不直接影响房产税，但会间接影响房产税的税基——你总要清楚有哪些房子，才能去收税吧。当然，这里面还有一个很大的差别。房产税的税基是房屋的价值，比如老张的一套房子价值 100 万元，老李的一套房子价值 1 000 万元，等等。但是不动产登记本身只能表明老张在九眼桥有一套房，老李在天府一街有一套房，而不能表明老张和老李的房子各值多少钱。可见，不动产登记的信息要为房产税的征收服务，还需要有一个价值评估的过程。这个问题可以另文讨论，此处就不展开讲了。

误区五：不动产登记等于房价下跌？

这可能是公众对于不动产登记最大的一个误解吧。信息登记和房价下跌有什么关系呢？甚至还有很多人在热切地盼望 2015 年 3 月 1 日正式实施的不动产登记会带来楼市的抛售潮，从而引起房价大跌。从供求关系的基本原理来看，这个逻辑还是有一定道理的：短期内抛售的人多了必然会对房价造成向下的压力。从现实的情况看来，虽然的确有人迫于压力到中介挂牌，但远远达不到"抛售"的程度，所以"不想登记—抛售—房价下跌"这个链条并未对房地产市场产生实质性的冲击。当前的楼市下行更多的是受供需失衡、库存压力大的影响，和不动产登记并没有直接的联系。

综上所述，不动产登记其实本身只是一个收集和适时披露信息以及确权的工具而已，它对楼市不能说完全没有影响，但只是间接的。希望读者看了这篇文章以后对不动产登记能多一些理性而客观的认识。

---

① 后来的规范说法是"房地产税"，下同。

未来住房将更加突出功能性

　　未来的住房是什么样子？这是一个很有意思的话题。本文中笔者对此进行了一些分析和探讨。特别有意思的一点是，文中提到的家用100M宽带在文章写作时出现了。而不久之后，家用200M、300M的宽带都已经在陆续普及了。而从2018年年底开始大热的"5G"似乎又对智能居家有着更大的促进作用。可见，科技的进步真的可以用日新月异来形容。希望大家都能早日住上更先进的未来住房。

　　本文在搜房博客的阅读量有近6 000人次，首次发表时间为2015年3月20日，首发于《成都日报》。

　　不得不承认，这是笔者很喜欢的一个主题，这可能和笔者自己就是一个"DIYer"有关。什么叫"DIYer"呢？就是喜欢自己动手组装很多东西的人，如自己买零件来组装电脑。笔者以前自己装电脑的时候，最喜欢考虑的就是，如何搭配各种零件以在一定的预算之下实现最好的电脑性能。也许一台电脑本来只有一些最基本的功能，但通过安装更多的配件以后，它就能实现更多的功能，提高使用效率。

　　或许用汽车来打比方会更贴切一些。我们都知道即使同一个品牌的同一款汽车，也有低配置和高配置之分。低配车和高配车虽然外壳都是一样的，但高配车往往安装了更多的功能组件，有的是和动力相关的，有的是和安全相关的，也有的是和舒适相关的，当然也有的纯粹就是和豪华相关的。虽然都是开车，但基本款的低配车和安装了更多功能组件的高配车的使用感受是完全不一样的。

　　各位读者肯定要问，这和住房有什么关系呢？以上提到的电脑和汽车，笔者只是做一个类比罢了。从当前我国的住房发展阶段来看，目前的住房总的来说还是像汽车的"最低配版"一样，只具有基本的居住功能。即使精装房或者自己装修，也少有考虑能显著提升居住品质的功能性组件。除了最最基本的水、电、气、宽带的配备之外，一些有条件的家庭还安装了地暖和中央空调，这基本算是当前富裕甚至小康家庭的"标配"了。我们可以把地暖和中央空调看成住房的"温度控制"功能组件，这也是大多数家庭最容易想到的需求，就算不安装地暖和中央空调，普通空调也是需要的吧。

那么除了温度控制的功能组件之外呢？目前在国内的大多数家庭在这一方面涉及得相对较少一些。根据笔者的研究，各种智能化设备将是住房"配置"升级的主要方向。具体来说，安防设备和"客厅经济"可能是较短时期内的重点发展方向，我们可以把这看成未来住房发展的初级阶段。提到安防设备大家肯定首先想到的是摄像头和红外线感应器等电视、电影中的常见设备。的确，摄像头和红外线报警器在当前也不算什么先进设备了，谈不上高科技。但是，随着智能手机的普及，安防设备通过与智能手机等移动互联设备的结合，让人在千里之外也能洞察家里的情况，这对财产安全、小孩和老人的安全等都非常有意义。可以设想这样一个场景：当主人不在家，家中来了小偷，触发红外线传感器，安防设备自动报警，同时摄像头拍下小偷的照片，立即发到主人的手机上。此外就是现在正在兴起的"客厅经济"，这也代表了未来住房的一个发展方向。所谓客厅经济，其实就是客厅大电视这样的传统家电产品的智能化升级。一台普通的电视，连接上网络，就可以做很多事情。现在的智能电视就是一个雏形，自带芯片和硬盘，甚至可以看成是一个尺寸放大版的手机或电脑。

不论是上面提到的安防设备，还是客厅经济，都只能算是家庭智能化的冰山一角罢了。笔者认为，家庭智能化将是未来住房的最主要发展方向之一。实际上早在 10 多年前，一些楼盘就打出了"智能小区"的招牌。在当时，这其实就是一个噱头而已，不外乎就是所在小区率先开通了家庭宽带——在上网主要靠去网吧的当时，能在家里宽带上网可是非常时髦的。现在来看，家里能上网的确是智能化发展的前提条件。只要家里能连上网（不论是有线还是无线），就给我们提供了无穷尽的可能性。每年都有很多新的家用智能设备出现，我们更不用担心没有新花样。大家只需要升级宽带速度（当时家用的 100M 宽带已经出现了），其余的交给相关厂家去设计和生产就行了，这样我们的住房就可以一直"未来"下去。

笔者认为未来住房的另外一个发展方向就是环保和节能。环保的重要性自然是不用多说，随着一些城市雾霾的加重，人们越来越重视环境的质量。现在一些楼盘已经打出了"环保"的营销概念，主要卖点就是新风系统和空气净化系统。随着相关环保产业的不断发展，相信环保设备与住房的结合会越来越紧密。另外一个趋势就是节能。虽然现在的住宅建筑越来越重视外墙和玻璃的保温，但是家庭的制冷和采暖设备基本上还是单独安装的，这样是不利于节能的。未来的新建住宅大楼可能会越来越多地通过中央空调的方式来满足单个家庭的温度控制需求。至于太阳能发电和日光导入等设备，在住宅建筑中也会用得越来越多（后来国内逐渐兴起和流行的"被动式建筑"就是这些思想下的产物，有的甚至不需要空调就能实现室内的"恒温"）。

　　笔者相信人们关于未来住房的各种想象肯定会有很多。笔者上面提的几点都是我们看得见摸得着的，也是相对来说成本较低且更适合普通家庭的未来住房的发展方向。

2015 年，地王回归

背景回顾

"地王"，是房地产企业资金实力的象征，也一度是荣耀的体现。自2014 年第二季度以来，全国各城市土地市场的流拍率很高，成都也一样。因此，当 2015 年 3 月成都市中心核心位置的两块高总价纯商业地块顺利挂牌出去以后，市场初步松了一口气，这本身也可以看作土地市场率先回暖的一个标志性事件了。

当然，如果放在 2016 年下半年和 2017 年成都的土地市场来看，总价 10 亿元左右一宗地也算不上多么显眼，但是对刚刚经历了 2014 年愁云惨淡的成都土地市场的房地产企业来说，拿这两块地是需要相当的勇气的。

在这两宗地出让之前和之后，笔者都做了分析和点评。当时笔者就提到，这两块地的开发难度是很大的。除了设计、市场等方面的因素之外，这两块地的开发对于资金的要求也是非常高的。

截至 2018 年年底，将近 4 年过去了，这两个项目仍未呈现。

本文在微信公众号上的阅读量有约 1 500 人次，首次发表时间为2015 年 3 月 24 日，首发于《成都楼市》。

成都的单价"地王"，其实已经沉寂很久了。早在 2006 年，青年路一地块在彼时以 20 719 元/平方米的楼面单价成了成都土地市场单价的标杆。但由于地块规模太小，并没有引起太大的关注。成都真正的单价地王要数2007 年的红星路地块，当时以 16 500 元/平方米的楼面单价、合 8 000 多万元/亩的天价成为成都的单价地王。那一年，中国股市也达到 6 000 多点的历史高点。地王是寂寞的，这一等就是很多年。以至于红牌楼区域时不时地出现楼面价过万的小地块，也会成为当年的单价"地王"。

就和中国股市一样，这些年来楼市也发生了很大的变化。2014 年成都全年的土地交易流拍率高达 35%，如果只看下半年则会更可怕，可以用"惨不忍睹"四个字来形容。但是近期人民南路黄金位置的商务用地的高溢价成交，仿佛成了成都土地市场的一针兴奋剂，似乎一夜之间春风来了。那么，这个地块到底价值几何呢？

为了科学地进行地价的评估和测算，笔者用数年时间研发了"大数据下土地评估的 LRT 法"，从地块位置、规划条件以及成交时间等多个维度用统计方法来计算土地的成交价。在招拍挂市场上，房企对土地价值进行清楚的评估至关重要。目前的地价估值，一般常用倒推法。就是从个体公司出发，设定一个目标利润，减去各种成本，来核算一个地价。这有两个问题。一方面，由于从拿地到物业开发及投入销售的间隔时间短则 1 年左右，多则两三年甚至更长时间，所以倒推法误差极大，几年后的房价很难猜得准，又何谈准确地倒推地价呢？另一方面，假设能够准确地预判未来的房价，那对个体公司来说，这种倒推法肯定是正确的，因为自己最清楚自己的成本。但土地交易的方式，通俗地说是拍卖或挂牌的方式，一群人摆明了抢或潜在想抢这块地。这种竞争方式使得房企自己的核算失去了很多意义。例如，有的房企核算下来觉得这块地值500 万元一亩，但对有的公司来说 400 万元一亩都贵了，有的公司又觉得1 000万元一亩都无所谓。

笔者把这种区别于传统"倒推法"的全新土地价值评估方法，叫作"大数据下城市土地评估的 LRT 法"（以下简称"LRT 法"）。LRT 法以土地市场真实的成交结果为评估依据，用土地市场自身的信息作为评估标准，不做任何主观及不合理的判断。该方法认为土地的价值取决于和地块位置相关的因素、和地块自身条件相关的因素，以及和时间相关的因素。

由于每个公司的成本条件，目标要求都不一样，笔者只能根据成都市土地市场的平均水平计算估值。笔者的测算不针对任何个体企业，是统计意义上的估值。这个世界充满不确定性，统计学是对抗或减少不确定性的唯一工具。笔者尝试用历史的真实交易数据和匹配的城市 GIS 数据库来解构地价。笔者主要解构了成交地价和溢价率两个指标，用了近百个变量来解读。目前的系统对地价的解释力度达 85% 以上，对溢价率的解释力度更是高达99%。误差肯定有，但还算可控。

社会科学肯定很难像物理、化学那样精确，笔者只能做到尽量科学。通过笔者独有的数据库和自创的上万行的大型计算机运算程序，笔者可以对大成都范围内的每一宗土地给出精确的估价。每算一轮地价，用高性能电脑都需要计算二十几个小时，涉及几十亿次的运算。关于 LRT 法的介绍大概就是这样，笔者正在写一本关于土地评估的专著，会对此做更全面的解释。

就人民南路地块本身来说，通过这套方法体系笔者计算出的评估价约为 2 627 万元/亩，折合楼面地约 6 567 元/平方米。需要特别说明的是，这个结果是基于整个成都土地市场的历史成交数据所做出的客观的计算和评估，不代表笔者本人的任何主观判断。该宗地本次挂牌的起价为 2 264 万元/亩，从最后的交易结果来看，成交的楼面价高达 15 600 元/平方米，溢价率达 175.62%，最终价格是起价的近 3 倍。这在成都土地挂牌交易的历史上是罕见的，因为挂牌一般是比拍卖的溢价率要低不少的。从成交结果和笔者评估的对比来看，笔者认为该地块的成交价被严重高估了，拿地企业日后必然会承受很大压力。

笔者分析，人民南路地块的位置"显赫"，处于成都核心商务区的中轴线上，天生就是"地标"的坯子，非常适合想在成都市中心最核心地段树立和展示品牌形象的企业拿地开发。从挂牌的情况来看，也的确引起了"疯抢"，以至于最后高溢价成交。成都的商务区南移明显，甚至都已经扩展到南边的绕城以外了，但位于南一环内传统的商务核心区的新项目却不多。从这个意义上说，本次交易的人民南路地块弥足珍贵，非常有想象空间。当然，拿地过程中出现的高溢价"蚕食"了相当大的利润空间，这对开发机构的运作是很有挑战的。

相隔不久，处于成都最核心商圈的春熙路原一医院地块，也走进了交易大厅，它又会有怎样的表现呢？特别是距离本宗土地仅仅几百米之隔的红星路地块，当年曾创出了 8 000 多万元/亩的成都土地市场的历史高价。因此，本次土地的交易，难免不让人浮想联翩。

就原成都市第一人民医院地块本身来说，通过这套 LRT 方法体系笔者计算出的评估为 6 203.5 万元/亩，约合楼面地价 15 509 元/平方米。该宗地本次挂牌的起价较高，达 6 825.2 万元/亩。最终的成交价是 17 073 元/平方米，和笔者的评估价较为接近。笔者认为该地块的成交价仅略高于其应有的市场价值，总体来看还算正常。

将人民南路地块和原成都市第一人民医院地块做一个对比会非常有意思。这两个地块显然都有城市"地标"的先天条件，只不过一个偏商务、一个偏商业，相信业内人士对这点都有相同的认识。在很长一段时

᠎

间，"国际城南"不论是从商务还是从商业来说，风头都盖过了老城区，而这两块地其实都承载了成都主城区商务和商业功能升级换代的重任。一方面，人民南路商务核心区，也就是从天府广场到南一环附近这一段，近年新增的高端写字楼项目很少。另一方面，春熙路商圈在日益老旧的大背景下也需要更新升级。前面已经说过，这两块地的形象展示作用超强，对拿地企业的品牌提升非常有帮助。但是就成交价格来说，笔者认为原一医院地块拿得要比人民南路地块划算多了，具体可以参考前面给出的评估价。不过非常有意思的是，这两块地都是由同一家房企拿了，所以平摊一下，综合的溢价率也不算太高。对成都的土地市场而言，这两宗土地的成交无疑是一剂强心针，让业界在这个阳春三月感到了阵阵暖意。

就这两块地的前景来说，笔者觉得开发其实不是主要问题，照着"地标"的标准打造即可。可以设想这两块地都会由国内外的知名设计机构操刀，为成都核心商圈奉上两条新的天际线。笔者觉得这两块地对开发机构最大的挑战其实来自金融领域。人民南路地块 10.65 亿元，原一医院地块 9.24 亿元，合计 19.89 亿元，也就是说土地成本约 20 亿元。就地块的开发来说，考虑到这两块地打造的都是地标，其设计和建设成本应该会比普通的城市综合体建筑要更高一些。人民南路地块最大建筑面积 68 265 平方米加原一医院地块最大建筑面积 54 094.74 平方米，即使按照 5 000 元/平方米的综合成本估算，也是 6.12 亿元。从很多城市的核心区地标建筑的发展经验来看，打造"地标"的成本是没有上限的。所以，笔者粗略地估算，这两块地的开发成本约 10 亿元。加上地价，这两块地的项目要呈现，估计要花 30 亿元。

对于现在很多开发企业来说，融资成本已经构成项目总成本的很大一部分，这也就是笔者之前说挑战来自金融领域的原因。当然这个融资成本在不同的企业之间差异很大，这和融资方式及融资期限都有很大关系，笔者没法给出准的预估。一般来说，这两个项目的建设周期差不多得要两年时间，按照当前市场正常的融资成本估算，可能还需要花 10 亿元的融资费用。也就是说，这两个地块的项目要开业可能需要投入约 40 亿元。当然，这只是一个非常粗略的"静态"估算。资金并不是随时需要投入进去，土地价款可以分期支付，项目也可以滚动开发，所以实际的建设和融资成本也许会与前面的估算有较大差异。

从土地出让条件中政府的自持要求来看，人民南路地块要求"项目建成后，竞得人自持建筑物业的比例不得低于规划计入容积率建筑面积的 60%"，而原第一人民医院地块要求"竞得人整体持有物业比例不小于规划计容总建筑面积扣除返迁房面积后的 70%"。从市场来看，一般来说，自持物业也更能保证品质。可见，这两个项目的自持要求都很高，所以不适合"快销"的开发模式。这两个项目的自持可以带来稳定的租金等现金流，虽然收回投资慢，但对企业在资本市场上的运作有好处。至于轻资产还是重资产，这个没有好和坏之分，全看企业的自身偏好。不管怎么说，这两个项目的拿地和开发，可能会沉淀约 40 亿元的资金进去。经济学上除了核算会计成本，也需要考虑机会成本，所以这个需要拿地企业综合考虑。

探讨这两个项目的后期运营也很有意思。项目落成后，无疑会令人民南路和春熙路都有硬件上的升级，这当然是好事。就人民南路地块来说，虽然现在成都的高端写字楼供应过剩，但就南一环内的人民南路来说还是有相对的稀缺性的。写字楼开发受经济周期性的影响较大。两年后中国经济转型发展情况肯定比现在好，高端服务业的发展对高端办公物业是利好（成都的写字楼市场的确在 2017 年有明显的回暖）。

就原第一人民医院地块来说，非常适合打造高端商业和酒店，但目前这两个行业都还处于调整期，两年以后的形势不是很明朗。高端酒店的调整已经持续一段时间了，两年后可能会比现在有所改善。对高端商业来说，一方面中国当前的奢侈品消费金额占了全球的近一半，另一方面其中约 75% 的高端消费都发生在境外。目前很多国际知名的奢侈品品牌都在缩减在华的开店数量甚至广告投放量，而更加注重在原产地的营销。不过情况也可能改善，近期香奈儿的调价使得国内外的价差从以前的 50% 缩小到 5% 左右。如果其他各大品牌都能跟进，肯定会促使消费力回流，这对国内的高端商业物业来说肯定是重大利好。

综上所述，这两个项目都是非常值得期待的，两年后的成都商务和商业地产都将迎来新的生力军。

新常态背景下的成都经济和房地产

背景回顾

"新常态"是 2014—2015 年财经界的流行概念。那么，对于成都的经济和房地产而言，"新常态"又意味着什么呢？

本文在微信公众号上的阅读量有约 1 300 人次，首次发表时间为 2015 年 3 月 28 日，首发于成都住宅与房地产业协会《成都房地产》。

中国经济的新常态及其背景

2014 年在中国经济领域最流行的提法就是"新常态"。在经典的宏观经济学理论中只有"增长"和"衰退"这两种状态，那么怎样来理解我们的这个"新常态"呢？首先，我们的新常态肯定仍然是"增长"，而不是"衰退"，因为我们的增长率依然为正，负增长才是衰退。其次，"新常态"是一种更平衡的增长方式。7.4%、7.5%、7.3%，虽然经济的增速在降低，但是我们的经济结构在继续优化。2014 年，我国最终消费对经济增长的贡献率为 48.5%，超过了投资；服务业增加值占比 46.7%，在 2013 年之后继续超过第二产业；高新技术产业和装备制造业增速分别为 12.3% 和 11.1%，明显高于工业平均增速；单位国内生产总值能耗下降 4.6%……这些都是可喜之处。

当前我国的投资增长后劲不足，有多方面的原因：一是受制造业持续产能过剩、需求不足影响，民间投资意愿减弱；二是房地产市场深度调整带动房地产投资持续下行，2014 年房地产开发投资虽然也在增长，但比 2014 年年末回落了约 8 个百分点；三是税收和土地出让收入减少，偿债进入高峰期，地方政府投资能力受限，基础设施投资增长难度加大；四是受预期以及其他各种因素影响，国有大中型企业等投资步伐放慢。

此外，我国社会融资规模和货币信贷大幅回落，资金面紧张，融资瓶颈约束凸显。尤其是 2013 年下半年以来，7—10 月社会融资总量共计

3.03 万亿元，仅为前年同期的 60%。除了普遍存在的小微企业融资难、融资贵和贷款利率上浮等问题外，由于企业盈利能力减弱，银行基于违约风险考虑，惜贷、限贷现象增加，甚至还进行抽贷，加剧了融资难题。

成都经济的新常态

从成都的情况来看，2014 年全年的经济总量突破万亿元大关，站上了"新常态、万亿级"的全新起点。全市经济经过自 1991 年以来连续 23 年以两位数的快速增长以后，最近两年增速减缓，并在 2014 年回落至个位数，表现出新常态下减速换挡的特征。从产业结构来看，一方面成都的工业依然较快增长，特别是汽车产业和电子信息产品制造业发展迅猛；另一方面服务业对经济增长的贡献达 45.8%，比上年提高 39 个百分点，特别是其中的金融业、其他营利性服务业（包括租赁和商务服务、居民服务和其他服务、文化体育和娱乐等行业）增长突出。

虽然 2014 年成都的工业投资 1 402.7 亿元，下降 13.4%，但是天府新区项目投资（成都片区）达 1 209.3 亿元，增长 15.4%。可见，天府新区正在成为成都产业发展新的"聚宝盆"。2014 年天府新区升级成为国家级新区之后，自然成了成都新的投资热土。未来天府新区对成都乃至四川具有的最重要意义是聚集大量的现代产业，产生天量的 GDP 和税收，并带来大量的就业机会。在当前世界向中国、东部向西部的产业转移的大背景下，成都要特别注意占领新兴的产业高地，而不是承接过剩产能。投资对经济增长的带动作用自然是毋庸置疑的，但是投资也非常需要注重效率，而不能仅仅关注其规模。

成都房地产市场的现状

虽然 2014 年成都的房地产开发投资完成了 2 220.8 亿元、增长 5.2%，但是 2014 年房地产业的困难是有目共睹的。（2008 年的"5·12"地震与国际金融危机的叠加效应，让当时的成都楼市非常艰难。）那么到底是怎样一种情况呢？根据国家统计局每月发布的 70 个大中城市房价指数中的成都指数，2004 年以来成都楼市总体上来说虽然是价格上涨的，但是在 2008 年、2012 年和 2014 年出现了三波明显的调整。

特别是 2014 年 5 月以来的这一波下行，截至 2014 年年底的 8 个月里跌幅超过 6%，已经大于 2008 年那一轮调整的跌幅了。

对于房地产行业来说，去库存是当务之急。目前国内城市住宅普遍库存在 20 个月以上，去库存压力极大。相关数据显示，2014 年大成都住宅销售约为 2 290 万平方米，新增约为 2 050 万平方米，库存约为 2 740 万平方米。这可以得出如下两个结论。

第一，大成都地区库存为 14 个月到 15 个月。2014 年在下行的市场面前开发企业入市谨慎，销售略大于新增面积，这会逐渐消耗库存，降低库存水平，从而改善供大于求的状况。

第二，不同面积段的住房产品分化加剧。从面积段来看，2014 年144 平方米以上面积段的环比跌幅低于 90~144 平方米和 90 平方米以下这两个面积段，可见改需 2014 年的表现实际上强于刚需，可能原因是前几年受"限购、限贷"等调控影响，市场上刚需型的项目供应比例明显增大。此外，成都土地供应还有"70、90"的规定①。近 2~3 年来，成都的大户平层受抑制明显，众楼盘纷纷上马了很多小户型的刚需产品，造成"刚需"扎堆，终于在 2015 年给小户型造成了较大的向下压力，而目前 110 平方米左右的户型相对来说最为紧俏。2014 年年底以来的很多利好政策其实对改善型置业的利好更大和更直接一些。2015 年的市场也许不会立即转向到改需上来，但改需 2015 年应该会更有回暖的趋势。

成都房地产市场的未来发展

那么，房地产市场会怎么发展呢？本轮房地产调整和前面几次由严厉政策引起的调整不同，是由供需的失衡引起的深层次问题，因此有长期性。从短期来看，根据国家统计局发布的 70 个大中城市房价指数分析，成都这一波房价下跌从 2014 年 5 月开始，7、8、9、10 月这 4 个月的单月跌幅都在 1% 以上，可谓最艰难的 4 个月。但是从 2014 年 11 月起，跌幅开始收窄，到 2014 年 12 月，单月的环比跌幅仅为 0.2%，距离"持平"可谓只有一步之遥了。2014 年年底笔者判断成都房价止跌保平的时间很可能在 2015 年 4 月左右。从 2015 年 1 月的数据来看，环比跌

---

① "70、90"政策指一个楼盘项目里 90 平方米以下套型占比不能低于 70%。

幅为 0.3%，比 2014 年 12 月有轻微的扩大，可见止跌之路并非一帆风顺，还有曲折。2015 年 2 月的环比指数的跌幅依然在 0.4%，当然这有春节传统淡季的季节性因素在里面。照这个趋势来看，如果 2015 年 3 月的房价环比指数能收窄到 0.1%，那么 4 月是依然很可能止跌的。但就 3 月本身来看，"微跌"的可能性依然最大。虽然最近政策面有连番利好，但大家不应该把政策的效果想得这么立竿见影。2014 年下半年以来从宏观经济和房地产行业来说都有很多利好政策出台，但房价依然在跌，可见政策不一定有效，就算有效也会有一个时滞。2014 年开始的这一轮房价下跌的根本原因是供需失衡，多年来累积的库存高企，不可能受政策的影响马上发生变化，所以 2015 年的市场行情笔者觉得能止跌和适当回暖就已经不错了，不要期待大幅反弹那种市场行情。从库存来看，当去库存持续一年左右的时候，楼市供需将趋于相对均衡（由于房地产建设周期较长的物理属性，要想库存降为零才实现均衡是不科学的），也会大大减弱房价的下跌势头。

　　未来房地产将主要是一个"金融"问题，融资和现金流是头等大事。房地产这个行业本身就是一个超级资金密集型的行业。当然也有人说房地产是劳动密集型的行业。这也对，但雇佣劳动力是要花钱的，再加上建材等，特别是土地，这需要花很多钱。所以房地产是一个需要投入很多资金才能玩得转的行业。现在土地成本和融资成本已经占据了项目开发总成本非常高的比例，所以房地产行业越来越像是一个金融行业的细分市场了。当前中小房企和大房企的分化加剧，中小房企不仅拿地困难，资金周转也困难，这些情况在未来将越发凸显。其实 2014 年成都的房价并没有下降多少，6 个百分点的整体跌幅甚至没有股市一天的波动大。但是楼盘滞销造成的销售回款缓慢，对很多中小房地产开发企业甚至大型房地产商来说都是致命的。房企因为销售回款困难而被高昂的融资成本拖垮的案例 2014 年已经在河北邯郸等多地出现，应该给成都的开发企业以警示。很多时候，融资成本就是压垮企业的最后一根稻草。

　　从经济上说成都是很有意思的一座城市，收入不算低而物价不算高（主要是指房价）。起码近郊 4 000~5 000 元/平方米的房子还是有的，这在中国的大城市中可能找不到第二个。开发商在成都操盘是很考验专业度的，地价较贵，但房价又卖不上去，一不小心就变成库存了。相较于其他房价动辄几万元/平方米的大城市，年轻人在成都还是可以谈理想的。

央行"任性"：解读央行降低房贷首付比例

背景回顾

首付比例的降低，相当于给居民买房加了"杠杆"，其作用是很大的。笔者对房贷的相关问题专门做过研究并进行了计算机模拟。但和笔者该研究侧重"长期"的分析不同，在实际中居民对首付降低的"短期"刺激效果是非常敏感的。实际上，正是在本次"3·30"楼市新政之后，深圳楼市迅速展开了"史上最强"的一轮大幅上涨。而全国很多其他城市的楼市也在之后逐渐结束下跌，并陆续回暖。

本文首次发表时间为 2015 年 3 月 30 日，在搜房博客的阅读量有近 6 000 人次，在微信公众号的阅读量上有约 3 900 人次。

2015 年 3 月 30 日，地产股大涨。随后，很多人的微信朋友圈被央行和财政部的有关消息刷屏了。

央行降低二套房首付比例"救市"，力度不可谓不大。四成的二套房首付比例超过了之前市场对二套房首付五成的预期，且基本上已经回到了 2010 年"限贷"以前的水平。而公积金买首套房仅两成的首付比例更让人觉得一下子回到了 2004 年（2004 年部分银行是有两成首付的）。财政部当日也出了政策"配合"，把营业税的交税门槛年限从 5 年变成了 2 年。这两个政策肯定对当前的房地产市场都是"重大利好"级别的政策措施，可见"救市"的态度明确。相比于之前的"降准"和"降息"这样较为宽泛的政策，降低首付比例对楼市的刺激肯定是更为直接的。

由于财政部的"两年内免营业税"这个政策主要利好二手房的交易，笔者下面重点谈谈对央行"降低首付比例"的理解。目前网上已经出现了"积极作用十分明显""房价重现 2009 年暴涨态势"的说法，这显然太夸张了。笔者曾专门针对住房贷款构建了复杂的数学模型，并用计算机来模拟各种可能的房贷政策组合对楼市的影响。计算机的模拟结果可能会让人们觉得失望。逻辑是这样的：如果从人的一生的"生命周期"来看问题，首付比例的降低其实是会降低人的总购房需求的。怎么理解这个问题呢？因为首付比例降低以后，人们就得贷更多的房贷，从而支付更多的利息，这是会降低人们在一生之中的总财富水平的，因而在其他条件给定的情况下也会降低总的购房需求。

那么，为什么笔者又说这是一个利好的政策呢？笔者所指的利好，是一个短期的利好，也就是说这在短期肯定是对楼市有一定的刺激作用的。毕竟，首付比例降低，也就降低了买房的门槛，让更多本来（这个"本来"是指在更高的首付比例要求下）付不起首付的人"提前进场"。如果人是理性的，那么也许在六成首付比例的要求下，他可以买150平方米的住房，但现在四成首付了他反而可能只会买120平方米。这个道理很简单，随便在网上找个贷款计算器就可以算出来自己以后要多支出多少利息。不过，笔者也用计算机模拟了另外一种情况，就是如果首付比例降低和降息这两个政策相搭配组合，那其对住房需求的释放力度不仅更大，而且更为持久。但问题是在20年甚至30年的贷款期限内，购房者很难判断利率的变化，也许这几年降息，过几年又加息了呢？

可见，降低首付比例这个政策肯定是有效的，但总体来说其短期效果大于长期效果。严重点说，这会提前透支购房者未来的消费能力。此外，降低首付比例也会在一定程度上增加金融系统的风险。更低的首付比例显然意味着更高的杠杆。当然，由于我国房价在短期从整体上下跌20%以上的概率几乎不存在，所以即使按照目前的政策降低首付比例，对金融系统的风险累积增加得也不多。

至于降低首付比例能有多少效果？这主要取决于两个重要的因素：一是在短期有多少人有真实的购房意愿，二是商业银行能否有匹配的信贷资源。

对于第一个因素而言，从2014年5月以来的这一轮房价下跌并不是单纯由政策调控引起的，反而体现了房地产市场结构性过剩的重要问题。所以，即使降低购房的首付比例，又有多少人愿意冲进楼市呢？其实已经有机构估算了，降低首付比例以后，从全国范围来看，新增几百万套的住房需求是可期的。但分摊到每个城市，又能有多少新增需求呢？特别是在当前股市赚钱效应突出的情况之下，住房的投资性需求入市可能不会太多（**在2015年的股灾之前，特别是在上涨迅速的3月和4月，的确有不少卖房炒股的案例**），而改善型需求的增加肯定是有的，这也是2015年楼市的重要看点。

对于第二个因素而言，央行高层曾多次表态，当前的降准和降息并不意味着货币政策的转向，而稳健的货币政策仍然是目前的基调。所以即使真有很多住房需求释放出来，商业银行的信贷资源能否匹配、跟不跟得上，这还要打一个问号。

综合上面分析的这两个因素来看，即使当前的房贷政策回到 2009 年甚至 2004 年的水平，目前的楼市和当年的楼市相比也早已物是人非了。当然，新增改善型需求的入市对楼市的复苏和回暖肯定是有帮助的。但这要看地方，当前我国房地产市场的分化已经几乎是不可逆转的趋势了，一线城市和部分二线城市可能会回暖快一点，而大量三、四线城市仍然会继续挣扎。总之，笔者对后市依然持谨慎乐观的态度，"止跌回暖"就是 2015 年楼市的最好结果。

（除了深圳，最后这一句判断对其他城市而言基本上是正确的。国内大多数城市的楼市在 2015 年的表现正是"止跌回暖"，至于大涨那是 2016 年的事情了。还有一些城市甚至 2016 年都还在下跌，直到 2017 年才开始补涨。）

"小阳春"真的来了？——3月房价指数解读

背景回顾

笔者清晰地记得，2015年3月，可能是上一轮下跌周期里成都楼市比较艰难的时候。国内很多城市的情况也差不多。在成都城南的几乎每一个街口，都有散发楼盘宣传资料的"小蜜蜂"；而电话销售团队更是不知疲倦地给从各种渠道得到的电话号码打电话："帅哥/美女，买不买房？"记得那年春节之后，地产界跳槽的求职简历满天飞。有些人坚持不下去了，辞职去开了餐馆，也有人卖了房出了国。现在回头看来，如果他们坚持到2016年，也许情况又不一样。

多年后的现在再回想起来，2015年的3、4月那可真是那一轮楼市"黎明前的黑暗"，对国内的很多城市来说，这是这一轮下行周期的"最后一跌"。回想那个阳光明媚的3月，其实已经有了一些回暖的征兆。

2015年3月的70个大中城市房价指数由国家统计局于4月18日发布。

从新建住宅价格指数来看，3月全国的楼市虽然没有"全面回暖"，但已经"初步回暖"。具体来说，有以下几点值得关注：

一是与2月相比，在70个大中城市中，价格下降的城市有48个，上涨的城市有12个，持平的城市有10个。

二是特别值得一提的是：70个城市中已经有22个"止跌"，这种状况相比于前几个月已经有了大幅改善。可以预期，4月"止跌"的城市数量会进一步增加。库存消化和政策利好正在逐渐发挥作用。

三是一线城市除了广州（环比下跌0.1%）已经全面回暖，北京环比上涨0.3%，上海持平，深圳更是遥遥领先，上涨0.7%。

四是部分二线城市已经回暖，例如：天津环比上涨0.1%，石家庄上涨0.3%，太原、南京、厦门、郑州、武汉、南宁、贵阳上涨0.2%，等等。

五是三、四线城市几乎继续"普跌"，回暖乏力。

六是成都 3 月环比下跌 0.6%，4、5 月止跌可期。

从二手房的价格指数来看，不少城市的二手房价格"回暖"得要比新房价格快。如北京 3 月的二手房房价环比上涨了 0.5%，南宁的二手房更是环比上涨 0.9%，为全国之最。成都 3 月二手房环比下跌仅 0.1%，显得比新房更抗跌。

从新建商品住宅分类价格指数来看，不同城市之间的分化较大。在一些城市，大户型的"回暖"快于小户型，如北京 3 月 144 平方米以上住宅的环比涨幅为 0.5%，而 90 平方米及以下住宅的环比涨幅仅 0.2%。而在一些城市小户型的"回暖"又明显快于大户型。如上海，90 平方米及以下住宅的环比增幅为 0.2%，而 144 平方米以上住宅的价格环比还下跌 0.3%。深圳 90 平方米及以下住宅的环比增幅更是达到了恐怖的0.9%，当然深圳所有面积段的住房价格都在较快上涨。

成都 90 平方米及以下住房价格环比下跌 0.6%，而 144 平方米以上住房环比下跌 0.4%，延续了 2014 年成都市场大户型更抗跌的特点，也显示出成都市场刚需产品的库存压力较大。

成都楼市 2015 年上半年总结：止跌回暖，开启新一轮周期

背景回顾

这篇文章也算是笔者对楼市走势判断的经典文章之一吧。

国内大多数城市都是在 2015 年 5 月左右开始结束上一轮下跌，同时转暖回升。当然，如果能在 2015 年 4 月底左右卖股买房，那在现在看来真的是"人生赢家"。

此外，如果结合 2015 年的"股灾"来联想，那就更有意思。基本上，2015 年上半年股市的大涨以一场股灾结束，同时楼市开始回暖上涨。时间上，二者出现了惊人的巧合。

这篇文章是对 2015 年 5 月成都楼市向上拐点走势确立的判断。之后成都的房价持续温和回暖。但由于每个月的环比涨幅都不大，因此市场感觉不太明显。一直到 2016 年 7 月，成都的楼市突然出现了大幅上涨的市场信号。在那个关键时点，笔者再次写了一篇对成都楼市关键节点的分析文章。不过，那是后话了。

本文首次发表时间为 2015 年 6 月 30 日，首发于"新浪乐居"。

2014 年 5 月以来，楼市一路走低，大有"风萧萧兮易水寒"之势。特别是在 2014 年 9 月、10 月、11 月，那跌得叫一个惨。2014 年的土地市场也是流拍频繁，特别是下半年，流拍一度成了"常态"。甚至笔者听说有不少从业人员转行了，有去开面馆的，也有去开咖啡店的。笔者在 2014 年和 2015 年年初接受采访时，曾多次说，这一轮调整持续期不会太长，估计就 1 年左右，随后楼市即会止跌回暖。笔者做出这个判断有两点依据：一是基于房价环比指数的走势所做的动态估计；二是基于库存量的变化来分析供需层面的交互关系。

春江水暖鸭先知。2015 年春节以后，土地市场率先活跃了起来。"金主"们开始频频在土地市场上发力，3 月以来甚至出现了久违的高单价、高总价、高溢价的"三高"拿地。进入 4 月以来，各种类型和级别的"救市措施"如雨后春笋般涌现。这里面，既有央行级别的大手笔措

施，也有地方政府的各种放宽限制和补贴的措施；既有针对整个宏观经济的宽松措施，也有专门针对房地产行业的利好政策。确实，"天时、地利、人和"皆备，楼市该回暖了。

2015年6月18日，国家统计局发布了2015年5月70个大中城市房价指数。对于成都楼市来说，这是一个非常重要的时间节点。自2014年5月起连续下跌12个月以后，成都的新房价格指数在2015年5月首度飘红！虽然环比0.1%的增幅并不大，但这确实是"止跌"的明确信号。

根据2015年5月的房价指数显示，与4月相比，70个大中城市中，上涨的城市有20个，持平的城市有7个，也就是说"止跌回暖"的城市有27个。而在2015年4月，环比上涨的城市有18个，持平的城市有4个。在3月，环比上涨的城市有12个，持平的城市有8个。可见，自3月以来，"止跌回暖"的城市数量是在不断增加的。

对于成都楼市而言，从图4-1中可以清楚地看到近10年来的长期趋势。

由图4-1可见，2004年以来的成都楼市，出现过明显的三段调整：第一段是2008年受国际金融危机和地震的影响，成都的房价指数在1年的时间内出现了约4%的跌幅。第二段是2012年受"史上最严"调控政策的影响，成都的房价指数在1年的时间内出现了约1.1%的跌幅。第三段就是这一次了，成都的房价指数在1年的时间内出现了约7.46%的跌幅，这的确大于2008年的跌幅，难怪有媒体认为这一轮调整使得市场非常艰难。分年度来看，成都的房价指数在2014年的8个月下跌了6.13%，在2015年的前4个月仅下跌了1.33%。但是和股市一天的振幅比起来，成都楼市这一年的7.46%又算什么呢？要知道股市追涨停，一天亏损20%的案例也不是没有出现过。可见不动产相对来说还是非常抗跌的。我们再来看图4-2，可能看得更清楚一点。

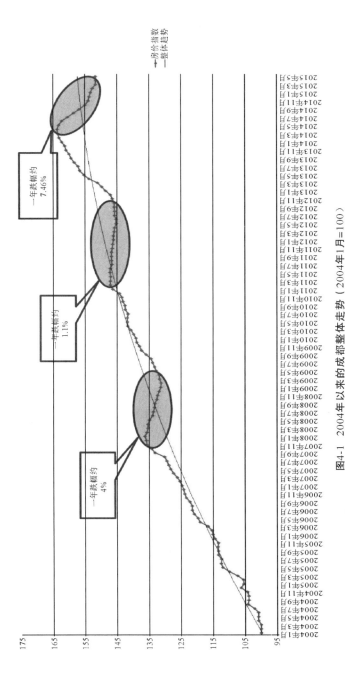

图4-1　2004年以来的成都整体走势（2004年1月=100）

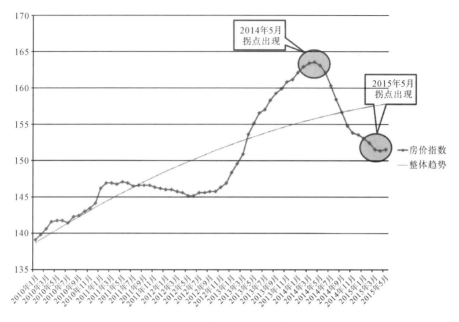

图4-2 2010年1月以来的成都整体房价走势（2004年1月＝100）

从图4-2可以看出，2014年5月和2015年5月，对于成都楼市而言就是非常明确的两个"拐点"。综合政策面和市场面等各种消息来看，成都楼市最困难的时候已经过去了。笔者对后市的看法主要有两点。

第一，分化加剧。一线城市，如深圳，房价仍然在快速上涨。二线城市温和回暖。三、四线城市还在下跌。其实笔者也很想问，深圳怎么了？2015年5月，深圳的新房指数的环比涨幅高达6.7%，这哪里是"回暖"，完全就是"疯狂"。新闻报道里看到深圳频现通宵排队"抢房""日光盘"等现象。笔者计算了一下，自2013年1月以来，深圳房价指数的累计涨幅高达30%。笔者除了想问"深圳的朋友们，你们还好吗？"之外，也不知道该说些什么好了。包括成都在内的二线城市，基本已经在止跌回暖了。特别是2014年"领跌"的杭州，房价环比指数已经于2015年4月率先飘红。但是，我国广大的三、四线城市的楼市依然还处于水深火热当中。5月的房价指数显示，70个大中城市中价格环比下降的城市仍然有43个……

第二，去库存仍然是重中之重。当前国内城市住宅普遍库存在20个月以上，去库存压力极大。

本轮房地产调整和前面几次由严厉政策引起的调整不同，是由供需的失衡引起的深层次问题，因此有长期性。从库存来看，当去库存持续一年左右的时候，楼市供需将趋于均衡，也会大大减弱房价的下跌势头。目前成都的楼市可能基本就处在这么一个点位上。

未来房地产将主要是一个"金融"问题，融资和现金流是头等大事。中小房企和大房企分化加剧，中小房企拿地困难，资金周转也困难，未来将越发突显。现在一些开发企业用"以价换量"的方式加快出货，有媒体朋友曾问笔者怎么看这个问题。笔者的回答是这和"借钱炒股"是一个道理。借的钱总要还，而且一般利息还较高，融资成本大，所以一旦股票被套，那就只有割肉还钱了。

总的来说，笔者认为成都楼市接下来的发展用"温和回暖"来概括就好，既不要再跌，也不要像深圳那样猛涨。至于市场表现如何，我们年底再来总结吧。

看房"滴滴"化：互联网时代最受惠的还是消费者

背景回顾

2015年，楼市还处于艰难复苏期的阶段，为了吸引人来售楼部看房，地产策划人员可是什么办法都想了。现在回想起来，那段时间也许是地产策划这个职业的黄金时期。各种楼盘的营销手段和广告设计可谓是百花齐放。那年的市场是一个典型的"买方市场"，购房者去售楼部看房，那感觉就像是"大爷"。

到后面楼市火热的时候，售楼部门口的保安都能卖房。再到后面开始摇号选房了（如2017年年底），就更没有"策划"什么事儿了。

不知不觉，购房者变得越来越受宠了。以前自己开车找半天去售楼部，车开得不够高档的话保安还让你停旁边去。现在很多机构和媒体都推出了"看房车"的服务，打个电话，面包车师傅就来接你去售楼部。笔者有一次去一个较偏远的楼盘调研，由于限号只能打车前往，但苦于打不到车回来。后来售楼部的工作人员帮笔者叫来了一家媒体的看房车，把笔者送回了市区。

"滴滴""Uber"这些打车软件相信各位读者都已耳熟能详了，它们是"互联网+"时代带有大众参与色彩的短途客运业的"基因突变"。随时随地，拿起手机，就可以找到附近愿意来接你的司机。特别是"滴滴专车"的司机还会给你开车门，并在车上准备一瓶矿泉水。

好了，现在重点来了，当"看房车"和打车软件相结合，这又会是一种怎样的体验呢？笔者近日看到了这样一个演示场景：一位看到广告的购房者，拿起手机扫一扫上面的二维码，即进入了订车界面，简单填写了姓名、电话、时间、地址和手机验证码以后即订车成功。随后客服小姐姐打来电话，确定时间和地点以后，即帮购房者预约了看房的滴滴专车服务。通过打车软件叫车自然算不上是一种新奇的体验，但是扫一下二维码即享受看房的专车服务，这的确是一种很新颖的体验。

我们不妨来分析一下上面这个故事背后发生了些什么。其一，和传统的"看房车"服务比，"专车"看房是在利用社会的现成资源，服务提供商不需要购置汽车和聘用专职司机，也无须购买各种保险等，成本大幅节省。甚至叫专车的钱都可以由所前往楼盘的开发商出，服务提供商其实只需要很少的软硬件和人力成本，发挥了一个沟通购房者、开发商、专车提供平台、专车驾驶员这四方的中介作用。其二，坐过"滴滴专车"的朋友都知道，不论是从汽车的硬件还是所从提供的服务来说，其体验是比普通的看房车要好的（传统的看房车一般是面包车）。

　　在渠道越来越重要的今天，把人带到售楼部现场是营销的第一要点。显然，专车看房这种模式对开发商和服务提供商二者来说，都可以用较低的成本来实现这一目标。精准也好、效率也罢，最受益的仍然是看房的客户。所以说，在 O2O 盛行的"互联网+"时代，最受惠的还是消费者。

第五章
2016 年：全面进击

2016 年，笔者除了继续在微信公众号上发布文章之外，还在一点资讯、今日头条、腾讯企鹅号等新媒体上发布文章，发文渠道日益多元化。

这一年，笔者有多篇较为经典的文章流传较广，获得了较高的阅读量。有意思的是，有一篇文章居然在新浪博客上取得了很高的阅读量。从传播上来说，这篇文章可以算是笔者在博客这一媒体平台上的"最后辉煌"了。

2016 年 11 月，笔者在腾讯企鹅媒体平台房产类影响力榜上排名全国第五。

2015 年成都土地市场蓝皮书
——一篇文章看懂成都的土地市场

背景回顾

本文是对 2015 年成都土地市场的一篇全面总结。限于篇幅，本书收录的文章内容有大幅删减。

笔者一直认为 2015 年是研究我国房地产发展的一个非常好的样本年份。全国除了深圳以外的大多数城市的楼市在这一年既有下跌也有回暖，全年整体表现温和，而且各种政策的限制和影响也相对较小。用目前的眼光来看，2015 年是我国楼市表现比较"正常"的年份，很适合用来作为房地产研究的对比和参考标的。在笔者目前的相关研究中，笔者最常用来做对比的年份就是 2015 年。

本文在微信公众号上的阅读量约为 2 800 人次，首次发表时间为 2016 年 1 月 4 日，与 16 小时网联合发布。

2015 年已经成为过去，这一年土地市场跌宕起伏，故事精彩纷呈。据笔者联合"16 小时网"所做的联合统计，100 多家企业已经拿下 300 多宗总面积约 15 200 亩的土地。既有万达看好楼市一掷千金拿土地，也有中铁建年底发力疯狂拿地，还有部分房企受库存、资金压力不敢轻举妄动……面粉决定着面包！2016 年，开发商在成都楼市"吃肉"还是"喝汤"，生存还是死亡？看了笔者对 2015 年成都土地市场的盘点和总结就明白了。

2015 年成都全年的土地市场可以用"潮起潮落、冷热不均"这几个字来形容，虽然已经很难再与前些年那种火爆的土地市场相提并论，但是仍然不乏看点。从量来看，全年的供应高潮出现在 12 月，主城区和郊区都有大宗土地成交，总供应量突破了 2 000 亩。5 月、11 月可谓全年土地供应量上的低潮期，成交量甚至不足 300 亩。

从成交单价来看，主城区的地块单价都不低，二环内的地块单价在 2 000 万元/亩是很常见的。郊区的地价则差异很大，每亩从几十万元到几百万元的都有。值得一提的是，2015 年的单价地王，6 829 万元/亩的春熙地块和 6 240 万元/亩的人民南路地块全部于 3 月由蓝润所拿。

从成交总价来看，全年的总价地王是 1 月恒大所拿成华地块，总价高达 20.77 亿元，其他接近 20 亿元的有首创 3 月在成华拿的 17.77 亿元地块、中铁 12 月在武侯拿的 17.27 亿元和 18.9 亿元地块。其他 10 亿元左右级别的地块很多，5 亿元左右级别的地块就更多，这里就不一一列举了。基本上，在当前成都的土地市场上，要想在主城区开发项目，不先准备四五亿元，基本上连登场露脸的机会都没有。这很残酷，但是事实。早年很多成都本土开发了不少项目的知名房企现在已经纷纷淡出江湖了，地价贵是主要原因。

从楼面地价来看，主城区的楼面地价都较高。三环内的楼面地价基本都要 5 000~6 000 元/平方米甚至更高，而三环外楼面地价最高的是高新区，基本可以参照其他方位三环内的地价。全年的楼面地价地王是 17 073 元/平方米的春熙地块和 15 600 元/平方米的人民南路地块。是的，你没看错，这是楼面价。相较于深圳拍出的 8 万元/平方米的楼面价，成都地王与其差距还是很大的。同样，这两块地都是 3 月由蓝润所拿。此外，4 月瑞升拿地的 9 980 元/平方米的楼面价同样很高。

从溢价率来看，全年平均溢价率最高的月份出现在 11 月，虽然成交总量很少，但几乎全部是高溢价率成交，平均溢价率高达 76%。9 月和 5 月的平均溢价率也很高，处于 39%~55% 的水平。全年土地市场的小高潮出现在 3 月，这个月，一家外资企业在郫县以 246% 的溢价率拿了一块地，是全年的最高溢价率。此外，3 月蓝润以 175.6% 的溢价率拿下的武侯区人民南路地块，是全年第二高的溢价率。而且相比于前述郫县地块 3.94 亿元的总价，蓝润的人民南路地块总价高达 10.65 亿元。2015 年其他几块溢价率超过 100% 的地块是蓝光在 11 月拿的青羊区地块，溢价率高达 122.22%；11 月百诚投资拿的龙泉地块，溢价率高达 118.52%；12 月新希望拿的锦江区地块，溢价率高达 103.05%。此外，12 月中海拿的武侯区地块溢价率也高达 96.70%，接近 100% 了。与这些火热的高溢价率地块相对应的，是 2015 年成交的其他大多数地块的溢价率都不高，零溢价成交成了成都土地市场的"新常态"。当然，还有很多流拍的地块，文章就不一一列出了。实际上，2015 年成都土地市场上流拍的土地是很多的。

从拿地企业来看，除了保利、蓝光这样的成都土地市场的常客，一些近几年在成都拿地较少的全国性的知名房企也纷纷"补仓"进货，如首创、恒大、万科、中海、中铁、龙湖等。本土房企蓝润在2015年的土地市场的表现可谓非常抢眼，全面挺进成都最核心商圈，3月拿下的人民南路和春熙两块地，总价将近20亿元，都是城市地标级的项目地块。当然，2015年成都土地市场最大的"赢家"当属万达。"千亿元"战略一出，万达在成都主城区和郊区可谓全面开花，多个城市产业级的重量项目落子，青羊万达开业在即，这速度不可谓不快。

总的来说，成都楼市从2015年5月起到现在一直在回暖，而成都的土地市场2015年全年波动较大，从3月的小高潮，到盛夏时节遭遇的寒流，再到12月的爆发，可谓是跌宕起伏的一年。2015年成都土地市场在空间上的冷热不均也很显著，有的溢价率可以高达100%甚至200%，有的又惨遭流拍。放眼2016年，笔者持较为谨慎的态度，估计成都的土地市场总体来说应该会与2015年持平或略好一些。虽然万达不可能继续这么大规模地拿地，但是其他全国性的知名开发商还是有在成都布局拿地的需求，其他中小房企也会继续拿地，但拿地企业对市场的谨慎态度决定了对地块的"挑剔"，所以土地流拍现象在2016年估计也是很难消除的。

（2016年上半年的成都土地市场果然很平淡，但从下半年开始走热。流拍在上半年较多，而下半年较少。）

"霸王级寒潮"与"开发商自杀"：
兼谈银行和开发商的那些恩和怨

背景回顾

在这篇文章写作一个多月之后，始于上海的被称为"史上最强"的本轮楼市上涨行情开始了。这不禁让人唏嘘，如果能够再多挺过约40天，文中提到的这位地产老板不仅不用自杀，其砸在手里卖不出去的库存房产还会变成"香饽饽"。也许这位老板不仅能把欠债还清，还能够多赚很多钱。当然，在大概率下，他们又会进一步地举债加杠杆高价拿地、扩大规模，正如2017年全国的"地王潮"一样。很少有人会"见好就收"，都想着能赚更多的钱。然后，当下一轮紧缩期到来的时候，也许又会有人倒下。2019年的夏天，房企融资果然又再次大幅收紧。

人生常有起伏，而楼市也就是这样不停地循环波动着。

现在回过头来看，这篇文章也可以算是笔者的"经典"文章之一。虽然当时的直接阅读量不算高，但是转载是比较多的。

本文分别于2016年1月27日、1月28日分上下两期在微信公众号上发表，阅读量有约2 600人次，在新浪头条上的阅读量有约1 500人次，在一点资讯上的阅读量有约1 300人次。

2015年年末至2016年年初的这个冬天，比人们想象中的还要更冷一些。在这一轮被称为"霸王级寒潮"的"世纪寒潮"之下，中国的下雪边界甚至南推到了深圳、香港一线。很多低纬度地方都出现了我国有气象记录（1951年）以来的唯一一次降雪。而全国省会城市日均温都在10℃以下。于是，晒雪景照成了最近南方城市网民的最爱。

和这次的霸王级寒潮对应的，就是现在的经济形势。6.9%的年终经济增速盘点，虽然暂时稳住了人们对经济下行的担忧。但从房地产的相关统计数据来看，东北的房地产行业在2015年遭遇了"断崖式"下跌，投资额比2014年下降28.5%，商品房销售面积比2014年下跌24.5%，商品房销售额比2014年下跌19.8%。

除了寒潮的新闻在网上刷屏，还有一则新闻最近频登各大媒体的显著位置，题为《一个地产商的非正常死亡》。进入2016年后的十几天，浙江金华市一个开发了10个楼盘的著名企业家，留下5.2亿元的债务，最终选择了在办公室里烧炭自杀。这个令人惋惜的故事，仅仅是当前房地产行业困局中众多中小房企的缩影。从其本质上讲，这依然是一个简单而老套的逻辑链条：地拿贵了——高息巨额融资——销售困难——利息滚雪球——最终崩盘。在全国各地，不同版本的这样的故事正在不断地上演，从2012年的鄂尔多斯，到2013年的温州，再到全国各地。

在每一个悲剧故事的背后，人物肯定是不同的，但基本情节却都是差不多的。在这些出了问题的房地产开发案例里面，扮演关键角色的就是地价和融资成本。为什么不是其他呢？因为一般来说，不同开发商的建安成本和营销、管理等费用不会差异太大，这都是有相应的标准的。但是地价和融资成本却往往就是千差万别的了。

先说地价，不同地段有不同价值，这个大家都懂；同一地段非常相近的位置，由于拿地时机的不同，地价相差几倍也很常见。实际上，根据笔者对土地市场的长期研究，土地市场和住房市场的关联度极高。所以我们经常可以看到，在房价高涨的月份，土地市场往往也是火热的，地王频出；反之，在楼市冷清的月份，土地市场也经常底价成交甚至流拍。所以相邻的两块地，去年500万元/亩拿的地，今年就得花1 500万元/亩来拿。这没办法，市场行情就这样，您拿还是不拿呢？

再说融资成本，这个不同房企之间的差异也很大。和地价的随行就市的波动不同，融资成本是很看重开发企业的"出身"的。说到融资，当然首先想到的是银行。银行贷款，是大多数企业能想到的最"正规"的融资渠道。基本上每个企业都绕不开和银行打交道，特别对于资金密集型行业样板的房地产行业来说，就更是如此。

当然，融资是一个八仙过海、各显神通的过程，除了银行贷款这个传统渠道以外，上市公司可以股票增发，大企业可以发债，有海外背景的公司可以在海外融资，但这些显然都是"高级玩法"。不少大企业的融资成本很低，特别是一些大型上市公司，其综合融资成本只有4%～5%的利息，这确实是一个巨大的优势。由于人民币的利率长期高于很多发达经济体，因而有海外融资渠道的企业从海外融资的成本就更低，甚至可以低到你难以想象。

　　如果不是央企，不是上市公司，甚至不是大公司，那这些"高大上"的融资工具是想都不要想了，还是老老实实在银行排队等贷款吧。而且银行贷款本身，也是很看重企业资质的。资质越好的房企，就越容易获得贷款，不仅授信额度高，利率也低。这显然是一个"悖论"：越不那么缺钱的房企就越容易获得银行贷款，而且是便宜的贷款；而越是需要钱的中小房企，就越是难以获得贷款。当然，除了这些融资渠道的"正规军"之外，还有一种融资渠道叫作民间借贷。这个笔者后面再探讨。

　　无独有偶，在浙江金华开发商非正常死亡这件事曝出来之前的几天，成都一家知名的开发商也被爆出了破产传闻。虽然其随后紧急辟谣，但是这不免引起了当地媒体的关注。（本文旨在探讨银行和开发商关系的这一财经现象，不针对任何个体企业。）

　　笔者留意到这个事件中的一个关键信息："2015年，央行进行了5次降息，5年以上的商业贷款基准利率已降至目前的4.9%，而公司每年还息仍然不低于12%。<u>我方正积极与银行和信托等债权人方进行沟通，通过降息等一系列扶持手段来保证集团现金流的正常运转，目前谈判已取得实质性进展。</u>"曾经有媒体采访笔者对此事的看法。笔者把一些被问得比较多的问题归纳整理如下，权当抛砖引玉。

　　<u>这里面有两个关键的问题：第一，12%的利率高不高？第二，银行该不该降息？</u>

　　这里有一个很重要的问题，就是签订贷款合同时的"约定"利率和不同时间段内的实际利率是有差异的。我国为了应对经济下行，从2015年开始逐渐进入降息通道，目的就是要降低企业的融资成本。客观地说，在前几年，12%的融资利率不能算高。在银行系统获得的贷款的利率仍然是各种渠道中较低的。如果借助信托等渠道，融资成本甚至接近20%。当然，如果通过民间借贷来融资，那成本就高，20%以上的资金成本是普遍现象，有的甚至高达40%以上。所以，银行的贷款利率加上各种手续费用，12%这个资金成本在前几年属于正常水平。当然，考虑到一些中间成本和渠道费用，企业获得贷款的实际成本一般还会更高一些。

　　实际情况是很多企业想在银行贷款却没有获批，不得已才求助于民间借贷。民间借贷没有银行这么复杂而烦琐的审批，甚至可以不要抵押。获得贷款容易，自然利率也比银行贷款高得多。

所以，笔者觉得银行利息高这个问题，要分两方面来看。在前几年"融资难、融资贵"（2013 年、2014 年这两年尤为突出）这个普遍的大背景下，能够从银行获得 12% 利率的贷款都实属不易，企业的资金成本压力的确很大。但 2015 年以来央行不断下调基准利率，商业银行的贷款利率也随之走低。用现在（指 2016 年年初）的眼光来看，12% 的贷款利率确实有点高了。据笔者了解，当前银行的开发贷款利率普遍低至 10%，优质企业还可以继续下探。很多银行手里都会有一张写着开发商名单的表格，这里面分为"总对总客户""一类客户""二类客户""三类客户"等，显然不同"资质"的开发商获得贷款的难易程度、额度、利率都会有很大的差别。按照行话来说，这就是基准利率、基准利率上浮10%、基准利率上浮 20%、基准利率上浮 30%、基准利率上浮更多的差别。而没有在这份名单上的开发商，要获得贷款则比登天还难。所以，能在前几年从银行获得贷款，不管利率是多少，对很多开发商来说这就已经是一种"恩"。

那这个问题的焦点就是，当央行降息以后，企业自己的贷款利息能不能随之减少呢？

客观地说，这个问题的答案主要取决于企业在与银行签订贷款合同的当时，这个利息水平是怎么约定的。如果有随着市场利率变化而"浮动"的条款，那银行应该根据基准利率的变化来调整。否则，银行就没有这个义务，贷款合同约定的利率是多少就应该是多少。于是，对于相关企业来说，这就成了一种"怨"。

从帮助企业渡过难关的角度出发，即使没有这个利率浮动的规定，银行也可以主动减免一些企业的利息，这对社会而言是件好事，这也体现了金融企业的社会责任。之前很多企业在进行大额贷款的时候，没有这个意识去注意利率变动的风险。其实在金融市场上是有不少金融工具可以来对冲利率变动的风险的。这和做外贸的企业需要通过一些金融工具来对冲汇率变化的风险是一个道理。

那么，不少中小型房企破产，是否正是因为开发商使用了银行的高利率贷款，所以导致资金压力加剧？

这个问题的分析同前。由于房地产是一个典型的资金密集型行业，因此融资成本会构成企业总成本中的很大一块。实际上，资金链出问题的很多企业（不仅仅是房地产企业），压垮它们的最后一根稻草往往还不是银行贷款的利息，而是民间借贷的利息。

银行与开发商之间存在怎样的关系？银行通常会采用哪些手段来审核开发商？

前面已经分析过，房地产是一个典型的资金密集型行业，所以银行自然是开发商的重要融资渠道和合作伙伴。对于开发商这个"大客户"，银行是怎么看的呢？笔者的看法是，银行对开发商的态度主要取决于两个因素：一是政策，二是市场。政策就是银行必须服从国家大政策对房地产的态度。如果国家要限制房地产过快过热发展，那银行就会收紧给开发商的贷款，反之就会放松。银行也要评估和判断房地产开发项目的市场运行风险。如果市场好，那银行就放心放贷，反之银行就会非常谨慎。开发贷款都是大额贷款。只要有一笔坏账出来，那么放贷银行支行的行长恐怕就要睡不着觉了。虽然从理论上说，开发贷款都有土地等抵押物，是硬通货。但是如果市场持续下行，抵押物也会不断贬值，那银行的贷款就危险了（笔者的研究表明，土地价格的波动远大于房价本身）。特别是土地等大额资产在市场行情差的时候很容易丧失流动性，从而出现有价无市等现象。银行，只想赚利息，而不会想要接盘。

对于大额贷款的借款人来说，最怕的就是银行"抽贷"。如果能不断地借新贷款还旧贷款，那企业再困难也能坚持下去，说不定就能等来市场的转机。但如果一笔贷款到期后银行不续借了，那企业的问题可能就"引爆"了。企业此时往往不得不借助民间借贷来融资，先把银行的贷款还了，因为银行贷款是有抵押物的。但一旦涉及民间借贷，这个企业往往也就走上了"不归路"。

对于抵押房源，银行采取"贱卖"等手段，对于开发商以及购房者而言有何影响？

前面已经分析过，银行放贷后的首要目标是在保障本金安全的基础上赚取利息，而不是当"接盘侠"。所以一旦发生贷款违约需要处置抵押物的时候，往往就通过低价出售的方式快速变现。对于借款企业而言，由于在办理贷款的时候抵押资产本来就会被按照评估的价值打折抵押，所以一旦违约那损失是很大的。对于购房者而言，如果买到低价的抵押房源，比市场价便宜不少，那自然是赚了，但一定要了解清楚抵押的具体情况，注意规避背后的法律风险等。当然，如果处置抵押物低于银行发放贷款的金额，那银行也是会亏损的，亏损严重了银行一样是会破产的。在2008年次贷危机期间，美国很多中小银行破产，就是这个原因。

银行"逼死"中小型开发商的现象会不会恶化？

前面已经分析得很清楚了。提这个问题的人其实对银行有点误解。根据贷款的逻辑链条，我们不难看出，银行往往还不是这个链条的最后一环。因为银行贷款都是有抵押物的，所以还不上贷款大不了就是损失抵押物嘛。当然，走到这一步，往往说明企业的经营已经出现了重大问题，如销售回款困难、成本控制不力等。但真正严峻的问题是很多企业在把能抵押的资产抵押完以后，又借助其他不需要抵押物的"信用"渠道来融资，如民间借贷。由于民间借贷的利息很高，因此利滚利下去，很快就可以把企业的利润吞噬殆尽，成为压垮企业的最后一根稻草。人民日报近期撰文说企业利润不如利息的问题，可见中央对此是非常重视的。

然而，虽然央行数次降息，但是当前中小房企的融资成本依然不低。银行给开发商放贷的利率水平与开发商的"资质"有很大的关系。如全国排名前50的全国性开发商，贷款利率能做到7%左右，一些特别优质的企业甚至能做到5%~6%。但广大的地方性中小开发商显然不属于可以享受优惠利率的范围，自然它们的融资成本也就高了。除了开发商的资质，项目的地段等具体的条件也是决定银行贷款利率的重要因素。好地段的住宅项目的贷款利率可以低一些。商业项目现在也很难获得贷款，即使有利率也会高得多。这其实也很好地体现了银行对风险的判断，风险高的项目就需要更高的利率来补偿。

这一轮楼市下行以来的一个比较极端的案例发生在河北邯郸。作为三线城市的邯郸，其房地产市场较为封闭，外来的开发商进入较少，而市场以本地的开发商居多。由于这些地方性中小开发商获取银行的开发贷款较为困难，因此其融资方式以民间借贷为主。根据相关媒体的报道，这个房地产民间集资的大潮在邯郸已经盛行了10年。在楼市高涨的时候，大家并没有觉得有什么问题，但当2014年下半年楼市显著地步入下行期以后，问题就迅速显露出来了。据邯郸市帮扶处置工作组公布的消息显示，邯郸开发商的融资利息在2~5分（年息24%~60%），主流区间在年息20%~30%，且基本都是无抵押纯信用借款这种形式。而根据当地房地产服务机构的测算，邯郸房地产行业的平均利润不高于19%。

当地开发商少的借了几亿元，多的借了十几亿元，这显然是一场豪赌。于是 2014 年夏天以来，邯郸开发商陆续集体违约，几十个楼盘停工，大量烂尾楼开始出现。据相关媒体报道，邯郸近 10% 的家庭参与了民间集资，涉案金额近百亿元，投资人损失惨重。从"全民放贷"到"全民讨债"，似乎也就是一夜之间的事情。另根据相关测算，当地商品房存量需要消化近 10 年时间。

为什么房价未见明显下跌，但中小房企却倍感市场艰难呢？

前面分析过，大房企由于融资成本低，即使房屋销售得慢，压力也不会很大。但是对于中小房企就不同了。只要房子卖不出去，不能用销售回款支付融资的本息，房企很快就会被利息支出拖垮。核心原因就是融资成本太高了，利滚利滚雪球下来没几个人玩得起啊。其实，这一轮房价下跌以来，大多数城市的房价并未下跌多少。例如成都，2014 年 5 月到 2015 年 4 月这一年时间里整体房价指数仅下跌了 7.6%，甚至还不如股市半天的跌幅大。但是前面已经指出，这不是跌多跌少的问题，而是卖不卖得掉的问题。只要楼卖不出去，不能用销售回款来支付融资本息，那开发商的资金链很快就会出问题。对于一些自有资金少而融资成本高的开发商而言，资金链破裂的现象太容易出现了。

冤冤相报，因果循环。以前很多高息的民间借贷资金流入房地产市场，而当一些开发商资金链断裂还不起钱以后，放款的小贷公司也垮了。面对人去楼空的小贷公司，小贷公司的投资人也只有哭了。投资人也应该反思，什么样的行业能够承受如此之高的利息水平？很多愿意承受明显高得不合理的利率的借款人，那是压根儿就没想过要还款。2013 年小贷公司发展得如火如荼，而他们中极少有人能够在这一波寒流中顺利"上岸"。

就在写这篇文章的当儿，一个小房企负责人对笔者说，最近刚刚办了一笔月息两分（年息 24%）的借款。要过年了，先把项目上拖欠的工资发了再说。笔者没有问他现在降息了为什么不去办银行贷款，因为如果能在银行办到贷款（比如需要有能够满足银行要求的抵押物和流水等），是没有人愿意去办高息借款的。谈到后市，这位开发商发出一声叹息，说当时地拿贵了，现在只能卖点算点。祝福他吧！

"开放式社区"背后的经济学

背景回顾

"开放式社区"的利弊有哪些？在当时这是一个引起广泛关注的话题。本文首次发表时间为2016年2月23日，在微信公众号上的阅读量有约1.1万人次，在一点资讯上有约6 300人次，在新浪头条上有约5 200人次，并被多家媒体转载。

关于"影响7.5亿人"的"开放式社区"的相关报道席卷了各大媒体的头条。笔者留意了一下评论和大家的反应，以抱怨的居多，主要是担心治安隐患和社区内部私密性与品质感的丧失。也有一些赞同的"情怀论"，觉得又可以重归儿时到处串门玩的邻里关系了。一些懂设计的业内人士在探讨如何通过建筑设计来满足新规。还有一些人说这样一来最大的赢家是底商，平白地增添了许多临街商铺。而叫好的人主要有两种：一类是认为这下出行时再也不用绕着别人家的小区绕弯了，想从哪个小区内部穿出去都可以；另一类则认为终于可以到隔壁豪宅区内随便玩了。

愚以为，这些观点和说法都没有点到问题的实质。

如果小区开放了，小区物业费会降还是会升

笔者觉得反而会涨。因为如果没有围墙和门卫的保护，小区内部势必只有增加巡逻的保安数量，或者在单元入口设置更加先进的安防措施，这些都会增加成本，导致物业费用的上升。当然，"低档"小区的物业也有可能干脆撒手不管，那物业费降低也有可能的。昨天有网友调侃说，"开放式社区"让物管行业成了夕阳产业，而安防（特别是防盗门窗）行业将扎堆上市。

国内土地出让的条件设置和"开放式社区"的关系

要促进土地的节约利用，其实也可以从土地出让条件着手，并不需

要开放式社区。当前城市土地有两个出让条件对于土地的利用强度有着非常大的影响，一是容积率，二是建筑密度。对于地面的平面空间的利用效率而言，建筑密度是最核心的因素。目前住宅用地的建筑密度一般在20%~30%，剩余部分不能用作建筑，都是用作小区绿化、小区步行道路或者小区内的运动场所等。如果想提高土地利用效率、节约城市用地，那只需要大幅提升土地出让的建筑密度即可。

比如说，一个100亩的住宅开发用地，容积率要求是4.0，而建筑密度要求为25%，这是一个非常标准的住宅开发案例。那在这个总面积为100亩的项目上，能修楼的土地面积其实只有25亩，而剩余的75亩其实都可以节约起来用作市政公共用地，修路、修公园、修广场等什么都可以。这样，原先100亩规模的住宅项目，实际上只需要25亩的建设用地即可。那其对应的建筑密度就变成了100%，而容积率也变成了16。这仅仅只是用地指标的变化而已，该住宅项目的总体建筑面积是和原来完全一样的。如果都这样操作，那我国城市住宅开发的建设用地可以节约75%。

于是，谁应该来为上述住宅楼宇修建用地之外的75亩土地的地价买单呢？以前当然是业主买单，作为小区内部的公共空间来使用。但是如果将其变成了市政功能的用地，那还应该再由业主买单吗？所以围墙拆不拆其实不是问题的实质，而这75%的土地价钱该由谁来买单才是问题的实质。假设业主不出这钱，那当地的土地出让收入就将锐减75%。

国内外的对比

的确，国外的大多数居住社区都是开放式社区，但国外的房地产开发从拿地到建设再到住户的居住习惯，和国内都有很大的不同。国外住房密度普遍较低，如果本来就是独院，那自然不存在国内小区这种整体的围墙所围成的小区的概念，所以国外更流行说社区而不是小区。但国外也有治安好的社区和治安差的社区之分。要是不幸住在治安差的社区，那遭遇入室盗抢等危险的概率是很高的。国内的小区式的居住形态，事实上已经形成了一种居住文化，这不是简单的一堵围墙的问题。特别是当前城市新建住宅以高层建筑为主，居住密度大，不存在国外民宅那种你家和我家之间的窄路网情况。

在国外的大城市，的确很多高层住宅出了大厅就是街道。在羡慕别人这种"情怀"的时候，可以先查查别人这个项目对应的土地规划条件里有没有"建筑密度为 20%～30%"这样的规定。而且这种项目在国内又不是没有。即使现在，在国内城市中对于某些 10 亩左右规模的小地块项目而言（这些项目大多数是小户型项目，当然也有部分是大中户型），本身就只有一两栋楼，出门就是大街，这还真符合开放式社区的概念。

但是为什么很多购房者还是愿意出更多的钱去买大一些的小区的房子呢？在其他条件相同的情况下，他们看重的不正是小区内部的环境吗？

国内以前的城市规划中确实存在一个大单位的封闭式家属区占据了地图上的很大一块，从而造成交通组织异型的情况。这在北方城市较为常见。但是在当前，很多地块面积较大的楼盘项目，其实通常都是已经被市政规划道路分割了的。也就是说，一个大的楼盘项目，通常会被划分为几个分区。这些分区之间的道路其实已经演化成了城市道路，一般以四车道居多，也有二车道的。但是这些分割的小区依然都有各自的围墙和门卫，我们通常把其称为某楼盘项目的不同分期，如一期、二期等。

此外，现在设计得较好的大多数住宅小区，"人车分流"是基本要求，小区内部基本上只有步行道路。所以从便利交通来讲，开放式社区不会为城市交通做出太多贡献。退一万步说，即使小区内部真的可以提供行车道路，可以想象社会车辆在小区内穿行而过，时不时出现乱停车的情况，那会是怎样一番景象？老人和孩子还敢放心地在小区内部散步和玩耍吗？

开放式社区对于房价的影响

在当前城市的住宅开发中，地价占房价的 30%～50% 是很常见的现象。特别是在一线城市，这个比例只会更高。假设这个比例就是 50%，那 50%×75%＝37.5%，也就是说房价应该降低 37.5% 对购房者而言才合理。这还只是静态估算。考虑到打开围墙以后，嘈杂的外部人流和车辆给物业品质带来的损害，对房价的负面影响还会更大。

当然，原来社区内部的园林绿化等配套设施紧挨着单元住宅，即使这些配套设施变成公用，也还是会对物业价值有正向带动作用。如楼对面就是一个市政小公园，那这个楼的物业是会享受正向溢价的。所以，小区变成开放式社区后，物业价值的降低也不会有上面估算的这么大。

如刚才估算的 37.5% 的土地价值的冲击，假设加上一些外部人流和车辆的影响，这个负面冲击是 40%。但是这些变成"开放式"的小区配套对小区物业的正向溢价仍然是成立的，假设这个影响较大，为 20%。那么开放式社区对原来小区物业价值的净冲击就是负的 20%。

这只是粗略的估算。更准确地估算需要考察不同的小区内部具体的配套设施的情况。

央行放水救市，咋成了火上浇油
——深度解密一线城市房价暴涨之谜

在这篇文章写作近3年以后的2018年年底到2019年年初再来回顾这篇文章，会觉得更有意思。

本文首次发表时间为2016年3月21日，作者授权16小时网首发。

本轮楼市发展的经济背景

2016年春节以后，一线城市的房价出现加速上涨的势头，而部分一线城市周边的二线城市也出现了大涨势头。是不是房地产行业的春天又要来了？还是这仅仅是回光返照呢？而房地产中介又在这一轮的房地产行情中扮演了什么样的角色呢？本文试图探讨这些现象背后的一些问题。

中国2015年第四季度GDP增速同比增长6.8%，创1990年以来的新低。同时，2015年全国房屋新开工面积同比下降14%，而全国房地产开发投资95 979亿元，比2014年名义增长1.0%（扣除价格因素实际增长2.8%）。2015年以来，东北的经济发展情况一直备受关注，而2015年东北地区房地产开发投资下降28.5%。可见，在全国楼市整体放缓之余，部分地区的楼市事实上已经接近崩盘。

进入2016年，中国经济有继续下探的趋势。1月全国工业生产者出厂价格（PPI）环比下降0.5%，同比下降5.3%。2月，PPI继续环比下降0.3%，同比下降4.9%。2月的制造业PMI（采购经理指数）继续低于50，创51个月新低，经济下行压力较大。虽然2016年钢铁价格有所回暖，但是钢铁行业去产能正在进行中，人员分流问题最令外界关注。据中财网报道，作为中国钢铁三大央企之一的武钢集团预计将有4万名左右的员工被分流至其他行业，约占总人数的一半。武钢集团董事长马国强表示，"在去产能这个大背景下，大家已经达成了共识，就是这8万人不可能都炼铁、炼钢，那么只能有 3 万人炼铁、炼钢，可能有 4 万人、5 万人要找别的出路，这就是武钢现在在做的事情。"（在 4 年前的 2012 年 3 月 15 日，笔者曾写下《从"武钢养猪"看我国实体经济的困局》一文。）

央行、财政部的政策

比起"停工减产、下岗分流"的"慢动作"，央行的动作显然更大、更快。整个 2015 年，央行降息 5 次、降准 3 次，房贷 6.15% 直降至 4.9%，大幅降低了房贷成本并增加了商业银行可贷资金。同时，2015 年 3 月 30 日，首套房首付比例下调到 30%，二套房首付比例下调到 40%，显著降低入市门槛。2015 年 9 月 30 日，不限购城市首次购买普通住房的商业房贷最低首付款比例调整为 25%，公积金可异地贷款。

2016 年 2 月 2 日，央行发布公告：在不实施限购的城市，居民首次购买普通住房的商业性个人住房贷款，原则上最低首付款比例 25%，各地可向下浮动 5 个百分点；对有 1 套住房且相应购房贷款未结清的居民，再次申请商业性个人住房贷款购买普通住房，最低首付款比例调整为不低于 30%。至此，大多数城市的首付比例实际上已经只有两成了。2016 年 2 月 29 日：央行下调存款准备金率 0.5%，释放 6 500 亿~7 000 亿元的流动性。

财政部也没闲着。2015 年 3 月 30 日，"营业税五改二"的政策变动直接降低交易成本。2016 年"2·19 契税新政"，以往只有被认定为"普通住房"才能享受契税优惠，而新政取消了"普通住房"限制，只要符合面积规定，都可以享受契税优惠，该政策在一线城市适用。

政策对楼市的影响

一线城市其实根本不存在去库存的问题。据估计，深圳的库存只有约 5 个月，上海的库存小于 8 个月，而北京的库存也小于 10 个月。那为什么"水"还是要不停地往一线城市流呢？因为实体经济利润率低，赚钱困难。央企的平均利润率据说已经降到了 5%，就更不要说其他性质的企业了。一线城市的楼市有着良好的基本面，本身又是资金扎堆的地方。

于是，在宽松的货币政策之下，实体经济部门和私人部门更愿意将资金投向安全和避险的通道，一线城市的楼市自然是最好的选择。央行为疲弱的中国经济所提供的资金支持的美好心愿，就这样被投资的避险和逐利需求所"扭曲"。

三、四线城市的楼市不敢投，现在央行放水了，自然是把能贷的钱全部贷出来投向一线城市。一线城市的基本面确实好，但不能解释这一轮暴涨的原因。比如说深圳，有需求（住房自有率仅为 30%）、有钱（常住人口人均存款和可支配收入全国第一）、有产业（互联网和高科技）、有政策（深圳前海蛇口自贸片区于 2015 年 4 月 27 日挂牌成立等利好政策），面积小供应少（过去 4 年，深圳每年新房成交面积都在 400 多万平方米，2014 年亦只有 403.06 万平方米）。

这些是近年来持续支撑深圳房价走势的基本面。但是，2015 年，深圳房产均价一年涨 50%、业主坐地涨价 100 万元是很普遍的现象。到 2016 年 3 月，深圳楼市的价格涨势在持续较长时间之后，仍在保持每月刷新上涨纪录的状态。"2015 年中国楼市只有两个城市：一个是深圳，一个是其他城市"，这句话已经被业界公认。

一个关键原因就是 2015 年的"3·30 新政"。该政策出台后，深圳楼市原本的沉寂被彻底打破了。看来，央行降低首付比例加上降息，确实可能是深圳房价暴涨的直接诱因。截至 2015 年 12 月末，深圳房地产贷款余额为 10 286 亿元，首破万亿元关口，同比增长 29.2%。其中，房地产开发贷款余额为 1 977 亿元，同比增长 2.2%；个人住房贷款余额为 7 420 亿元，同比增长 40.0%——这个增幅和深圳 2015 年的房价整体涨幅非常相近。

这个数字比北京、上海分别高出 1 200 多亿元和 1 300 多亿元。而这些住房贷款所对应的住房（含保障性住房）总数，仅为北京的 20% 左右、上海的 16% 左右。钱多房少，房价又怎么可能不暴涨呢？2015 年全年，深圳新发放个人住房贷款 3 408 亿元，增长 2.1 倍。

进入 2016 年，同样的故事似乎又发生在了上海身上。春节一过，上海出现房价再次快速上涨的一幕，房价变戏法一般上涨。二手房价格在不断"跳涨"，有报道说，有人在房子过户办手续时，已经上涨了 100 多万元。而上海一楼盘 2 月 21 日开盘即售罄，共 352 套，均价 8 万元/平方米。

大家都认为一线城市最安全，于是资金都往一线城市汇集，投资客成为市场的引导力量，并迅速激发了需求。不能否认自住型买家换房所释放出来的改善型需求是一个重要推手，很多人的购房需求也是改善兼投资。

但更深入地看这个问题可以发现，一线城市房价的大涨恰恰反映了资金心理的恐惧：钱不知道该往哪儿投，于是只能投向房地产，而且是最优最好基本面的一线城市的房地产。"避险性投资"加上"恐慌性跟风"成了疯狂楼市的始作俑者。央行上海分行的数据显示，2016年1月个人住房贷款增加346亿元，环比约多增加140亿元，同比多增加243亿元，而上海1月楼盘成交总额为480亿元。虽然银行贷款对于成交量有滞后效应，但这还是很能说明问题了。

房产中介的作用

那么，房产中介又扮演了一个什么角色呢？

中介是交易的润滑剂。的确，在资金最终流入楼市前，银行、中介及其他各类提供资金助购房者"上楼"的渠道，都扮演了不可或缺的关键角色。以往只有很少的房产中介提供贷款业务，但现在贷款业务已成为深圳地产中介的标配。除按揭贷、过桥贷、赎楼贷外，首付贷在部分中介中成了新兴热门服务。这种贷款可分为无抵押及有抵押两种。前者通常对应凑不齐首付的购房者，后者则通常对应已购房者，他们若想换购更大的住房，往往会出现出售已有房与购买新房之间的时间不匹配问题，需将已有住房抵押获得新房首付。

显然，这一次中介不仅仅是给看房人介绍房源这么简单，而是直接成了"杠杆助力"。楼市杠杆，银行信贷只是其一。中介等推出的互联网金融产品如首付贷（含类似的P2P）等，突破了银行的房贷安全线，也加大了楼市里的杠杆。当然，更有甚者，中介直接低价团购一手或二手的房源，再待价而沽，通过垄断房源来获取高额收益。不能说这些行为对助长房价没有用，但最根本的原因还是资金的流向。如果没有人急着买房，中介再厉害又有什么用呢？

政策的两难选择

政策两难，投鼠忌器。

不救，三、四线楼市大量库存压顶，崩盘征兆已显。救，是治标不治本，反而助推一线城市的房价屡创新高。上海疯狂的楼市似乎终于引起官方的警觉。上海市发改委官方发文，明确指出未来上海中心城区中小套型住房供应比例将不低于 70%，郊区将不低于 60%。此外，其间官方对房产中介不规范服务行为的紧追猛打似乎也在释放着调控趋紧的信号。深圳也发文称要上调评估价 50%，通过让购房者多交税来增加交易成本。

笔者在 2012 年就曾撰文呼吁分类调控，避免房地产政策的"一刀切"，并对其进行了科学的分析。2013 年，笔者的一篇题为《限贷和限购政策对一般均衡中房价的影响》的学术论文专门分析了首付比例和限购的组合政策对房价变动的影响。在一个数值案例中，笔者明确地推导出了一个首付比例的临界条件——21.75%。即在一线城市这样的住房供需低弹性的城市，如果首付比例低于 21.75%，就会引起房价上升。显而易见，在国家不断降低的银行系统的首付比例，和五花八门的"首付贷"们的两相结合之下，一线城市的实际首付比例不断下降，并最终导致这一轮一线城市的房价暴涨。

显然，笔者的这篇论文并没有引起足够的重视。感兴趣的读者可以在中国知网上的学术期刊数据库下载。

从目前的形势来看，除了一线城市必须迅速收紧房地产调控政策之外（首要的政策目标就是快速拉高一线城市的实际购房首付比例，即在一线城市大力去杠杆），央行针对实体经济的不同行业以及地理上的不同区域推出定向宽松措施才是适宜的良药。

四川"救市"出大招:"商改住"影响几何

背景回顾

一方面,"商改住"被认为是解决商业库存过剩的灵丹妙药;另一方面,商业用地和住宅用地的经济价值差异以及所涉及的交易公平性问题又是难以绕开的难点。此外,在做住宅相关的城市规划的时候,需要考虑学校、医院等配套的设置问题。显然,如果"商改住",配套的供需矛盾问题会变得更加突出。

本文首次发表时间为 2016 年 3 月 26 日,在今日头条上的阅读量约 1 万人次,在微信公众号上的阅读量约 2 800 人次,在新浪头条上的阅读量约 1 300 人次。

四川省政府常务会议 2016 年 3 月 25 日审议通过促进经济稳增长和提质增效推进供给侧结构性改革政策措施,其中包括已全部缴清土地出让金的待开发商业用地、可经审批转型为商品住宅用地。按照四川此次制定的政策,已全部缴清土地出让金的待开发商业用地,可根据土地使用权人申请,在符合规划和有关规定条件下,经审批转型为商品住宅用地,重新核定出让价款;已建、在建的商业用房在不改变其他规划条件的前提下,经法定程序批准并向社会公示无异议后,可改变建筑使用功能,用于教育培训、幼儿园、文化、旅游等经营性、公益性用途。

新华社曾发文说,目前(2016 年 3 月)四川商业地产等"非住宅"库存尤为突出,不少二、三线城市商业、办公用房可售周期已达 50 个月左右,而成都市中心商业地产可售周期时间则更长。

四川要求营业用房、办公用房等商业用房库存较大的城市,严格控制新增商业用房土地供应和规划指标。在商业库存高企的成都,商业用地可转变为商品住宅用地的意义是什么,又可能造成什么影响呢?下面就谈一些简单的分析和看法。

其实笔者在 2015 年年底就预见到这个政策会在 2016 年出台。

2015 年是去库存元年,国家的很多政策都是围绕"去库存"这个主题提出的。大量的国家层面的政策出台刺激了楼市的复苏，但是同时也造成了部分一、二线城市的楼市过热。2016 年在 2015 年的基础上，国家层面的动作不会太大，省、市则会针对本地的具体情况出台密集的刺激政策。现在全国的商业地产库存量很大，去库存前景严峻，大量现存的商业地产库存卖不动，后面待开发的商业用地也给市场带来了很大压力。所以这个时候通过这个政策分流商业用地，让许多开发商松了一口气。这个政策相当于从源头上减少了商业的新增供应，对商业去库存来说是一个"节源开流"的好办法。请注意，这次的政策中有一条"已建在建的商业用房在不改变其他规划条件的前提下，经法定程序批准并向社会公示无异议后，可改变建筑使用功能，用于教育培训、幼儿园、文化、旅游等经营性、公益性用途"。这实际上已经开了一个口子，增加了商业用房的多用途性，而且对城市规划的影响并不会太大。未来如果商业去库存的压力实在太大了，把商铺改成普通公寓甚至豪宅也不是不可能的事啊，这种体验可能还挺不错的。据说成都城南现在就有人喜欢在大型商场里跑步。

那么，这个政策的可操作性如何呢？

目前只有这个大的框架，具体的操作细则还没有出来或者说还有待完善。这个政策现在存在的一个在操作上的问题就是一般来说商业用地尤其是纯商业用地的土地价格是要低于商品住宅用地的，如果要转变土地用途，是不是需要按照这其中的差价补缴土地出让金？这个补缴标准是什么？是按照起拍价还是按照周围其他地块的参考价？这都是必须细化落实的。

根据笔者长期对成都土地市场的研究，纯商业用地在同等条件下倾向于比非纯商业用地便宜 20% 左右。所以改变土地的用地性质以后按照什么标准来补这个差价才是最大的问题，相对来说其他像调整规划指标之类的问题还是小问题。例如，商业用地的建筑密度都比较大，绿化率比较小，变成住宅用地以后肯定建筑密度要调小而绿化率要调大；另外容积率变不变也是一个关键的问题；限高估计不会做大的调整。

商业土地的使用年限是 40 年，而商品住宅用地的使用年限的 70 年，这之间差了 30 年，在转变土地用途之后这个矛盾可以修正吗？

这个不难，土地使用年限在土地用途变更之后也随同一起变更就行了。

"商改住"后，土地开发还会不会有商业比例的限制呢？

四川这个政策没有详细说明"商改住"后商业比例的限制问题，但即使是住宅用地，一般也有商业占比为 10%～20% 的规定。所以四川"商改住"的用地开发是商业占比最多 20% 还是至少 20%，这个还有待细则来详细说明。

这个政策能不能侧面说明 2016 年成都的商品土地供应会减少？

先看纯商业用地。其实在 2015 年纯商业用地或者商业比例较高的土地入市量就减少了很多。这类土地非常不受市场待见，走上拍卖场后的流拍率很高。所以根据这个"减少新增供应"的政策，2016 年商业土地的供应确实会下降。

再来看住宅用地。"商改住"后相当于变相地增加了住宅用地供应，但毕竟这部分原商业用地是已经成交了的。新增的住宅用地的供应和成交主要还是取决于其他开发企业的拿地意愿。

这个政策出来之后开发商会很快跟进吗？政策对成都哪些地块的影响会较大？

开发商肯定会快速跟进，这是很明显的利好政策，为许多前期拿了商业用地的开发商"解套"。这个政策笔者认为目前会在待开发的商业用地较多的地块出现明显效果，在成都来看是商业土地密集的城南和城东板块。如攀成钢地块，较高的商业用地比例会出现一定程度的下降。

这个政策出台之后对商品住宅市场的影响大吗？

从量上来看影响不会太明显，毕竟住宅的供应量是很大的。但是商业用地一般位置较好，在转变为住宅用地之后会出现一些抢手的、溢价率较高的住宅产品。

绕不过去的话题：土地使用权到期怎么办

对于花了很大代价的购房者来说，土地使用权的有效期问题一直是心结。一个简单直接却又难以准确回答的问题是：土地使用权到期怎么办？这篇文章做了一些较为深入的探讨。

本文首次发表时间为 2016 年 4 月 28 日，在新浪博客上的阅读量有约 17.6 万人次，在新浪头条上的阅读量有约 2 500 人次，在微信公众号上的阅读量有约 1 400 人次。从传播上来说，这篇文章可以算作笔者在博客这一媒体平台上的"最后辉煌"。近 18 万人次的阅读量如果抛开当天排在前面的几个股评类文章，事实上应该算是当天新浪博客单篇文章阅读量的全国第一了。

来自温州的案例

从买房开始，大家的心里其实就产生了一个困惑，这个困惑就是土地的使用年限问题。很多购房者只关注自己的房产证，而忽略了另一本重要的土地证。这个问题非常关键，因为它关系到每一个有房家庭的切身利益。但似乎这个问题又和我们相距甚远。毕竟，中国这一大波买房潮兴起于 2000 年左右，到现在也才不到 20 年光景，而大多数城市的住宅用地使用年限是 70 年。所以，大家会觉得不着急，还早。

但一则来自温州的新闻，引发了广泛的关注。据媒体报道，温州一位市民 3 年前购买了一套 75 平方米的二手房，近日（2016 年 3 月左右）发现土地证过期了，因为这套房子的土地使用权只有 20 年。土地管理部门回复她，如果想续期，需要按照现在的基准地价乘以用地面积（也有说法是按照土地的市场价），缴纳相应的土地出让金，重新购买土地使用权。测算后她得知，需缴纳近 20 万元的出让金，约为购房价的三分之一。温州的另一位市民刚买的一套 50 多平方米的二手房也因为土地使用权过期，无法完成最终的交易。房产证更名已经完成了，但是土地证过期了，这位先生全额交的 60 万元购房款，全部冻结在银行。而原来的房主只收到 10 万元的订金，房子现在已不属于他了，想拿到剩下的房款，就要把土地出让金补齐。

这可能会引发一个非常戏剧性的场景。之前，如果您的住房附近拍出了一个"地王"，那么您可能因为未来附近房价的上涨会与家人举杯庆贺，等着自家住房升值吧！但现在，如果您家附近出了一个地王，而你恰好又要补缴土地出让金，那就得不偿失啊！一线城市的土地楼面地价动辄数万元一平方米，房价的大头是地价，这要补起来可怎么补呢？

到 2016 年 3 月为止，温州的案例中到底业主应该补缴多少土地出让金，尚且还没有定论。官方已经辟谣，说这是"误传"。大家都在等官方说法，但目前的官方说法就是没有说法。目前国内见诸报道的土地到期续费案例，在深圳和青岛也有发生。2002 年以来，由于原有商业用地的 20 年使用权开始陆续到期，当时并没有相关界定，有一段时间，深圳采取了 100%补地价的模式。到了 2004 年，深圳市颁发了《深圳到期房地产续期若干规定》，对补缴地价标准重新进行了划定。补缴地价数额为相应用途公告基准地价的 35%，补缴地价一次性交付。值得注意的是，这个 35%的参照标准并不是当前的市场拍卖价格或者房价，而是基准地价。

对基准地价的关注

所谓基准地价，是各种用途土地的使用权区域平均价格，是地价总体水平和变化趋势的反映。简单来说，基准地价就是土地的初始价，即土地在完成拆迁、平整等一级开发后，政府确定的平均价格。基准地价按照不同的区域和不同的土地用途，分别确定平均价格。以深圳为例，目前深圳的基准地价最新版本为 2013 年公布版本，且各区不同。以福田区的住宅用地为例，2013 年新的基准地价最高为 5 317 元/平方米，最低为 1 356 元/平方米。罗湖区 2013 年住宅用地最高基准地价为 4 582 元/平方米，最低为 1 239 元/平方米。

看了这一大段的解释，可能读者还是没有明白，这个基准地价到底是什么？不过没有关系，只需要知道基准地价比土地的市场价要低很多很多就可以了。要知道 2015 年年底，深圳宝安区一宗住宅用地成功出让，楼面地价每平方米接近 8 万元。现在在深圳，和这些土地的市场价相比，这个基准地价几乎可以忽略。而且这还只是基准地价的 35%。据媒体相关报道，在深圳国土系统内部，关于按照 100% 收取地价还是 35% 收取地价依然存在争论。有一个案例，长城大厦一套住宅申请土地使用年限延期 20 年，仅花费了 4.5 万元。而二手房信息显示，长城大厦的目前市价为 8 万元/平方米，该套房产市值约 645 万元，补缴地价款仅为市值的 0.7%。据报道，该业主土地续期成功后，转手就将该房销售价格多加了 100 多万元。

两个最关键的问题

现在，也许人们最关心的问题有两个：① 土地使用权到期以后会怎么样？②如果要补缴土地出让金，应该怎么缴？

依照《城镇国有土地使用权出让和转让暂行条例》及《城市房地产管理法》的规定，住宅土地使用权经批准准予续期的，应当重新签订土地使用权出让合同，依照规定支付土地使用权出让金。此外，《中华人民共和国物权法》规定"住宅建设用地使用权期间届满的，自动续期"，但"自动续期"该如何续，目前国家尚未出台相关实施细则。从目前的案例和情况来看，似乎不会是"免费续期"。有读者肯定要问，那如果不给钱会怎么办？按字面解释，即使"无偿回收"土地也是有法理依据的。但从目前的报道等信息来分析，房主是不会被"赶出去"的，但会让你的房子无法交易，二手房买卖或者遗产、赠予等时不给办交易手续。

那么，这个补缴的土地出让金，将怎么计算呢？深圳的做法显然有很强的参考意义。但在全国层面，这还不是通行的推广方案，否则温州照做就可以了，也不会出现现在的难题。除了按土地市场价补缴还是按基准地价补缴这个难题之外，按什么比例收也是一个问题，100% 还是35%，又或者是其他比例？此外，是一次性全额征收呢还是每年收呢，这又是一个问题。如果一次性征收，这显然是一大笔钱，可能很多低收入人群甚至中等收入人群都无法承受。而且土地价值是每年都在变化的。所以，每年评估和征收应该更为合理。

虽然中国大多数城市的购房者的住房都是 70 年产权，距离到期尚且久远。但在深圳这样的改革前沿城市，20 年、30 年产权的住房还很多，而且他们现在开始陆续到期了。这次温州的案例更是告诉人们，土地使用权到期是目前一个难以回避的问题了，政府必须积极研究应对政策，也就是顶层设计的问题。当然，如果不是急着交易的业主也可以再观望一下，等一阵子再说。

对于中国目前大多数的电梯公寓住宅来说，土地使用权到期的问题还不是那么急迫。但是对很多城市里20世纪八九十年代兴建的多层住宅而言，这个问题比较棘手。比如在青岛，有一些老小区的土地使用年限在20~30年。一些土地使用权到期或快要过期的房子虽然可以正常买卖（这类房屋被业内称为"撞限房"），但价格却有"崩盘"的趋势。据青岛相关地段的中介表示，以前能卖到8 000元/平方米，现在都降了，装修好点、稍微新点、产权时间长点的才能卖到7 000多元/平方米，很多卖5 000多元/平方米都没人要。据估计，这种"撞限房"要比正常的商品房便宜30%以上。可见，在当前对土地到期续费的政策不明朗的情况下，购买或投资城市老旧的二手房是有风险的。这也反映在了二手房的成交上。当前，不少城市的老旧住宅卖不起价就是这个道理。而且，"撞限房"也很难办理商业贷款，甚至拿去抵押银行都不会接受。至于那些投机老房子拆迁的人，又是另外一回事了。

温州土地使用权到期的案例当时在全国引发了广泛的关注。截至2016年4月19日24时，传统媒体报道总量已达到2 535篇。由于当时尚无国家层面的统一规定，所以各个地方的理解和执行是有差异的。就温州的案例来说，之后数月此事都未有定论。经过当地国土部门排查，当时仅温州市鹿城区内就有600余宗（套）具有类似情况的物业。为了妥善解决这一问题，2016年11月27日，《中共中央国务院关于完善产权保护制度依法保护产权的意见》（以下简称《意见》）发布。该《意见》明确提出要"研究住宅建设用地等土地使用权到期后续期的法律安排，推动形成全社会对公民财产长久受保护的良好和稳定预期"。2016年12月25日，时任国土资源部副部长王广华在国土资源部召开的《自然资源统一确权登记办法（试行）》新闻发布会上正式明确了"两不一正常"的过渡性处理办法，即不需要提出续期申请，不收取费用，正常办理交易和登记手续，涉及"土地使用期限"，仍填写该住宅建设用地使用权的原起始日期和到期日期。目前，土地使用权到期的相关法律安排尚未正式出台，地方行政管理部门执行的是先按特殊办法操作，待相关法律安排出台后再与之做好衔接。

看"商改医"的必要性和紧迫性

背景回顾

"看病难"的问题，归根结底还是因为优质医疗资源在绝对数量上的稀缺，以及在城市空间分布上的不均匀。这篇文章主要是结合商业去库存，探讨了增加医疗资源供应的另一种思路。

本文首次发表时间为 2016 年 5 月 4 日，在新浪头条上的阅读量有约 1 500 人次，在微信公众号上的阅读量有约 1 300 人次。

近 10 年过去了，我国城市建设取得了飞速发展，新修建了很多高楼大厦，但是新建或扩建的公立医院数量却并未增长太多。比如说，近 10 年来，几乎每个城市都新出现了很多地标性的商业建筑，新建的住宅小区更是成批出现，但我们却很难说出在我们各自的城市新出现了什么大型的公立医院。客观地说，这 10 年来，我国的医疗水平也取得了很大提高。《中国社会建设报告（2014 年）》显示，北京每千人拥有的病床、医师数量排名靠前，达到国际水平。每千人口病床数，北京 5.8 张排在第二位，第一名是东京 9.66 张；每千人口医师数量，北京排在第一位为 4.06 人，也达到国际水平。当然，这种进步在不同城市间的差别是很大的：经济越发达的城市，其总体的公共医疗水平也越高，这体现出极强的正向相关的关系。但同时，上面提到的"人均"指标仍然有误导性。以北京为例，其公共医疗资源实际上不仅在为北京市民服务，很大程度上也在为全国人民服务。比如在北京协和医院看病的很多都是全国各地慕名而来的患者，就是这个道理。而其他各省的省会城市的公立大医院也在为本省甚至外省的其他城市的患者服务，这也是各大城市的公立大医院总是人满为患的重要原因。

此外，大城市公立医院的空间分布也非常不均衡。受历史原因影响，我国城市的公立医院主要集中在市中心，其空间分布并未随着城市的扩张而向外扩散。笔者以成都为例来说明这个问题。成都是一个典型的同心圆城市，其他各大城市的情况都差不多。成都的主要公立医院都集中在二环路以内，而并未随着城市的扩张向外扩散。城市越向外发展，公立医院资源与新增土地供应之间的匹配度越差。实际上，在笔者的印象中，近10年来，大型医院里只有成都市第一人民医院从成都最核心区的春熙路搬迁到了南三环路外。还有，在西三环路外新建了妇女儿童医院。除此之外，好像再无新建的大型医院投入使用。

与之相对的，却是民营医院的大发展。据统计，在全国所有的医疗机构中民营医院已经占据了将近一半。相关数据显示，我国现有各级医疗机构有30多万家，其中非公有制医疗机构有13万多家，较有实力的大约有500家。它们大部分是由私人诊所发展起来的，也有一部分是通过改制分离出来的。以陕西的西安市为例，目前共有民营医疗机构1 679家，其中三级综合医院有2家，二级综合医院有2家，专科医院有6家，一级综合医院有76家，另外还有遍布全市的多家门诊部和上千家诊所。

这不仅让人们思考，为什么大型公立医院发展得这么缓慢呢？当然，主要原因是公立医院投资巨大，而且专业性很强。但显然面对巨大的医患缺口，公立医院是应该大大加强发展力度的。医院用地的审批是一方面，医院建设的巨额投资又是另一方面。如果全靠公共财政来开支，那么医院用地和医院的建设的确会有很大的一个财政缺口。但是假设有人已经把房子修好了让医院搬进去呢？

2015年年底以来，中央把去库存当作各地楼市的重要政策方向。在各大城市的库存结构中，商业库存大是一个"顽疾"。据统计，在一些热点城市，商业库存甚至高达近60个月，去库存压力可谓泰山压顶。各地为了商业去库存可谓绞尽了脑汁，例如，四川已经出台了"商改住"的政策，规定"已建在建的商业用房在不改变其他规划条件的前提下，经法定程序批准并向社会公示无异议后，可改变建筑使用功能，用于教育培训、幼儿园、文化、旅游等经营性、公益性用途"。

这实际上已经开了一个口子，增加了商业用房的多用途性，而且对城市规划的影响并不会太大。未来如果商业去库存的压力实在太大了，必然也需要探索商业物业的更多用途。除了从源头上减少商业用地的供应之外，对于已建成的商业用房而言，部分用作公立医院是一个很好的出口。原因如下。

①在各大城市的空间分布中，公立医院存在巨大的缺口，这是最主要的原因。

②医院需要占用较大的使用面积，对解决商业存量库存有帮助。

③商业物业的"地段"规划一般都较好，即使在城市的新区，也有大量住宅规划围绕，所以商业物业用作公立医院在空间分布上是很适合医院用途的。

④商业物业在楼板承重、层高、电梯等硬件方面也较为符合公立医院的要求。

⑤公立医院可以长期租用开发商的商业物业，从而节省建设医院的成本。

⑥公立医院租用商业物业之后，可以对排污等设施进行专业化的改造（这一点很重要，特别是防止病毒扩散等的技术措施），把商业的货梯改造成适合担架运输的专用电梯，等等。

⑦大数据研究发现，公立医院的布局对周边地价的提升有显著的正向作用，故政府可以补贴医院租用商业物业的租金。

也许上面的"商改医"的好处笔者没有完全囊括。不要怀疑商业物业不能拿来做医院，很多民营医院就是租用的商业物业。那么既然民营医院可以，为什么公立医院不能呢？在具体操作上，"商改医"可以优先选择独立的商业物业，以减少对周边商业和住宅的干扰。当然，如果要选用大型商业物业作为公立医院的选址，那么可以封闭其中的一部分作为医院专用，出入口和商业的其他部分分开。

"商改医"是笔者结合当前公立医院严重短缺和商业库存高企的现状做出的合理分析和建议，希望本文能起到一个抛砖引玉的效果，其具体实施还需要更进一步的专业论证。

深度分析："取消预售制"，对楼市影响几何

背景回顾

当前国内楼市的市场环境，和笔者写这篇文章时的两年多以前相比，已经发生了很大的变化。此时我们再来探讨"取消预售制"这个话题会更有意思。

在2016年年初的时候，全国只有少数城市的房价在过快上涨，大多数城市的楼市还处于库存压力巨大的状态。而当前，国内楼市在经历了两年多的发展变化之后，全国大多数城市（包括三、四线城市）的库存已经较少了。此时再来回顾2016年年初深圳的案例，会发现"取消预售制"的"群众基础"显然更扎实了。毕竟，就和需求端的"提高房贷首付比例"类似，"取消预售制"也可以被看作供给端"降杠杆"的重要政策工具。近期"取消预售制"的消息首先从广东省传出，这也很好理解。毕竟，广东不仅拥有两座一线城市，而且还有众多经济发达的中小城市，其房价调控压力是比较大的。此外，由于一些城市装修房质量的问题曾引起较大争议，这也是对"现房销售"发出呼声的一个重要原因。

当然，如果接下来楼市大规模向下调整（实际上现在多个前期的热点城市已经处于下行通道之中了），那么新房的销售速度必然会减缓，则各地楼市的库存又会回升到比较正常的水平。目前在一些城市的新房市场，"买房送奔驰""开发商垫付首付""下单就打折"等营销举措又纷纷重出江湖。可以预见，如果楼市继续转冷，那么根本不需要"取消预售制"，作为一个市场自然结果的"现房销售"也会出现。

本文首次发表时间为2016年5月6日，在新浪头条上的阅读量有约1 700人次，在一点资讯上的阅读量有约3 300人次。2018年9月27日，结合最新的形势，笔者将本文修改后再次发布，这次在多个平台都取得了较高的阅读量。在雪球财经上的阅读量有约11.4万人次，在搜狐号上的阅读量超过4.2万人次，在千氪财经上的阅读量有约3.5万人次，在封面号上的阅读量有约2.8万人次，在百度知道日报上的阅读量有约8

800 人次，在今日头条上的阅读量有约 7 500 人次，在房天下房产圈上的阅读量有约 3 300 人次，在新浪财经和新浪头条上的阅读量有约 3 100 人次，在微信公众号上的阅读量有约 2 500 人次。

作为经济特区的深圳，其各种创新的经济政策屡屡走在全国前列，是地地道道的改革排头兵。在房地产领域，除了屡创新高的房价（此处主要指 2015—2016 年），深圳在很多相关的政策制定上，也往往成为全国的标杆。例如前一阵引发热议的"土地使用权到期"问题，业内纷纷探讨深圳的"基准地价"模式在全国推广的可行性。这一次，伴随着深圳试行"取消预售制"，深圳又一次被推到了行业政策制定的风口浪尖上。

2016 年 5 月 3 日，深圳市规划和国土委员会官微发布公告，根据《住房和城乡建设部广东省人民政府共同推进城乡规划建设体制改革试点省建设合作协议》中开展商品房预售制度改革的有关规定，按照广东省住房建设厅开展商品房现售试点工作的有关要求，深圳在全国范围内率先探索商品房预售制度改革。文章称，将进行跟踪采集数据，分析对市场产生的影响，并在对试点经验总结的基础上进行政策研判。

事实上，在 2016 年 4 月 26 日，深圳就引起了业内的密切关注，当时深圳市土地房产交易中心挂出一宗龙华新区的商住地块，该地块被确认为深圳市商品房现售试点项目。消息一出，立即引发行业关于商品房预售制度存亡的讨论。很多人担心实行了 22 年的商品房预售许可制度是不是就这样退出历史舞台了？

笔者觉得其实大可不必这样担忧。

首先，我们并不应该戴着有色眼镜来看待商品房预售许可制度。

预售制度就是一种工具，据说来自香港的"楼花"制度，其本身并没有好和坏。预售制度的好处当然对于开发商来说可以大大加快资金回笼速度，减少资金占用压力。从金融的视角来看，预售就是开发商以小博大的金融杠杆，其本质和购房者的住房贷款没有太大区别。住房贷款是购房者只给了首付，其余向银行贷款。而预售制度实际上是开发商房子只修了一小部分，就预支了购房者的购房全款。对开发商来说，这当然是划算的，可以马上滚动开发其他项目。对于行业来说，这有利于促进行业快速发展。那么，预售制度的缺点是什么呢？这当然是购房者看不到现房，总存在一定程度的不确定性，如楼盘烂尾，或者交房质量和预期不符等。

但预售制度对购房者来说也不是没有好处。在房价飞涨的环境下（此处主要指 2015—2016 年），通过买期房的方式，可以缩短购房时间，提前锁定房源，也能为购房者节省不少钱。当然，很多时候购房者是没得选，市场上没有现房，自然就只能买期房。客观地说，预售制度对我国房地产市场的发展做出过重要的贡献，不能因为少部分楼盘的烂尾和质量问题而全盘否定这个工具。

其次，为什么深圳要在这个时间节点推出"取消预售制"的政策？

这是一个值得深思的问题。众所周知，深圳楼市从 2015 年年初开始就变得"一发不可收拾"。房价指数显示，在整个 2015 年，深圳房价的整体涨幅为 50%，而一些热点楼盘涨幅超过一倍的也多的是。进入 2016 年，虽然上海接棒领涨，但深圳楼市的累计涨幅依然相当惊人。而且即使在热点二线城市房价涨速全面超过一线城市的 2016 年 4 月，深圳的环比房价涨幅依然远远超过全国大多数城市。在这个背景之下，深圳其实从 3 月开始就已经有了加强房价调控的举措，例如，进一步严格住房限购，调整首付比例，上调税收相关的基准房价，等等。然而深圳房价依然在涨，虽然有一定的减缓势头，但减缓势头还不大。毕竟深圳的住房库存据估计只有 5 个月，这种供需失衡的市场基本面在短期是很难改变的。

一般来说，要想平抑房价，一方面要抑制需求，另一方面要增加供给。前面提到的进一步严格住房限购、调整首付比例、上调税收相关的基准房价等政策都可以看作针对需求面的限制性措施。在"供给侧改革"的大背景下，人们都在观望深圳会出台什么样的供给面措施，是加大土地供应还是填海造地呢？但这一次，人们等来了"取消预售制"这个试点政策。乍一看，这个政策的直接效果是把楼盘的销售节点往后推了。

从拿地到动工再到预售，目前国内的"快枪手"型的房企只需半年左右，大多数房企还是要花 1 年甚至更长时间。一个楼盘要修成现房的状态，显然需要更长的时间，少则 1 年，多则两三年，这还是楼盘资金充裕的情形。所以，"取消预售制"以后，楼盘的销售时间可能平均来看要后移两年左右的时间。愚以为，这是为了不让深圳房价不继续过快上涨的缓兵之计，把矛盾往后推。深圳如果老是成为房价过快上涨的标杆也不好，不如先慢一下，变相地不让你卖房，也许两年后市场压力就没有这么大了呢？

接着，我们来看看"取消预售制"有什么样的影响。

的确，"取消预售制"后这些处于期房状态的楼盘暂时都不能销售了。自然，楼盘不能销售，房价也就不能上涨。以时间换空间，说不定过一阵游资就转向了呢？这个逻辑也算是成立的。但是从短期来看，也许市场的供需矛盾还会恶化，想买房而买不到的购房者很可能转向二手房。

此外，对于开发商而言，瞬间压力就大了很多。两年时间，这需要垫付多少资金进去，又需要付出多大的融资成本呢？这必然会加剧开发商之间的分化。央企、国企、上市公司，对这个政策的态度应该是比较从容的，反正货在自己手里。但是很多中小房企，特别是那些融资成本很高的房企，估计要成热锅上的蚂蚁了。如果熬不过两年，也许只能等着被收购。

最后，我们来看看这个政策会不会在全国推行呢？

笔者觉得这个可能性很低。每个城市所处的楼市环境差异很大。当前，除了 4 个一线城市和少数环一线或热点的二线城市，大多数中小城市的楼市依然是水深火热、库存压顶（这里是指 2015 年和 2016 年年初的情况），对这些城市而言，推行"取消预售制"无异于雪上加霜，而且也没有这个必要。当然，不排除一些房价上涨过快的城市会跟进，但从数量上看这毕竟不会是多数。

目前，在库存高企的城市，实际上很多楼盘已经在现房销售了。不过这是一种被动的现房销售，是由于销售乏力，而并不是开发商的主动选择。

这样看来，预售制度在全国应该还是会继续保留一段时间的。至于以后会不会取消，这要看有没有这个必要。我们可以密切关注深圳的市场反应，看"取消预售制"之后房价到底是涨还是跌。

期待成都楼市里的洋房类低密产品越来越多

背景回顾

到底容积率低的小区住着舒服，还是容积率高的小区住着更有感觉？相信可能大多数的人会选前者。随着近年来市区新供应地块容积率的走高，曾经风靡一时的"洋房"这一建筑形态已经逐渐消失。然而，笔者写下这篇文章一年之后的 2017 年，随着成都"中优"规划的提出，成都市区新增住宅用地的容积率普遍降低到 2.5 甚至以下，"洋房"这类的低密产品和高层电梯公寓组合的"高低配"产品形态又变得流行起来。

本文首次发表时间为 2016 年 5 月 17 日，在今日头条上的阅读量有约 4 000 人次，在新浪头条上的阅读量有约 2 400 人次，在微信公众号上的阅读量有约 1 000 人次。

多年来，笔者一直在思考一个问题：什么样的建筑形态才是更适合人居住的建筑形态？

曾几何时，"花园洋房"这个概念在成都的楼市里深入人心。"有天、有地、有花园"一度成为中产阶级向往的居住标准。虽然别墅对大多数人来说太昂贵了，但是花园洋房这种低密度的建筑形态仍然很受追捧。

随着城市的发展，城区土地日益稀缺并向着高密化的方向发展，因而要在市区开发低密的洋房项目就越来越困难，一旦出现则单价必然较高。甚至在郊区，高层电梯公寓都一度成为市场的主流产品。

低密洋房代表了人居的理想状态，密度低、居住品质高，这是主要优势。据笔者实际调研，容积率 4.0 的普通住宅小区在入住率变高以后在小区内散步，已经比较拥挤了。至于早晚高峰电梯紧张、进出小区大门要排长队等现象更是屡见不鲜。

洋房产品除了低密度的优点以外，一楼附带有土地的室外花园和顶楼大面积的屋顶花园也是主要的卖点，这体现了有天有地的理想人居生活状态。此外，跃层洋房常见的挑高客厅也是"高档次"的体现。洋房的这些优点在平层户型的电梯项目中较难实现。

　　当然，"洋房"在很多时候也只是一种营销概念而已。户户有花园这很难实现。此外，也不是家家都能有屋顶花园。有时"洋房"和"叠拼别墅"也是会混用的概念。例如，常见的五层洋房（或叠拼），其中 1~2 层为一户，而 3~5 层又为一户。当然，也有 6 层的建筑形态，则 1~2 层、3~4 层、5~6 层各为一户。6 层这种洋房有时也带电梯，这更提升物业的品质。后来，市场上出现了一些 9~11 层楼高的项目，也自称为"洋房"。这实质上就是以前所称呼的"小高层"电梯公寓。在笔者看来，如果建筑超过了六层，要自称"洋房"其实就有一点牵强了。

　　过去几年，成都的土地市场上供应土地的容积率一直很高，这让洋房物业的开发较为困难。进入 2016 年，我们明显可以感觉到土地出让条件中的容积率变得越来越低了，这和发展改善型的舒居物业的政策环境也有关系。

　　期待成都楼市里的洋房类低密产品越来越多。

6月29日成都市区11宗地"土拍"后复盘

背景回顾

即使在两年半以后的 2018 年年底，成都在 2016 年 6 月 29 日的那场"土拍"，依然被业内称为成都"土拍"史上的"史诗级土拍"。现在回顾发现，"6·29 土拍"就是本轮成都楼市热度的起点。"春江水暖鸭先知"，资金在土地市场的反应，比楼市本身更敏感。

本文首次发表时间为 2016 年 6 月 29 日，在微信公众号上的阅读量有约 2 200 人次，而与本文相关的另外一篇文章《必出地王?! 成都上半年土地市场的高潮来了! ——6 月 29 日市区"土拍"11 宗地评估》，在微信公众号上的阅读量有约 5 200 人次，在新浪头条上的阅读量有约 1 500 人次，一点资讯上的阅读量有约 1 200 人次。

在一天内有双位数的土地走上拍卖台，这在成都的土地市场是较为罕见的。笔者也是抓紧利用这么难得的机会，来实战检验笔者自创的"大数据下城市土地评估的 LRT 法"的效果。

笔者是基于整个成都土地市场的历史成交数据所做出的客观的计算和评估，不代表笔者本人的任何主观判断。此研究的最大意义，在于用大数定理，从成都土地市场的整体角度来计算某宗地的均值。任何市场都需要一个均衡价格作为参考。实际成交价低于均衡价，就说明从成都土地市场整体来看，拿这地划算，否则就不划算。

各位读者去买任何东西，都会想自己到底是买贵了还是买便宜了，这就需要一个参照价格。就好像我们去买菜，那今天的菜价多少合适呢? 显然，如果有一个科学的参考价格，那买便宜了就是赚了，买贵了自己也应该知道贵多少。本研究的意义就在于提供这个参考价格。

本文保留了"土拍"前一天作者的预测文章，仅在每一个评估地块后加上了"土拍"之后的成交结果和成交点评，以便读者对比阅读。

有媒体朋友说笔者才是这场"土拍"的赢家。但笔者觉得: 这是科学的胜利。

2016 年春节后的 3 个多月，国内部分城市的楼市可谓掀起了一轮波澜壮阔的行情。上海楼市接替 2015 年的深圳领涨全国，之后又把接力棒先后传给了南京、苏州和合肥，在空间地理上呈现了从以上海为核心的长三角向着内地辐射的态势。2016 年 4 月合肥新房价格指数环比上涨 5.8%。这是什么概念？环比 5.8% 年化下来就是 69.6% 的涨幅，对于 GDP 仅 5 600 亿元（略超过成都 GDP 的一半）、平时感觉"名不见经传"的合肥来说，的确是一个非常惊人的涨幅（实际上，2016 年全年合肥的新房价格涨幅在世界城市房价涨幅中排名第一）。

这些热点城市的土地市场则表现得更为厉害。6 月初的短短三天出现了 12 宗"地王"，热点城市土地成交"地王化"似乎已经成了常态，一宗地的成交价动辄可达 80 多亿元甚至上百亿元。而"地王"的溢价率则动不动就高达 300%~400%，让市场瞠目结舌，"面粉贵过面包"也成了普遍现象。

再来看成都楼市，虽然整体表现不温不火，但一些位置不错的改善型产品已是备受关注，开盘就清盘的"日光"现象也是重出江湖。2016 年春节以后，改善型楼盘几乎是开一个火一个。最新数据（截至 2016 年 6 月的数据）显示，5 月成都住宅交易量的一半都是大户型！

受这种市场风格转换的带动，成都位置不错的低密度住宅用地也屡屡掀起拍卖场的高潮，甚至在西三环路外都出现了楼面价 1.2 万元的住宅地王。而以往这种价格只可能在红牌楼区域的小地块才能出现。2016 年 3 月底和 5 月底，天府新区两块地的成交价格与起拍价相比溢价 100% 以上，虽然还称不上地王，但热度也算是很高了。

沉寂半年以后，成都土地市场的高潮终于要来了。2016 年 6 月 29 日，成都的土地市场将迎来 11 连拍，而且都在主城区。为了科学地进行地价的评估和测算，笔者用数年时间研发了"大数据下城市土地评估的 LRT 法"，从地块位置、规划条件以及成交时间等多个维度用统计方法来计算土地的成交价。笔者曾向一些业内人士详细地讲解过这套方法体系和大致的计算方法。通过笔者独有的数据库和自创的上万行的大型计算机运算程序，运用超过 100 个的影响因素，可以对大成都范围内的每一宗土地给出精确的估价。

那么，成都主城区待出让的这 11 个优质地块（限于收录篇幅，删除了一宗地）。有些什么看点呢？

6月29日拍卖宗地分析

（1）JJ03（252/21）：2016-027，锦江区一环路以东，东大街以南。地块面积30 409.95平方米，合45.614 9亩，容积率≤8.0，兼容商业建筑面积比例不小于30%。

起拍价：3 466.67万元/亩，楼面地价：6 500元/平方米。

该地块在行情好的时候，可以达到较高的溢价。该地块的高位评估价：4 751.42万元/亩，楼面地价：8 908.90元/平方米。此时溢价率为37.06%。低位评估价：3 337.3万元/亩，楼面地价：6 257元/平方米。此时溢价率为-3.74%。

点评：

毫无疑问，这是一宗条件优异却又命运多舛的地！它曾多次流拍，最近一次是在2016年2月3日。本次拍卖，该宗地的出让条件可谓发生了翻天覆地的变化！最核心的是大幅调低了商业占比！商业占比从不小于60%，变为不小于30%，大幅降低。与此相对应，本宗地的性质也从之前的"商业服务业设施兼容二类住宅用地"变为"二类住宅兼容商业服务业设施用地"。

此外，本次拍卖该宗地的容积率也降低了，从之前的9.0变成了8.0。由此，本地块的总建筑面积从之前的"不大于273 689.55平方米"变为"不大于243 279.6平方米"，整整少了30 409.95平方米！虽然楼面价没有变化，仍然是6 500元/平方米，但地块的起拍总价却整整少了19 766.47万元，将近两亿元啊！

开发商愿意溢价多少拿这块地，将主要取决于其对这个项目未来售价的预期。如果开发商预期该项目能够卖上12 000元/平方米的均价，那即使按照6 500元/平方米的楼面价拿地也算轻松。但如果预期售价难上12 000元/平方米的均价，那还是谨慎一点好。根据目前市区高层和东二环高层住宅的售价来看，12 000元/平方米的均价当属轻松。所以商业比例降低以后，这个起拍价应该是没有太大问题的。

成交结果：

5 066.67万元/亩，楼面地价：9 500元/平方米。溢价率：46.14%。

成交总价：231 090.82万元。

成交点评：

前面已经说过，这块地条件优异但又命运多舛。主要原因是：商业占比过大。现在在成都的房企谁敢轻易地尝试做大规模商业？哪怕是在东大街这样的黄金口岸。数次流拍以后，该地块在出让条件中大幅降低了商业占比。效果立竿见影，马上就高溢价成交了。可见，该地块本次出让的成功，就是"商改住"的典型样本和案例。

这个成交价比笔者估计的高位成交价略高一点，但是参考"攀成钢"众多楼盘的售价，这个拿地价格其实也没有太大的压力。可见，市场对该地块的价值还是非常认可的。

（2）JN08（252/211）：2016-033，金牛区天回镇街道木龙湾社区9、10组。地块面积38 399.58平方米，合57.599 4亩，1≤容积率≤2.85，兼容商业建筑面积比例不大于50%。

起拍价：361万元/亩，楼面地价：1 900元/平方米。

该地块在行情好的时候，可以达到较高的溢价。该地块的高位评估价：567.4万元/亩，楼面地价：2 986元/平方米。此时溢价率为57.17%。低位评估价：555.72万元/亩，楼面地价：2 924.86元/平方米。此时溢价率为53.94%。

点评：

天回镇本来不是成都楼市的主力区域，但随着地铁3号线即将通车，天回镇也逐渐受到人们的关注。该地块水景资源突出，容积率较低，适合打造水景舒居大宅。此外，该地块背靠国际商贸城，在此做生意的老板们可以成为客户群体。地块也靠近北新干线，交通便利。片区既有楼盘以北欧知识城等为代表，在市场上有一定的认知度。此外，虽然有"兼容商业建筑面积比例不大于50%"的要求，但这个"不大于"实际上是没有约束力的，拿地企业甚至完全不建商业都可以。当然，少量底商是非常适宜的。

请注意这块地笔者估算的高位评估价和低位评估价非常接近，这是不太常见的。换句话说，就是这块地的楼面价估值在2 950元/平方米左右是非常大概率的事件！

开发商愿意溢价多少拿这块地，将主要取决于其对这个项目未来售价的预期。如果开发商预期该项目能够卖上8 000元/平方米的均价，那即使按照2 950元/平方米的楼面价拿地也算轻松。但如果预期售价难上

8 000 元/平方米的均价，那还是谨慎一点好。

成交结果：

361 万元/亩，楼面地价：1 900 元/平方米。溢价率：0%。

成交总价：20 793.22 万元。

成交点评：

一句话，拿地企业肯定赚了，这价格拿得非常值得（附近同区域地价在近 9 个月的时间内即涨了约 5 倍，本书后面另有文章分析）。

（4）CH04（252）：2016-021，成华区小龙桥路 81 号。地块面积 15 892.09 平方米，合 23.838 1 亩，容积率≤4.5，兼容商业建筑面积比例不大于 10%。

起拍价：1 507.5 万元/亩，楼面地价：5 025 元/平方米。

该地块在行情好的时候，可以达到较高的溢价。该地块的高位评估价：3 822.1 万元/亩，楼面地价：12 740 元/平方米。此时溢价率为 153.54%。低位评估价：2 384.41 万元/亩，楼面地价：7 948.04 元/平方米。此时溢价率为 58.17%。

点评：

小龙桥路在哪儿？连笔者这个老成都都不知道。但相信本次"土拍"以后，小龙桥路将在成都"土拍"史上留下浓厚一笔。这里不仅位于二环内，还紧邻新华公园和列五中学，而且还正好位于万象城和建设路这两大区域商圈的中间，可谓占尽得天独厚的位置优势。其近 24 亩的面积在市区也算比较大，4.5 容积率在市区算正常。该地块紧靠一些高端项目，未来发展的空间很大。

开发商愿意溢价多少拿这块地，将主要取决于其对这个项目未来售价的预期。如果开发商预期该项目能够卖上 18 000 元/平方米的均价，那即使按照 12 700 元/平方米的楼面价拿地也算轻松。但如果预期售价难上 18 000 元/平方米的均价，那还是谨慎一点好。放眼东二环，18 000 元/平方米的均价并非遥不可及，"攀成钢"一带多的是，所以就看开发商怎么想了。

成交结果：

3 165 万元/亩，楼面地价：10 550 元/平方米。溢价率：109.97%。

成交总价：75 453.6 万元。

成交点评：

这宗备受业内关注的土地，果然成交价站上了 1 万元的楼面价！本次拍卖前，周边有楼盘的销售人员曾表示，月薪能不能稳定地上 3 万元，就看这宗地的成交价了……

目前，这块地周边的在售楼盘整体来说，户型设置偏刚需。这块地的成交，正好顺应 2016 年改善型置业大行其道的行情，可以发展成二环内难得的高品质改善型项目。

这个成交价比笔者估计的高位成交价低一些，虽然破万元但是参考"攀成钢"区域众多楼盘的售价，这个拿地价格其实也没有太大的压力。可见，市场对该地块的价值还是非常认可的。

（5）CH09（252）：2016-026，成华区建材路临西南汽贸地块。地块面积 15 100.62 平方米，合 22.650 9 亩，容积率≤3.8，兼容商业建筑面积比例不大于 10%。

起拍价：785.33 万元/亩，楼面地价：3 100 元/平方米。

该地块在行情好的时候，可以达到较高的溢价。该地块的高位评估价：2 252.3 万元/亩，楼面地价：8 891 元/平方米。此时溢价率为186.80%。低位评估价：1 214.75 万元/亩，楼面地价：4 795.08 元/平方米。此时溢价率为 54.68%。

点评：

该地块所处位置也算是 2.5 环路，靠近成都东站，但是正好被迎晖路（蜀都大道）隔开，可以不受其干扰。该地块的位置条件应该说比鲁能地块更好，再加上规模适中，也许看得上的人会有不少。总的来说，这是一个质地优良的市区住宅地块。

开发商愿意溢价多少拿这块地，将主要取决于其对这个项目未来售价的预期。如果开发商预期该项目能够卖上 14 000 元/平方米的均价，那即使按照 8 891 元/平方米的楼面价拿地也算轻松。但如果预期售价难上 14 000 元/平方米的均价，那还是谨慎一点好。

成交结果：

1 773.34 万元/亩，楼面地价：7 000 元/平方米。溢价率：125.80%。

成交总价：40 166.15 万元。

成交点评：

这个成交价比笔者估计的高位成交价低一些，未来该项目的售价应该会刷新区域的新高。可见，市场对该地块的价值还是非常认可的。

（6）CH07（252）：2016-024，成华区龙潭街道同乐社区1组，桂林社区8、9组和社区集体。地块面积83 848.37平方米，合125.772 6亩，容积率≤2.6，兼容商业建筑面积比例不大于10%。

起拍价：471.47万元/亩，楼面地价：2 720元/平方米。

该地块在行情好的时候，可以达到较高的溢价。该地块的高位评估价：1 083.8万元/亩，楼面地价：6 252元/平方米。此时溢价率为129.88%。低位评估价：557.80万元/亩，楼面地价：3 218.03元/平方米。此时溢价率为18.31%。

点评：

该地块在2014年年底曾以2 900元/平方米的楼面价流拍过。当时正值土地市场的低潮期，也正常。龙潭区域应该说属于成都土地市场的一个价值洼地，其价值还有待市场的发掘。目前土地市场较热，该地块底价成交或按照上述低位评估交价成交的概率大。目前这个容积率发展改善型舒居住宅项目还是不错的。

开发商愿意溢价多少拿这块地，将主要取决于其对这个项目未来售价的预期。如果开发商预期该项目能够卖上8 000元/平方米的均价，那即使按照3 218元/平方米的楼面价拿地也算轻松。但如果预期售价难上8 000元/平方米的均价，那还是谨慎一点好。

成交结果：

724.54万元/亩，楼面地价：4 180元/平方米。溢价率：53.67%。

成交总价：91 125.4万元。

成交点评：

这块地终于成交了，而且溢价率较高！什么出让条件都没有变，为什么以前会流拍，现在则可以高溢价成交呢？这就是市场时机变化影响"土拍"结果的典型样本和案例。

这个成交价比笔者估计的低位成交价高一些，可见，市场对该地块的价值还是比较认可的。

龙潭片区是土地市场的一个价值洼地，未来会逐渐显现出其优势。三环路外一点还有这么多地，成华区是赢家。

（10）WH04（252）：2016-029，武侯区簇锦街道办事处高碑社区2、4组，顺江村7组。地块面积34 926.42平方米，合52.389 6亩，容积率≤3.22，兼容商业建筑面积比例不大于10%。

起拍价：901.6万元/亩，楼面地价：4 200元/平方米。

该地块在行情好的时候，可以达到较高的溢价。该地块的高位评估价：1 448.9万元/亩，楼面地价：6 750元/平方米。此时溢价率为60.70%。低位评估价：1 399.37万元/亩，楼面地价：6 518.82元/平方米。此时溢价率为55.21%。

点评：

光看地理位置就知道这又是一个"热盘"。这位置、规模、容积率等都不错。开发商愿意溢价多少拿这块地，将主要取决于其对这个项目未来售价的预期。如果开发商预期该项目能够卖上12 000元/平方米的均价，那即使按照6 600元/平方米的楼面价拿地也算轻松。但如果预期售价难上12 000元/平方米的均价，那还是谨慎一点好。

该宗地一看就很抢手，估计拍卖现场会有一番恶战！

成交结果：

2 060.8万元/亩，楼面地价：9 600元/平方米。溢价率：128.82%。

成交总价：107 965.31万元。

成交点评：

这宗备受业内关注的土地，果然成交的楼面地价接近1万元了！这是2016年成都"土拍"中"面粉贵过面包"的一个典型样本和案例。

目前，这块地周边的在售楼盘整体来说，户型设置偏刚需。这块地的成交，正好顺应2016年改善型置业大行其道的行情，可以发展成三环边难得的高品质改善型项目。

这个成交价比笔者估计的高位成交价还高不少，感觉拿得有点贵。可见，市场对该地块的价值还是非常认可的。不过由于拿地价格较高，后期怎么开发和销售，对拿地企业会是一个考验。

成都房价的"主升浪"要来了？
——38 个月之后成都房价指数环比增幅重回 1%

背景回顾

这篇文章可能是笔者写过的最经典的市场走势分析文章之一。当时很多读者说这篇文章"点醒"了他们，看了之后马上就去买了房。直到现在，还时不时地有读者留言对笔者表示感谢。但是，必须强调，笔者从来不鼓励炒房。笔者只是对市场走势做出客观的研究而已。后面当市场走势转跌之时，笔者同样也撰文进行了分析。

本文首次发表时间为 2016 年 8 月 22 日，在今日头条上的阅读量有约 2.9 万人次，在微信公众号上的阅读量超过 2.5 万人次，在一点资讯上的阅读量有约 4 400 人次，在新浪头条的阅读量有约 4 200 人次。

失落的 3 年？

业内常有人说，成都的房价是"一涨管三年"，这还是有一定道理的。

2016 年 8 月 18 日，国家统计局发布了 2016 年 7 月的 70 个大中城市房价指数。在令人眼花缭乱的城市数据中，笔者一眼就看到了一个"1%"。是的，这个月成都的新房价格指数环比增长 1%。和那些热点城市相比，成都的这个 1%并不是那么显眼。但对于长期研究成都房地产市场的笔者来说，这个 1%却有着极其重大的意义。

上一次成都新房价格指数环比增长 1%，还是 2013 年 5 月的事情了。

那是几年以前，楼市一片火热的年份。让我们来做一个简单的算术吧。从 2013 年 6 月开始，到 2016 年 7 月，整整 38 个月，也就是三年零两个月，成都楼市行情低迷。对成都的整体楼市来说，这还真是失落的 3 年啊！

让我们来看看国内其他城市的楼市，这 3 年都发生了什么？看

图 5-1，各位读者就能感受到这份震撼。

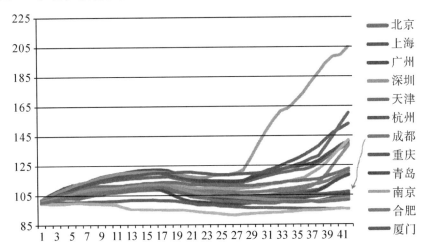

图 5-1　2013 年 1 月以来的部分城市整体房价走势（2012 年 12 月 = 100）①

人们的感觉也许是不准确的，但数据是客观的。

3 年多以来，深圳的房价指数整体上涨幅度超过 100%，可谓一骑绝尘。这还只是整体房价，深圳市内热点区域热点楼盘价格翻了几倍的多了去了。

厦门房价指数整体上涨超过了 60%，而上海的整体涨幅超过了 50%。北京、广州、南京、合肥等，整体涨幅在 40% 左右。

而成都，房价整体涨幅仅超过 8%。

网上有个故事：有大学毕业的两个小伙伴，一人留在成都，一人去了深圳。留在成都的小伙伴轻松买了房，然后还买了车。而去深圳的小伙伴则四处凑首付，每月省吃俭用还房贷。3 年后这两人再见面，深圳买房的小伙伴其房产价值已经翻了一倍，每月虽然房贷压力大，但是这是一种幸福的"痛苦"。而在成都买房的小伙伴其房产价值几乎没变。在工资收入差不多的情况下，这两人的财富差距已达 1 倍。

成都房价为什么涨得慢？

人们都知道成都非常宜居，作为"新一线城市""1.5 线城市""强

---

① 图 5-1 横坐标为 2003 年 1 月以来的月份。

二线城市"等，成都目前的住房均价的确和其经济地位不匹配。一个全国 GDP 排名"保九争八"的城市，其平均房价甚至不如一些华东的三线城市。

这背后的原因是什么呢？笔者认为主要有两个原因。

一是本身的盘子大。

2015 年，成都楼市以 2 438 万平方米的销售面积领先全国，就像是股市里的大盘股。要知道深圳一年的成交面积一般就 400 多万平方米。我们都知道要拉动大盘股的股价是困难的，因为所需的资金太多了。成都楼市供应量很足，所以市场上较难出现购房恐慌情绪。

而楼市供应充足的重要原因当然是因为成都面积大，土地自然就多。

2016 年 5 月，在代管简阳以后，成都的行政管辖范围瞬间从 12 390 平方千米增加到 14 603 平方千米，相当于增加了一个深圳市的面积。成都在全国副省级以上城市面积排名中，也一举超越沈阳市和大连市，升至第六位。对比一下，上海市面积 6 340 平方千米，广州市面积 7 434 平方千米（包括了 2015 年新设立的从化区的 1 974.5 平方千米的面积），南京市面积 6 597 平方千米。

14 603 平方千米，这是一个什么样的概念呢？厦门市的土地面积为 1 699.39 平方千米，成都市的土地面积相当于 8.59 个厦门市的土地面积。深圳市的土地面积 1 948.69 平方千米，成都市的土地面积相当于 7.49 个深圳市的土地面积。可见，中国房价涨得最快的这两个城市，其面积都比成都小得多，所以其平均房价比成都贵几倍也很正常。

虽然城市总面积和城区面积是不同的两个概念，但是城市面积大，城区扩张的潜力就大，也间接地说明了其土地的稀缺性相对要弱一些。

此外，成都是一个典型的平原城市，四面八方铺开都是地，几乎没有地形上的限制和空间上的分割。而前面提到的厦门和深圳，区域内都有一些山区，甚至市区都有山区阻隔，土地利用起来显然不如平原城市方便。一个典型例子就是厦门。厦门的主体——厦门岛面积约 132.5 平方千米，仅占厦门总面积的 7.8%，并且厦门岛内还有山区阻隔。而厦门经济的主体都集中在这个岛上，您说厦门岛的房价能不贵吗？而在成都主城区以南新规划的天府新区，其总规划面积为 1 578 平方千米，约等于 1.5 个香港的面积大小，相当于厦门全市的面积了。

二是周边的城市群没有发展起来。

面积大、土地多，的确是制约成都房价快速上涨的最重要因素之一。但是北京市面积 16 410.54 平方千米，比成都大，那为什么北京的房价也这么高呢？北京作为首都，吸附的是全国甚至全世界的资源。同理，杭州市面积 16 596 平方千米，比成都面积大，房价也比成都高，因为其背靠上海，又可以吸附整个江浙一带甚至华东地区的资源。而成都身处西南，地域性较强，对外来人口的吸附能力远不如京、沪、深等地，楼市的购买力和城市面积相比是不足的。

最重要的一个因素，就是成都周边城市的经济规模较小。虽然从GDP 方面来说成都并不比沿海城市差，但孤掌难鸣。京、沪、深周边遍地是 GDP5 000 亿元到 1 万亿元规模的城市群，而成都周边则尽是GDP1 000亿元规模的中小城市。

区域经济发展的格局决定了成都的房价从长期看很难像沿海一样暴涨，这是主要原因。

成都整体房价有步入加速上涨的趋势

在 2013 年 1 月以前的较长时间，成都整体房价的环比涨幅都很小。和全国很多个城市一样，成都楼市经历了 2012 年的"滞胀"期，这期间房价指数累计小幅下跌约 1.1%。至 2012 年 6 月房价指数环比停止下跌以来，成都的整体房价单月环比涨幅要么是 0，要么只有 0.1%，多的时候也只有 0.4%。

但是 2013 年 1 月成都整体房价的环比涨幅突然上升到了 1%，此后即拉开了主力上涨序幕（2013 年 1 月以来成都房价环比走势详见图 5-2）。要知道 1%对成都的整体房价指数来说算是一个很大的涨幅了。历史上（2004—2007 年），成都也有过单月房价指数环比上涨幅度超过2%的情况，但都非常少见，而且最高也才 2.4%。这的确和其他那些热点城市动不动 6%左右的环比涨幅相距甚远。

自 2013 年 1 月起，成都整体房价指数开始连续较快地上涨了 17 个月，用股票市场术语来说，就是我们常说的"主升浪"。当然，即使是主升浪，和热点城市相比，成都房价的整体涨幅也不大，其累计涨幅为9.92%，即约为 10%。可不要小看这个整体指数的 10%涨幅。落实到热点板块和热点楼盘，其涨幅可能就是 30%、50%，甚至更多。个别楼盘在这个主升浪里房价翻倍的案例也是有的。所以，只要房价整体指数出现一定程度的上涨，个体楼盘就很可能出现百花齐放的普涨局面。要知道成都楼市的成交量是很大的，而其中很大比例是郊区楼盘的成交量。郊区楼盘由于库存量很大，其价格上涨幅度往往是较小的。因此，要把成都整体的房价指数拉上去，不难想象主城区楼盘或者热点区域的楼盘，其价格上涨幅度会有多大——那必然是几倍高于成都整体房价的涨幅的。

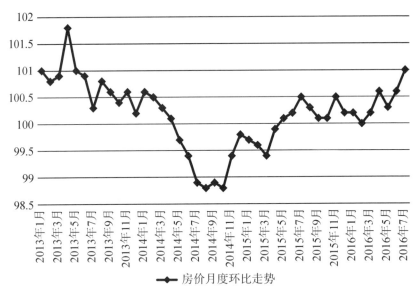

图 5-2 2013 年 1 月以来的成都房价环比走势

这个逻辑实际上是很简单的。

正是由于成都楼市的整体房价指数很难在单月超过 1%，所以一旦出现单月环比上涨 1% 的情况，笔者就倾向于把这看成成都楼市开启主升浪的一个信号。上一轮"大涨"的行情，就是从 2013 年 1 月成都整体房价指数环比上涨 1% 开始的。到 2013 年 5 月的环比上涨 1% 后，都还继续上涨了约一年的时间，只不过上涨动能逐渐减弱，一直到 2014 年 5 月达到顶峰。

全国楼市热点转换

根据最新的全国大中城市房价指数显示，前期涨速过快的热点城市有减速迹象，而前期相对涨幅不那么大的部分二线城市则开始全面开花，石家庄、杭州、郑州、武汉、成都等涨速加快。从上海—苏州/南京—合肥—武汉/郑州—成都的传导链条来看，当前资金追捧有从东部沿海进一步西移到成都的趋势。

对于全国楼市房价变化的新格局，笔者将另行撰文进行阐述和分析。

成都楼市展望

目前（2016 年 7 月），成都整体房价指数的点位大致相当于 2013 年 9 月或 2014 年 7、8 月的水平，距历史高位还差 2.51%！7 月成都房价指数环比上涨 1%，从这个趋势来看，成都整体房价 2016 年底突破前期高点（2014 年 5 月）是大概率事件。

不过，当前成都楼市的空间分化依然严重，冷热不均加剧，主要就是城南和城西部分楼盘"热得发烫"，其他区域相对依然较弱。这一状态不仅在房价上有所体现，而且在土地市场上表现也相当明显。例如，2016 年 8 月 9 日，成都高新区中和片区"土拍"8 650 元/平方米的楼面价还犹如发生在昨天。城南火爆，而其他区域的土地市场则黯淡了许多。实际上当前的成都房地产市场，特别是土地市场，可以分成两个区域：城南和其他。例如"8·9""土拍"当天的两宗新都的地块，其实性价比也还不错，结果直接流拍，而当天参加"土拍"的这么多开发商连举牌的人都没有。再回忆一下堪称史诗级经典的"6·29""土拍"，在全城火爆、四面开花的情况之下，唯一的一宗零溢价成交的地块，就在金牛区的天回镇，而这块地正好位于北绕城外一点，还有不错的河景资源以及现代商贸城——一个大的产业配套。

这里又有一个网上的经典故事。说是两个大学毕业留成都的小伙伴，一个为了省钱去城北买了房，另一个咬着牙在城南买了房。当时两套房的单价是差不多的。3 年多过去了，城南的房子单价几乎涨了一倍，而城北的房子单价还略跌了一点。这个故事，真实地发生在很多人身边。

毫无疑问，当前成都房地产市场的分化正在日益加剧。一方面是上述空间上的分化；另一方面就是产品的分化。这一轮行情主要就是改善型需求扛起了大旗。曾经作为主力的刚需型产品销售明显弱于改善型产品，而且日益边缘化。改善型需求就像是被释放出来的一股洪荒之力，正好在房地产发展十来年的一个换房节点上升级换代，加上"二孩"政策出台，再伴随着宽松的信贷政策，最终成就了 2016 年的改善型产品市场。

2016 年 8 月 19 日，一宗位于龙泉的大面区域、绕城外一点的距离、景观资源极其突出、并且容积率和规模都不错的"改善型"地块走上拍卖台。

结果，经过多轮厮杀，该地块以 150% 的高溢价率成交，成交楼面价达 6 562 元/平方米，比周边在售房价还贵 807 元/平方米。

可见，土地市场的热度，正在从城南和城西向着其他区域扩散。这些高价地块所开发项目，借着这波改善型置业产品的浪潮涌入市场（动作快的开发商拿地半年左右的时间就可以开始销售），势必让所在区域的房产售价再次登上一个新台阶。

房价要涨多少？

综上所述，不论是从成都楼市整体房价指数变动的内在的自身规律，还是从全国楼市热点转换以及当前资金追捧有从东部沿海进一步西移到成都的趋势来看，都可以判断成都房价的主升浪要来了。近半年（2016 年上半年）成都土地市场的成交状况，也可以印证这一判断。只要未来半年到 1 年的时间内，国家的宏观政策不出现大的转向（如大幅收紧信贷或者重新推出限购，甚至出台房产税），成都楼市是会有一波大行情的（编者注：但随后不久即开始新一轮的严厉地产调控了）。

值得注意的是，自 2015 年 5 月成都楼市开始回暖以来，成都楼市从整体上已经连续环比上涨了 15 个月，但累计总体增幅仅为 5%。可不要小看这 5%。也许在一些郊区感觉不明显，但在城南，新房价格在这一期间上涨 30%~40% 已经是普遍现象。而一些靠近公园又打着学区概念的二手房，甚至价格翻了 1 倍。

所以，既然当前的主升浪要来了，那么整体房价指数在 1 年内再涨

5%~10%也不算过分吧？当然，成都房价在空间上的分化还将加剧，城南依然会继续领涨，城西的热点区域也不会落后，城东的大面等区域也颇具看点，而市区（含攀成钢等区域）的项目也会顺势上一个台阶。至于其他区域能不能搭上这一波大行情的便车，除了看位置和各种配套，产品是否符合当前改善型置业的主流也会是一个重要因素。如果成都整体房价能再有10%的涨幅，那个别热点楼盘的价格涨30%~50%，甚至翻倍都是有可能的。

笔者在2014年5月判断成都整体房价向下的拐点，以及2015年5月判断成都整体楼市向上的拐点，都很准确。笔者的相关观点和报道读者都可以百度搜索。至于这一次，在成都楼市已经连续回暖15个月的情况下，成都的整体房价指数还能到多高，笔者不敢妄下断言。相关的量化研究正在进行之中，笔者研发了专门的经济学和数理统计的大数据模型来判断城市的房价涨跌。

［还记得在2016年2月29日，在新浪乐居的一则采访中，记者问："成都会不会上演一线城市的疯狂？"笔者在做了简单测算以后回答："在成都市场，要想引发深圳那种抢房的链式反应，需要在楼市里投入约700亿元的增量资金。"后2017年1月的统计数据显示，成都2016年全年新建商品住宅销售额已经突破2 500亿元（不包括商铺、写字楼）大关，同比增幅高达45%。这个增量正好就是775.86亿元。这究竟是运气还是巧合？笔者觉得这就是科学。］

根据以往的经验和目前房价指数的走势来看（2010年1月以来的成都整体房价走势见图5-3），接下来的几个月到半年多的时间里，成都的整体房价会步入一个快速上涨的通道，突破2014年5月的前期高点后会继续上冲，到一定点位后上升动能减弱，随后环比增速降低，那时成都整体房价将步入平台整理期，当然这是一个更高的平台。到2017年年中左右，如果宏观面有重大的利空政策出台（如前面提到的信贷紧缩、购房限购、房产税出台等），则那时成都的整体房价走势很可能会再次步入向下调整的通道（现在回过头来看，如果成都的严厉楼市调控晚半年再开始，那后来的很多楼市"乱象"可能都会少很多，这个可以参考西安和重庆）。

所以接下来的一年时间，对成都楼市来说将是一个非常重要的窗口期。众开发商应该加推项目，在保证合理利润的情况下快速回款。对购房者来说，看好合适的项目就出手。要是真的错过了，可以等下一次回调。不过房价如果真上了一个台阶，热点区域的房价的确有可能降不下来了。

从国内目前的政治经济发展格局来看，中国人口很难出现大规模的西迁，京、沪、广、深这4个大型城市带仍然在较长时间内都是国内最积聚人口和资源的城市群。因此成都房价长期缓慢上涨的趋势较难改变。目前城南楼市的火爆使成都已经让人有了身处热点城市的感觉，这让很多在城南工作的年轻人感到压力很大。

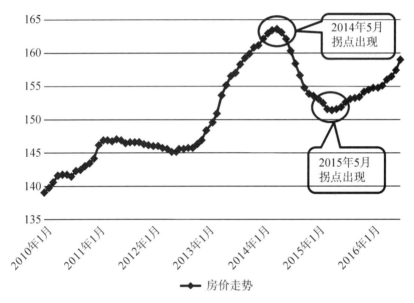

图 5-3　2010 年 1 月以来的成都整体房价走势（2004 年 1 月 = 100）

从城市经济协调发展的角度来看，笔者还是希望成都的整体房价保持持续而温和地上涨。一座城市的房价应该和其经济实力以及当地居民的收入水平相匹配。如果经济不行而房价很高，这就是一种悲剧，会严重挤压非房产部门的发展，也会损害当地居民的购买力，影响消费。这和"未老先衰""未富先老"是一个道理。

对成都的房价，我们还是希望其稳健一点。

成都限购深度解读：重启新一轮楼市严厉调控

背景回顾

2016 年的国庆假期，全国多个城市重启了以新房"限购"为代表的严厉楼市调控政策。新一轮楼市调控周期就此启幕。

本文首次发表时间为 2016 年 10 月 2 日，在微信公众号上的阅读量有约 2.8 万人次，在新浪头条上的阅读量有约 1.5 万人次，一点资讯上的阅读量有约 5 000 人次，搜狐号上的阅读量有约 4 500 人次，今日头条上的阅读量有约 1 000 人次。

各地出台"9·30"政策的情况

2016 年国庆大假，成了房地产调控政策出台的高发期。

2016 年 9 月 30 日晚，北京、苏州和天津 3 个城市先后出台楼市调控新政，其中北京和天津主要是实施区域化限购、差别化信贷政策，苏州市出台的主要是"限价"政策。京、津、苏同时出招，体现出十分明显的政府收紧楼市的信号。

北京：北京市新的房地产调控措施分为八项，涉及土地供应、房产供应、差别化信贷等八个方面。

天津：天津市将实施区域性住房限购，强化差别化住房信贷政策。

苏州：相较于京津，苏州"9·30 政策"则主要是"限价"政策。

北京近年来就一直没有放松过限购，所以这次的调控政策主要在差别化信贷、产品结构和价格限制上加码。北京"9·30 政策"被称为史上最严的楼市调控政策，具有风向标的意义。在"9·30 政策"之前，全国已经有多个热点城市发布了限购或者信贷收紧方面的政策。那么，在"9·30 政策"之后，特别是在北京做出了表率之后，全国又会有多少个城市会效仿呢？

10 月 1 日晚，郑州官方紧急发出"限购"通知称，将在郑州市市内五区和郑州航空港经济综合实验区、郑东新区、郑州经济开发区、郑州高新区范围内，对拥有 2 套及以上住房的本市户籍居民家庭和拥有 1 套及以上住房的非本市户籍居民家庭限购 180 平方米以下（不含 180 平方米）的住房。这标志着连续两个月房价环比涨幅全国第一的河南省会郑州市，2 日正式重启住房限购政策。

成都出台本轮楼市调控政策的背景

听闻"成都限购"消息，笔者虽然不吃惊，但这的确比笔者想象中的要来得快一些。参考京津苏的"9·30政策"，以及郑州的限购政策，所以没有什么好意外的，成都也早该出了。笔者多次强调，对于当前成都房价走势的理解，一定要从两方面展开，要有全局观，否则就容易误判。这两点：一是从全国的整体来看，二是从成都的整体来看。

从全国整体来看，成都的整体房价指数还算不上过快上涨，相比于合肥、南京那些"疯狂"的走势，成都整体还处于温和上涨区间。有个成语叫作"一叶障目"，意思就是身处一个细微环境，就容易失去对整体的判断。作为一个长期研究成都楼市的学者，笔者必须说一句公道话：2016 年以来，从全国整体来看，成都的整体房价的确还算不上"过快上涨"。笔者专门统计了 2016 年 1—8 月的 70 个大中城市房价指数（9 月的还没发布），并给这 70 个城市做了一个涨幅的排名。如果把这 70 个城市的房价涨幅分成 7 个梯队（请注意是"涨幅"，而不是"绝对房价"），成都只能排在第 5 梯队，在全部的 70 个城市中排名第 27 位，累计涨幅 3.86%。2016 年 1—8 月房价累计涨幅最大的城市是合肥，高达 38.08%。其他我们耳熟能详的热点城市，涨得多的都是 30% 级别，中等的 20% 级别，最差的也是 15% 级别（前面提到的郑州就是这个级别的涨幅，排在第 14 位）。而成都，2016 年前八个月整体房价的累计涨幅只有第一名合肥的约十分之一。从 2010 年 1 月以来的成都整体房价走势来看，当前成都整体房价指数距历史高位还差 1.64%。笔者估计 2016 年 10 月，成都的整体房价指数必创新高。当然，如果 9 月的环比增幅超过了 1.64%，那 9 月就创新高了。不过成都单月环比指数极少能到这个水平。据最新的百城房价指数，9 月成都房价环比上涨 2.38%。

从成都整体来看，城南的确局部过热，而且外来投资客较多，也最集中。城南单个楼盘 2016 年涨幅为 40%～50% 的项目的确有，但"成都"不等于"高新区（南区）+天府新区局部"。简单地说，城南的确是成都涨得最快的区域，但城南的楼市不能代表全成都的楼市，否则就是前面提到的"一叶障目"。同时成都楼市的潜在供应量很大，城南短期的紧俏并不代表长期的紧俏。城南是成都楼市潜在供应量最大的区域。目前，成都城西和城东局部也都有开始走俏的迹象。但城北和温江、郫都等郊区依然较为"冷静"。

成都限购的细则解读

接下来说说重点，就是我们应该怎么来看这次的成都限购？请看下面的分条解读。

解读第一条：严格规划用途管理。

"商改住"不能乱改，还要等待相关细则。一些项目通过超高的赠送比例，获得市场热捧，现在"高赠送""偷容积率"等开发方式将被进一步地严格限制。

解读第二条：精准调控土地供应。

2016 年 6 月 21 日，成都市人民政府发布《关于推进供给侧结构性改革促进我市房地产市场健康发展的意见》（以下简称"51 条"），其中"（二）控制房地产用地供应规模"中明确规定："根据房地产市场调控信息监测平台，对各区（市）县房地产开发用地的供应节奏进行动态调整。新建商品住房可售存量销售周期连续三个月低于下限的区（市）县，加快商品住宅用地供应；销售周期连续三个月高于上限的区（市）县，暂停商品住宅用地供应。锦江区、青羊区、金牛区、武侯区、成华区（以下统称为五城区）及成都高新区的销售周期下限、上限分别为 6 个月、12 个月，龙泉驿区、新都区、温江区、双流区、郫县的销售周期下限、上限分别为 7 个月、14 个月，其他区（市）县销售周期下限、上限分别为 8 个月、16 个月。（责任单位：成都市国土局、成都市房管局）"

请注意，6 月政策的出发点是"积极支持居民合理住房消费，有效化解房地产库存，促进房地产市场平稳健康发展"。显然这 3 个月市场环境的变化是非常迅速的。

可见，本次政策的该条"精准调控土地供应"即在重申"51条"中关于对"房地产开发用地的供应节奏进行动态调整"的规定。简单地说，库存少了就增加供地，库存大了就减少供地。这是一个非常值得称赞的政策措施，符合经济学"动态优化"的原理。当前，根据相关信息显示，成都的一些区域（如高新南区）的库存情况已经接近上述"下限"，即将触发"加快供地"的门槛条件。可以预计，接下来到2016年年底，热点区域的土地供应将会逐渐增多，12月估计会成为全年土地供应的一个高潮。

解读第三条：加快项目开工建设。

这一条实际上是说要严厉打击囤地行为。目前的土地出让条件中一般都有关于动工和竣工时间节点要求。在市场热情高涨的情况下，囤地显然会加剧市场供需矛盾。

解读第四条：实行区域住房限购。

这一条是本次政策最核心的一条。具体来说，它包括以下内容。

①范围：主城区和近郊区县，包括天府新区。这把成都主城区和近郊圈层都囊括完了，但并未包括二圈层的都江堰、新津等地。

②主体：同一身份自然人、法人。相比于其他城市的限购对象，这一条的确很有新意。一般来说，限购都针对"家庭"，当然有的是针对本地户籍的家庭，有的是针对非本地户籍的家庭。成都新政的对象是个体，包括自然人和法人。显然这是一条比较温和的限购措施，因为一个家庭一般都是两个自然人以上。另外，企业买房近年来也是屡见不鲜，特别是最近北京上市公司"卖房保壳"的新闻，让人们对企业买房更加关注。成都新政明确对企业买房也做了限制，这应该看作对传统限购措施的"补漏"，避免出现以企业的名义炒房的现象。当然，此条政策也有灵活之处，即"法人单位经审查确属用自有资金购买商品住房且用于职工自住的除外"，也就是说企业团购住房用于职工自住还是允许的，且必须使用自有资金购买。本条政策也还需要进一步细则的解释和说明，例如，企业的法人同时也必然是一个自然人，那么他（她）能够以企业的名义购买一套房，同时再以自然人的名义购买另外一套房吗？

③数量：只能新购买一套商品住房。这应该说是本条政策中最容易产生歧义的地方。这个"新购买"根据字面上的意思，是说不管以前有多少套房，从该政策生效起，上述主体可以再买一套房。具体是如何认

定的，还需要后续细则的解释和说明。另外，如何才算"新购买"仍需要细则的认定，例如，是以交了定金算？还是以签了购房合同算？还是网签、备案或者拿到房产证？等等。这是本条政策最需要细则解释和说明的地方。特别是对于在10月1日前刚刚交了定金或签了购房合同的购房者，影响很大。如果是以备案来认定，那他们备案必然都是在国庆假期之后的事了。按照政策规定，他们有可能就会被认定为"新购买"，也就是说再买就不行了。

④ 二套房首付提高到40%。这属于降低杠杆的常见政策，相对于其他城市60%、70%的要求，这个40%算是非常温和的。对市场影响不大，只是对于个别刚刚在凑首付门槛条件上的购房者有影响，这下就不得不多去凑一点首付的钱了。

⑤ 总体来说，这个按照自然人、法人的主体来认定的限购，比传统地按照家庭来认定的限购要宽松多了。

⑥ 另外值得一提的是，本次房产新政，成都并未限制"非本地居民"即外地人在本地购房。这展示了成都包容的态度。也就是说，对于外地来的购房者，成都欢迎你买房，但你不能买太多。

解读第五条：加强商品房销售管理。

① "申报价格明显高于周边楼盘"的项目，价格主管部门会核实，不过这一条不太好量化，因为同一区域不同项目的产品差异的确是客观存在的，比如刚需项目和豪宅项目，单价相差很大也是常见现象。

② "同一项目分期建设销售的，价格增速不得高于城镇居民人均可支配收入增速。"这一条相信是会很让楼盘的营销部门头痛的。分期销售的价格跳涨，在市场高涨期非常普遍。然而这一条规定其实是对分期销售的价格增幅做出了非常量化的限制。"城镇居民人均可支配收入增速"一般也就每年10%左右，近年来还达不到。根据《成都市2015年国民经济和社会发展统计公报》显示，2015年成都城镇居民人均可支配收入33 476元，比2014年增长8%。也就是说，照此规定，楼盘分期销售，每年的增幅不能超过8%。请注意，这是一年的增幅！项目分期销售一般不会间隔这么久，有的就是几个月甚至更短的时间。这必然会对营销定价产生很大的压力。也就是说，第一次定价就必须定准！成都市场常见的首次开盘以较低价格聚集人气，以后的批次再快速拉升价格的套路，这下行不通了。房地产企业会怎么应对？估计此次国庆节收假后，全体

营销人员都得紧急开会讨论。当然，这一条政策也有一点容易产生歧义的地方，就是"分期建设销售"和常见的"不同批次"的销售怎么区分和认定？这个还需要细则的解释和说明。

③"严格商品住房合同网签备案管理，严禁期房转让，商品住房合同网签备案后，不予变更、注销。"这条对商品房销售中的很多不规范行为做出了规定。这里特别强调一点，这一条对短线炒房的群体会形成较大的约束，对抑制投机有用。

解读第六条：规范商品房销售行为。

①"10日内一次性向社会公开全部可售房源"这一条其实含义就是要么不拿预售证，拿了10天内必须一次性公开销售。这对传统的"分批次"销售形成了约束。其实楼盘在拿预售证后根据客户蓄水的情况分批次销售也算是业内约定俗成的常见现象，但在楼市火热时期容易造成一房难求的抢购局面。这条政策其实就是要限制"捂盘惜售、囤积房源"等行为，避免恶意炒作。此外，"按一房一价、明码标价对外销售"也避免一些中介机构或销售人员人为加价，影响客户正常购房。在市场火爆时期，这些现象不是没有出现过。这和以前车市火爆的时候，买车还要加价是一个道理。虽然当前成都楼市还没有火爆到这种程度，但防患于未然总是好事。

②禁止"违规为个人提供首付款"实际上是进一步限制了中介金融化的趋势。这种趋势本身没有好坏之分，只是一种工具，但是在楼市火爆的时候，容易让购房者通过过高的杠杆买房，积累金融体系的系统性风险。

③禁止"发布虚假交易信息等扰乱商品房市场秩序的行为"这条政策算是对前阵的"几十套"风波做了一个更正式的规定的约束。

解读第七条：整治市场违法行为。

这一条其实是在重复和强调2015年修订后的《中华人民共和国广告法》的相关规定。特别值得一提的是2016年炒得火热的"学区房"概念，如果不能保证买了房能入学，就不能在宣传中使用。"投资回报承诺"主要是针对一些商业性质的项目，其承诺的返租等回报率在当前的商业环境下屡屡出现违约的情况，成了客户投诉的问题高发领域。

解读第八条：加强销售价格监管。

该条政策实际上是对火爆市场中常见的"价格跳涨""一天一价"

等现象做出了规定。"实际销售价格高于申报价格"是在价格快速上涨的市场行情下的常见现象，因为楼盘调整申报价格需要时间，而市场发展甚至可能快于这个调整时间。和前面的解读类似，此条其实也是在对楼盘的定价进行规范。

解读第九条：防控市场金融风险。

和前面的解读一样，这一条政策的核心目的就是"降杠杆"，要避免"配资炒股"的悲剧在"配资炒房"上重演。当前成都本地的购房者一定要注意控制自己的杠杆，不要过高杠杆买房。购房者不要被可能的高收益蒙蔽。

解读第十条：切实加强住房保障。

看似老生常谈的保障房问题，的确非常重要。笔者有多篇论文研究保障房，正在进行的国家社科基金项目也是研究保障房。

解读第十一条：严厉打击造谣滋事。

这其实就是对前阵引起风波的"几十套"事件的回应。楼盘营销其实也是靠天吃饭，在市场差的时候需要坚持，在市场好的时候也需要低调。

本措施自印发之日起施行。

成都市房管局连夜已对"限购 1 套"做了详细解读，即"限购的对象是商品住房，限购的资格是针对同一身份的自然人、法人，限购的数量是 1 套，限购的行为是新购买商品住房，未计购房人已有的存量房，而且对于法人单位经审查用自有资金购买商品住房且用于职工自住的合理需求可不受限制"。同时，本次成都限购措施规定，2016 年 10 月 1 日后，一律停止所有的商品房买卖合同网签备案的更名、注销。凡在 2016 年 10 月 1 日前已经交了定金或订金并通过商品房网签系统签订了认购协议的，按原有规定进行备案；之后进入网签系统的，一律按新规定的要求进行备案。

本次成都限购政策对于成都房地产市场的稳健发展有着重要的意义，但一些细则的解释和说明还需要跟进。

成都的市中心究竟在哪儿

在平原城市中，一环套一环的"摊大饼"式的环状布局较为常见。成都的城市布局，在传统环状形态的基础之上，又逐渐演变成"双黄蛋"式的空间格局。那么，成都的市中心究竟在哪儿呢？

有意思的是，笔者在公众号发文中还附加了一个单选问卷，结果65%的网友认为"天府广场区域"仍然是成都的市中心，而26%的网友认为"新会展—环球中心"区域已经成为新的成都市中心。此外，还有6%的网友认为"兴隆湖区域"是成都的市中心，他们的看法可能代表了未来的一种趋势。

本文首次发表时间为2016年1月24日，在网易号上的阅读量有约7万人次，在企鹅号上的阅读量有约1.3万人次，在微信公众号上的阅读量约7 700人次，在新浪头条上的阅读量有约3 200人次，在搜狐号上的阅读量有约2 800人次。

古今中外的"同心圆"城市结构

哪里是一个城市的市中心注定是一个引起争议的命题。我们说的究竟是地理中心、经济中心、行政中心，还是历史文化中心呢？这个问题需要从多个角度来阐述。

历史上，这几个中心是重叠的。早期土地价值理论受到西欧城市经济学中重要的"同心圆理论"的深刻影响。该理论认为城市中心的土地价值最高，并按照均匀的半径向城市外围递减。

在典型的"同心圆"式的城市空间结构中，最好的商业/商务价值、就业机会、基础设施配套等都分布在市中心，而地理中心、经济中心、行政中心是三位一体的。

其实"一环套一环"的城市空间结构，并不是中国独创。欧洲历史上有很多城邦制的国家，所以"单中心+放射线+环状"的城市结构非常多见。如人们耳熟能详的巴黎，就是这样一个非常典型的城市形态。

巴黎的中心城区面积约 100 平方千米，被沿着老城墙轮廓修建的环城公路围绕。

另外一个国际大都市莫斯科，也是同心圆式的城市结构。尤其是莫斯科 2100 年的地铁建设规划图，清晰地显示了其环状+射线状的结构。

国内很多城市的空间布局也是典型的同心圆结构，典型的有北京和成都。

北京是一个标准的同心圆结构。目前市区已经修到了六环路。如果把目光放到环北京区域，则北京实际上已经拥有七环路。

成都也是一个标准的环状同心圆式空间布局的城市。除了人们非常熟悉的内环、一环、二环、三环、绕城高速，成都第二绕城高速也于 2015 年 12 月 31 日全线通车，但目前其车流量还不大。

而成都经济区环线高速公路即"成都第三绕城高速公路"，简称"三绕"，目前已经启动建设，预计 2020 年实现通车。"三绕"有一点神似北京"七环"的感觉，全长 458 千米，其中有 195 千米在成都市境内。它不仅途经蒲江、邛崃、大邑、崇州、金堂、简阳等成都市的 8 个区（市）县，还串联起什邡、绵竹、中江、彭山等成都经济区 13 个市区，这与北京的七环路的很大一部分处于河北省类似。

可见，从古今中外的案例来看，"同心圆"是一种非常流行的城市空间布局形态。这其实还是很有道理的。理论上说，只要是平原城市，同心圆式的形态是一种非常经济和有效率的城市空间结构。作为环状城市，地理中心区域到环的各个方位的物理距离相近，从 360 度的环状分布区域同半径位置的任何一点前往城市地理中心的距离都差不多，这是一种非常有效率的城市空间布局。而其他形态的城市格局（比如带状分布的城市或多中心城市），必然前往某些区域的距离近，而前往另外一些区域的距离就很远。当然，"同心圆"的城市空间形态也并非没有缺点。最常被人诟病的一点就是"潮汐式"的交通拥堵，即早高峰进城方向堵而晚高峰出城方向堵。但是其他形态的城市布局（如带状）也并非不堵，只不过就是堵一个方向还是堵很多方向的问题（单中心形态在 360 度的范围分摊了拥堵，也许比带状布局只堵一个方向还要好一些）。理论上说，只有多中心的城市布局才可能是解决交通拥堵的理想办法，但这又必然带来核心城市基础设施的布局分散，利用效率不如单中心的布局高等问题。所以没有什么城市空间布局是完美的，人们只能在成本和收益之间做出取舍和平衡。

成都"同心圆"结构的变迁

随着时间的推移和经济社会的发展，这些中心逐渐开始偏移。成都历来都是一个典型的单中心的同心圆城市，但随着"向东向南"发展战略的实施和天府新区的建设，成都加速向南发展的趋势非常明显。成都目前的城市状态正在从传统的环状单中心城市向着双核城市（天府新区建成以后）的双中心转变。根据《天府新区总体规划》，天府新区与成都中心城区将共同形成"一核、两区、双中心"的整体结构。其中，"一核"指《成渝经济区规划》中确定的成都发展核，范围为整个成都市域。"两区"就是中心城区和天府新区。"双中心"就是指成都老城中心和天府新区的新中心。而目前的高新南区集中了成都现代服务业（金融、地产、科技）的精华，是双核城市形成前过渡期的经济发展的重点区域。

那么，当天府新区发展起来以后，未来成都城市格局的最终形态会是怎样的呢？也许很多朋友会想到"双城"这个概念。准确地说，成都目前的发展趋势，正在向着"双黄蛋"的城市空间形态转变。

笔者仔细想了一下，还真有一个适合的国际参照案例！我们不妨对比一下美国明尼苏达州的"双城"（the twin city）。明尼阿波利斯是美国明尼苏达州最大城市，位于该州东南部，跨密西西比河两岸。面积151.3平方千米，市区人口40.7万（2014年）、都市区人口超过345.9万（2013年）。东与州府、明尼苏达州第二大城市圣保罗毗邻，组成著名的"双子城"，包括附近郊县在内，面积12 626平方千米，人口约占全州总人口一半以上。忽略人口的差异（中国城市的人口普遍比国外城市多得多），笔者觉得天府新区发展起来以后的成都中心城区和天府新区，与明尼苏达双城有很多神似之处。

首先，也是最重要的，两个城区之间是无缝连接的，这种"双黄蛋"式的"双子城"城市结构与传统的分割较远的双城模式有很大区别。明尼苏达双城的两个城区分列密西西比河的东西两岸，跨过河就是另外一个城区。而成都的中心城区和天府新区则分列绕城高速（四环路）南段的南北两侧，几乎可以说过一个下穿隧道就到了另外一个城区。

其次，面积相近。明尼苏达双城包括附近郊县在内，面积为 12 626 平方千米。成都原本的行政管辖范围（含郊县）面积为 12 390 平方千米，代管简阳以后的面积为 14 603 平方千米。

再次，经济方面也有可比性。如果按汇率 6.6 计算，2015 年明尼阿波利斯都会区 GDP 约 16 400 亿元人民币（比重庆的 GDP 略高），而成都的 GDP 为 10 800 亿元人民币。虽然看似差距较大（其实还没有成都和深圳的差距大），但是明尼阿波利斯-圣保罗都会区是指美国中部的著名双城明尼阿波利斯与圣保罗及邻近的多个郡所组成的都会区（包括威斯康星州的伯明顿市）。所以如果只拿明尼苏达双城和成都比，差距其实并不那么大，毕竟比较对象是发达国家的著名城市带。但是，明尼苏达双城区域可是 16 家世界财富 500 强公司的总部所在地啊（1993 年有 31 家的总部设在这里）。相对于 GDP 规模而言，这体现了经济结构的差距，这才是真正的差距。

成都的市中心究竟在哪儿

好了，现在我们回到我们刚才提到的问题：成都的市中心究竟在哪儿？

天府广场区域？新会展—环球中心区域？还是兴隆湖区域？

也许读者朋友会觉得这是一个"过去—现在—将来"的问题，但笔者却觉得这是一个过渡时期的伪命题。

天府广场作为成都中心城区的地理中心，这个地位是一直会客观存在的。成都的经济重心和行政重心在不断南移，虽然这是发展趋势，但中心和重心还是有区别的。天府广场永远是绕城高速这个环的几何意义上的中心，而且随着"二绕"和"三绕"的陆续建成，这个中心的地位实际上还在强化。从面向世界的国际化眼光来看，即使天府新区建成，未来成都发展成了美国明尼苏达双城那样的双黄蛋式的双子城形态，天府广场也还会是中心城区（或老城区）的中心。

近年来，随着新区（如城南）的快速发展，区域性的商业中心正在逐渐形成，这对传统市中心的商业客群形成了一定的分流。特别是城南有大量集中式商业体的开发，其发展大有挑战成都传统的市中心之势。

那么，作为地理中心的天府广场及其周边区域（按照比较传统的说法，我们把锦江组成的"内环"看成成都环状城市的城市核心区域），其价值是否依然存在呢？应该说，随着成都经济重心和行政重心的逐渐南移，传统城市核心区域的这两部分价值在逐渐被削弱。但是，其作为地理中心的价值，不但没有被削弱，甚至还有可能被加强。

从既成事实来看，成都并没有在当年修建了绕城高速以后就停止了环状道路的建设。相反地，建设规格更高的第二绕城已经建成通车，而更大的一个环状道路即第三绕城也将在 2020 年左右建成通车。"二绕"和"三绕"这两个半径更大的环路，只有一个共同的中心，那就是天府广场。所以即使以后天府新区的建成让成都发展成了一个明尼苏达双城那样的"双黄蛋"式的双子城，天府广场这个中心也会强大得多。

此外，随着成都经济和行政重心的逐步南移，北、西、东部前往城南的通勤成本也在逐渐加大，于是前往市中心反而变得更经济和划算。城市再怎么发展，住在北、西、东的人也不可能全部长途奔袭跑到城南去办事和消费，因为这是不经济的，也是浪费社会资源。具备全市辐射能力的商业项目仍然选址在城市中心区域。例如 IFS 和太古里。城市向南发展的大背景其实也是城市中心区域商业价值崛起的第二次机会。随着"二绕"和"三绕"的陆续建成通车，传统市中心对于周边地市县的辐射能力将会进一步加强，这是一种地理优势上的"统治力"。

2016 年 8 月 10 日，成都市规划局正式发布"成都中心"规划方案，方案中的"成都中心"正是现在的天府广场及后子门片区的大部分区域。根据此规划，未来成都将在这一区域打造一个占地上千亩，集文化中心、城市遗址、中央公园和产业高地于一体的国际一流新地标，成为一张和纽约中央公园类似的城市名片。

据成都市规划局的领导介绍，作为一个城市千百年来的地理、政治、文化和教育中心，"成都中心"所在地在城市规划层面上能够允许进行规划建设，这种情况放眼全国都很少见。为此，重新打造的"成都中心"，将秉承"复兴历史文化、重构城市中心"的规划思路，融入成都历史上的各种文化因素，同时结合时代特色把现代中央商务区的理念融入其中，从而形成"历史文化与现代文明交相辉映"的格局。

城市中心区域商铺的投资价值在哪儿？

近几年，有的人觉得市中心区域的商业衰落了；而有的人依然习惯到市中心逛街购物。那么，城市中心区域的商铺究竟还有没有价值？

本文首次发表时间为 2016 年 11 月 25 日，在网易号上的阅读量有约 5 000 人次，在微信公众号上的阅读量有约 1 600 人次，在新浪头条上的阅读量有约 1 200 人次，在企鹅号上的阅读量有约 1 000 人次。

在城市新区商业蓬勃发展的背景下，我们很有必要重新审视，对城市中心区域商铺的投资价值做一个全面梳理。由于商业的形态也有很多，为了便于聚焦我们的讨论，我们在这里只谈商铺这种商业物业形态。

绝对的稀缺性价值

这主要是指市区商铺的新增供应量少，而新区的新增供应量则很大。2016 年 6 月，《中国房地产报》将各地公开数据统计后发现，在住宅市场去库存一路高歌猛进的同时，部分城市的商业物业去化周期远超过住宅。成都的商业库存也经常被人诟病。虽然商业库存的总量较大，但从结构来看，成都市中心区域的商铺供应却日渐稀少，这和市中心的新增住宅供应逐渐减少是密不可分的。市中心的商业供应不多，即使有也是以集中式商业体和写字楼为主，而商铺只在新增住宅的底商才有一些零星的供应。

当前（2016 年 11 月），市中心区域新增住宅供应少，自然配套的商铺供应就更少。由于市中心区域开发早已基本成型，拆迁成本也高，所以市中心区域商铺供应少的情况会是一个长期的趋势，而供应少的市中心区域商铺则带来了二手交易市场的活跃，市中心区域商铺的空置率极低，无论是商铺的租赁还是买卖交易相对于成都市其他区域都显得更加频繁。

相对的稀缺性价值

笔者对于<u>商业物业的价值，有一个简单但是非常有效的评判观点，那就是看其相对的稀缺性。这个相对稀缺性，并不仅仅是指一个区域内商业绝对供应量的多和少，而是指与这个区域的商业物业所能够辐射的消费人群相比，这个区域商业的既有存量和潜在的新增供应量处于一个什么样的水平。</u>

商业物业和住宅物业最大的不同，在于住宅物业自己（或租客）住就能实现其价值，而商业物业需要有人来消费，才能完成其价值的闭环。正因为此，商业物业的投资比住宅物业的难度更大。

怎么来判断一个商业物业能够辐射的消费人口有多少呢？这主要有三种判断方法。第一种就是看人们非常熟悉的"原住民"，即在该商业物业周边生活的人口数量要多（包括居住和工作）。第二种就是看通勤人口，即由于各种原因要经过该商业物业所在区域的人口数量要多，常见例子如地铁商业、高铁商业、机场商业等。第三种就是附近有目的地性质的到达性消费的商业物业，常见例子如标志性功能建筑（如大型医院）附近的商业、重要旅游景点的商业、大型政府办事机构周边的商业。

只要满足上面提到的三点中的任何一点，即使开个小面馆都可以不愁生意，自然商铺的租金和售价都有增值保证。如果能同时满足两点或三点，那商铺的价值必然就更大。正如前文所分析的，环状的同心圆城市的中心区域，更容易汇聚四面八方的人气和商业。这个处于"圆心"位置的核心地理优势，很容易使市中心区域成为交通和人流的核心节点（如密集的公交线路、学校和医院等重要基础设施、目的性消费地的大型商业项目、写字楼密集的工作区等），汇聚八方来客。当然，如果市中心区域的某些位置恰好又是人口密集的老居民区，又有重要的历史文化古迹和旅游景点，以及大型政府办事机构，那么这些市中心区域的商铺价值就更大。

肯定有朋友想问，那么城市新区的商铺价值又在哪儿呢？城市新区的商铺肯定也有它的价值。只不过，新区的商铺需要一个较长的培育过程，随着居住人口的逐渐导入，才会变得成熟起来。这一方面是有没有人来的问题，另一方面则是留不留得住人的问题。这并不是说新区的商铺没有价值，而是说这些商铺要兑现其价值，可能还需要较长的时间。

市中心商铺的特殊价值

随着城市的向外发展，老城区和新城区的功能定位也在发生一些变化。新区主要以商务金融、科技研发等功能为主，而老城区，特别是老城区核心区域独特的历史和人文优势是无法替代的。这里有众多的历史古迹和旅游景点，常年都有很多游客，是成都人的都市会客厅。随着成都"二绕"和"三绕"的陆续建成与通车，传统的城市几何中心区域的商业价值将会被重新发现。除了这里的各种现成的商业价值，未来这里对大成都周边区域的人口和资源的汇聚作用还将进一步强化。虽然部分的经济和行政功能向南分流是一个趋势，但是又有什么关系呢？即使西、北、东的人只是经过市中心区域，然后去城南，但也有很大概率会留下"买路钱"——可能是买一瓶水、一碗面，也可能是配一副眼镜、做一次美容，或者是购买其他什么你觉得很简单，但却是必不可少的东西。

除了"几何中心"这样天生的优势以外，老城区特有的旅游价值和办事价值也是一个核心优势。而且这里本身就有大量的居住人口。公交、地铁的便利性自不用说，市中心公共交通的线路和站点必然十分密集。

像这样位置的商铺，它除了具有正常的商业功能以外（比如前面分析过的，人气、商业气息旺，开个小店都会赚钱），还具有相当大的展示和广告价值。肯定有朋友会问，一个普通的商铺能有什么广告价值？一个可以参考的例子就是机场商铺。机场由于其巨大的旅客流量，机场内的商铺向来都是寸土寸金。2011 年 3 月，成都双流国际机场 T2 航站楼 8 个标段的特许经营权进行过公开拍卖。一个仅仅 10 平方米的 3 年保险专营店特许经营权，从起拍价 200 万元拍到 380 万元，年租金就超过 38 万元/平方米。还有机场的书店，算下来一天的租金超过 5 万元。在机场卖饮料、卖书、卖快餐、卖航空意外险的利润能有多高呢？在这么高的租金里面，可能有很大一部分被商户看作具有品牌形象展示作用的"广告费"。市中心的商铺，虽然没有机场商铺的含金量那么大，但多多少少有一些展示和广告价值。

电商的冲击

2016 年，天猫"双十一"四川交易额排全国第七，城市排行成都第六。成都人为什么那么喜欢网购呢？

电商对于传统实体商业冲击不用多说。成都电商的持续繁荣，已经培养了一大批消费者的网购习惯，这对于成都的商业，无疑又是一大挑战。但这主要是对传统百货业的冲击大（想想 2016 年全国和成都有多少家百货商场关门了？），和成熟位置的商铺关系不大。我们刚刚在网上买了东西，肚子饿了总要下楼吃碗面。我们到市中心办事，口渴了总要买瓶水。所以我们不需要回避电商的冲击，只需要在正确的位置，做正确的业态即可。

电商发展得很快，但无法完全取代实体店的地位。首先，体验式的消费（如餐饮、理发、游乐等）必须有物理空间才能完成，离不开实体店。其次，以个性化服务为特征的产品，在网上很难感受到其与众不同的地方。再次，随着 O2O 等类型电商的迅速发展，实际上给传统的实体店插上了电商的翅膀，相互促进（如典型的线上下单支付、线下实体店消费），这大大突破了传统实体店的地域局限。最后，无论电商怎么发展，其销售的产品仍然需要实体经济来生产。所以，无论电商怎么发展，未来一定会和实体经济找到一个合适的平衡点，实体经济会逐渐好起来，否则虚拟经济也会缺乏依托。

成都即将进入五环路时代

背景回顾

期待成都的"五环路"能够早日呈现！

在 2013 年年初的时候，笔者就实地调研并分析了成都"五环路"的可能布局。当时那篇文章于 2013 年 4 月首次发布在《地产商》上，随后（2013 年 5 月 25 日）在搜房博客上的阅读量有约 26.6 万人次，在新浪博客上的阅读量有约 1 500 人次。

2016 年 12 月 16 日修改并重新发布之后，本文在网易号上的阅读量有近 11 万人次，在微信公众号上的阅读量有约 4 300 人次，在新浪头条上的阅读量有约 2 800 人次，在搜狐号上的阅读量有约 2 700 人次，在一点资讯上的阅读量有约 2 300 人次。

迟来的五环路

2016 年 12 月 15 日，成都交通投资集团在《四川日报》发布《公告》，正式发布成都五环路的建设规划。根据《公告》，成都五环路位于第一绕城高速外侧、"二绕"内侧，将建为一条环状一级公路，全长约 142.5 千米，经青白江（新工大道）、龙泉驿（成环路）、天府新区成都直管区（华龙路、麓山大道、牧华路）、双流（双楠大道）、温江（凤凰大道）、郫都（南北大道）、新都（鸿运大道）等路段，其中，将经过城市建成区 54.7 千米，包括青白江 2.9 千米、龙泉驿 6.9 千米、天府新区成都直管区 8.2 千米、双流 18.8 千米、温江 2.3 千米、郫都 8.1 千米、新都 7.5 千米。《公告》界定五环路为"一级公路"，通常分为双向四车道、双向六车道，中间设有绿化隔离带。根据《公告》，匡算投资额约为 257.71 亿元，折算每千米的投资额约 1.8 亿元。根据业内相关的判断，成都五环路有望建成为一条比肩甚至超越三环路的高标准城市大通道。

早在 2013 年，关于成都五环路的讨论其实就已经出现过。那时，业内和公众大多倾向于把当时正在修建的成都第二绕城高速公路看作成都的五环路。笔者当时并不认同这个看法，并通过将近一个月的实地走访、普通地图分析、卫星地图研判等方法，从城市优化布局和最低建设成本等多个维度详细地研究和分析了成都五环路的合理规划方案。2013年4月，当时这篇以《成都的五环路猜想》为题的研究报告发表在了成都本地著名的专业杂志《地产商》上。

环状道路在"同心圆"式的城市布局中的重要作用

中国城市为什么这么喜欢修"环"？这是一个有意思的话题。从北京到成都，"同心圆"式的环是中国平原城市的典型形态。这或许有中国传统文化的因素在里面，但实际上同心圆在国外也曾很流行。伯吉斯（E. Burgess）1923年通过对美国芝加哥市的研究，总结出城市社会人口流动对城市地域分异的五种作用力：向心、专门化、分离、离心、向心性离心。在这五种作用力的综合作用下，城市地域产生了地带分异。加上各地带不断的侵入和迁移，城市便发生了自内向外的同心圆状地带移动。据此，伯吉斯提出了5个同心圆带的结构模式图（图5-4），即同心圆理论（concentric-zone theory）。

多中心城市形态的出现，严重挑战了同心圆的城市空间理论。特别是随着现代经济的发展，同心圆的城市格局不可避免地会出现潮汐式的交通拥堵。通勤成本的急剧增加抵消了集中配置资源的优势。但是，即使在现代城市中，环状的城市形态仍然是最便于联系起城市各方位要素的形态。在各个环上，居民能够快速通勤到城市的各个方位。这也是环状城市形态在如今仍然大受推崇的原因。

环状城市形态在国内备受推崇可能还有一个心理上的原因。在城市发展的进程中，郊区一旦被包括进了环里，就意味着被纳入了主城区。而这，也就意味着地价的升值和房价的坚挺。于是，我们也可以理解为什么郊区总是迫切地希望自己被囊括进主城区的环中了。

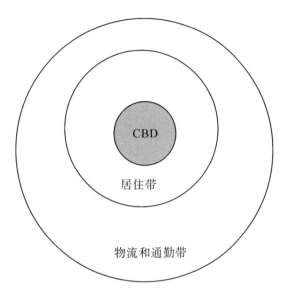

图 5-4　典型的同心圆式的城市布局形态

成都环状道路的发展格局

虽然成都早就确立了"向东向南发展"的目标，但相关消息称，"未来成都，将形成十环环路系统，成为全球首个'标靶'大都市"。在 2013 年初的时候，成都的内环线有 15 千米，一环路有 20 千米，二环路有 28 千米，2.5 环路有 42 千米，三环路有 51 千米，3.5 环路有 64 千米已经开建。据悉，未来的成都，四环路（绕城高速）有 85 千米，五环路有 187 千米，六环路（第二绕城高速）有 223 千米，七环路（第三绕城高速）有 438 千米。未来如果加上潜在的 "4.5 环路""5.5 环路""6.5 环路"，那可能还真有十个环路！

虽然截至 2016 年年底，成都正式的环路只有 3 个环路+绕城高速公路，以及基本完工的 2.5 环路和刚开始修建的 3.5 环，但绕城高速在规划时早就标注为了四环路。虽然"四环路"的提法是犹抱琵琶半遮面，羞羞答答地千呼万唤始出来，但不断增加的绕城高速出入口以及当时正在热火朝天施工的第二绕城高速已经昭示了：一旦第二绕城高速完工，现在的绕城高速只需要把收费站一拆除，就可以摇身一变成为四环路。

成都"五环路"的重要作用

随着成都市获批国家城乡统筹综合试验区，加快城市与乡村道路基础设施协调建设，加紧带动全市工业和物流产业的发展，加强成都平原城市群之间的经济往来联系，成为当前本市交通工作的重中之重。而未来的五环路，将会把成都近郊第一圈层规划的多个新城全部串联起来。

在已经修建完成的内环线、一环路、二环路、三环路、四环路（绕城高速路）之外，五环路这条高速环路，可以将近郊 6 个组团全部纳入都市区。一路上将经过成都市区近郊重镇：双流（华阳-东升）、温江（柳城）、郫县（郫筒）、新都（新繁）、青白江（大弯）、龙泉驿（洛带-龙泉）。根据《成都城市总体规划》，未来整个成都市 3 681 平方千米的都市区将包括今后的新都区、温江区、郫县等地，与武侯区、青羊区等同属于城区范围。随着这种主城区与周边新城将共同形成大都市格局的出现，就需要五环路这样大的交通格局来与之相适应。届时，成都的重要放射线道路如天府大道等都会延伸出去，与新外环相交，以实现成都中心城 600 万人口规模与周边 10 个 80 万~100 万人口规模新城间的快速连接。

对于很多住在成都近郊圈层的居民来说，通过绕城高速（四环路）或者三环路前往成都的其他方位太绕路了，走"二绕"（六环路）则绕得更远。如果有一条能穿过近郊圈层腹地的环路，那近郊圈层居民的出行就会便利很多。

早在几年前，成都的新增土地供应就已经主要集中在绕城（四环路）以外了。随着现在越来越多的人住在近郊的一圈层各区县，而很多人都在位于南边绕城（四环路）外侧的高新南区工作，未来还会有更多的人在南边五环路外侧的天府新区上班。成都这种独特的产业布局和就业的空间分布结构，让这条五环路变得尤为重要。

北京市修建的五环路全长约 96 千米，全线采用双向六车道高速公路标准，设计车速 100 千米/小时，沿线全部为互通式的立交桥，条件与功能近似于成都绕城高速公路（四环路）。规划中的北京六环路则全长 188 千米，与成都五环路和第二绕城类似，由此可以说不管是规划抑或建成的项目，成都市目前的道路交通条件已经迈入全国先进水平的前列。

成都"五环路"的布局分析

网上很多消息把成都当时正在修建的第二绕城看作五环。笔者对这种说法抱有很大的疑虑。成都第二绕城高速公路是当时四川省建设规模和标准最高的高速公路项目，路线全长 223 千米，双向六车道，总投资 286 亿元。建设工期 3 年，预计 2013 年年底建成通车（又一说法为 2014 年年初）。按周长 223 千米的标准圆形计算，平均半径应为 35.5 千米。这是什么概念呢？目前，从天府广场出发，沿着人民南路向南到绕城高速的距离约为 10 千米。也就是说，目前 10 千米的距离跨越了从一环路到绕城路这 4 条主要的环路。而要从绕城（四环路）再到第二绕城需要约 25 千米，那么这个从四环路到五环路的距离是不是太长了呢？所以笔者可以肯定地说，未来的五环路应该是处在第二绕城内部的。

沿着天府大道从绕城路口往南，测量天府广场到第二绕成高速距离为 33.74 千米，则估算周长为 211.88 千米，这就和公布的 223 千米周长很接近了。而从绕城高速到第二绕城高速的全长约 23.74 千米，显然对于从四环路到五环路的跨度来讲太长了。那么，五环路究竟在哪儿呢？继续研判卫星地图可知，从绕城路口到麓山大道口，距离约 8.67 千米。据悉，五环路应该是结合现有道路从而串联起成都近郊几个区县的一条环路，而不是完全新修的一条道路。综合判断，笔者认为经过麓山大道的环，应该就是未来成都的"五环路"，而其和绕城高速（四环路）8 千米左右的距离也是合适的。

当时，这条环路从西南到东部已经具备雏形了。从双流西部的绕城路（双楠大道）到通车不久的牧华路，跨过天府大道连接麓山大道，再往东紧接着华龙路和龙泉的成环路，经过洛带镇一直抵达洪安镇。这一线的大道修建标准都较高，基本都是双向八车道（部分六车道）。可以说，整个五环路的南半环已经基本成型了。

而未来五环路的北半环还有较多路段需要打通。在东北方向，从龙泉洪安镇的成环路到新都之间的一大段空白区域需要新建道路。而新都的"新工大道-大港路"一线的北部这条平行的且横跨京昆高速（已经修好了一个立交）的这条路很可能就是未来五环路北段的一部分。这条路和新都的新繁镇之间还有一段缺口需要打通（也许可以利用目前的

"新新路"的一部分）。未来五环路的西北段目前也还是空缺的，也就是说从新都新繁镇到郫县这段还需要打通。笔者估计高标准修建且目前已经通车的郫县南北大道很可能是未来五环路西北段的一部分。虽然目前的郫温路看起来是现成的一段环路，但是郫温路的路面太窄，而且周边已经修建了很多住宅，要拓宽很难，所以笔者更倾向于把郫县的南北大道作为五环路的一段来看待。

那么，郫县如何通过未来的五环路与温江连接呢？事实上，从卫星地图可以看出，目前温江已经在修建一条高标准的道路了，从而可以和郫县的南北大道连接。经过测量，截至2016年年底，在这两条道路之间仅有约1.3千米的路段尚未打通。这条路向南跨过芙蓉大道和成温邛高速，连接温泉大道，可以直达光华大道。

但是，这条路将如何连接双流目前还不能看得很清楚。笔者做出如下几种分析：一是从温江的温泉大道（连接新华大道）经新建成通车的成新蒲快速路再经双流的彭镇连接双流的绕城路（双楠大道），二是从温泉大道经温黄路再经彭镇连接双流的绕城路。还有一条线路是目前现成的双温路，但由于其半径稍微近了一点，且不能直接成环，所以笔者认为其作为未来五环路一段的可能性不大。

（在2016年年底正式发布的成都"五环路"规划方案中，温江的凤凰大道被作为了连接郫县和双流的连接通道，这比笔者的上述分析更略微靠近四环路一些，即五环路正西段这一部分的半径偏小。但是郫县的"南北大道"和双流的"双楠大道"作为成都"五环路"路段的规划是与笔者的分析一致的。）

综上所述，未来的五环路将完全串联起成都近郊的所有区县，并且将这些近郊区县的大部都囊括进入成都的主城区。这将是成都城市化进程中的关键一步，众多近郊区县将华丽转身成为成都的主城区。因此，五环路是非常值得期待的。根据上面的分析，未来五环路的南半环实际上已经基本成型了，而北半环还有一些路段需要打通，但一旦开建，施工难度不会太大。在2013年年初的时候，尚未有官方公布的关于五环路的具体消息，笔者分析这主要是担心五环路的概念会引起近郊区县土地的过度炒作。而未来一旦决定公布五环路，根据现有的道路条件基础，相信五环路将会很快呈现。

城市规划需要有"优化"的思想

约 4 年的时间一晃而过。在成都"五环路"规划正式发布的 2016 年年底再来回顾笔者当时的调研，难免感慨。在这 4 年里，发生了很多事。我们生活的时代在飞速地变化，一天不看新闻都觉得跟不上时代发展。当时发表《成都的五环路猜想》这篇文章的《地产商》杂志，也已经停刊了（新媒体还保留着）。当时笔者写这篇文章的出发点就是想分析如何在最合适的位置、以最低的成本来修这条非常必要的五环路。笔者讲授和研究经济学，一个最核心的思想就是"优化"。笔者非常乐意看到"优化"的思维方式应用在我们生活中的各个方面，并愿意为其做出自己的贡献。城市规划需要有"优化"的思想，这本身也是城市高质量发展的客观要求。

第六章
2017 年：深度转型

2017 年，笔者在写作上更加注重对所写话题"垂直深度"的把握。随着笔者在更多的平台开通了发布号，所写文章的总体阅读量也在不断增加。例如，在开通网易号以后，在较短的时间内就累积了总计约 90 万人次的阅读量。在封面号上快速累积了约 65 万人次的阅读量。在房天下房产圈上累积了超过 58 万人次的阅读量。在今日头条上的累积阅读量有约 59 万人次，但花的时间要长一些。

笔者的媒体发布号 2017 年 1 月获评"2016 年度房产企鹅号"；2017 年 3 月获评腾讯企鹅号年度致敬榜"个人最佳表现奖"；2017 年 11 月获评腾讯房产"2017 年度企鹅号最佳原创内容奖"；2017 年 12 月获评四川省"2017 年度十佳发布号"。

"一、二、三、四线"城市分类过时了！
中国城市间楼市梯队的新划分

背景回顾

不理解中国城市间楼市的分化，就很难真正明白中国的房地产市场。

本文首次发表时间为2017年1月23日，在微信公众号、百度知道日报上的阅读量约9 100人次，在房天下房产圈上约7 400人次，在新浪头条约2 800人次，在新浪财经上超过2 400人次，在企鹅号上约1 100人次。此外，凤凰房产、搜狐网、一点资讯、杭州房产网等媒体也转载了这篇文章。

时至岁末，各种关于楼市的总结纷至沓来。抛开各种成交量、库存之类的指标不谈，本文尝试从一些新颖的角度来解读当前的中国楼市。

日益严重的楼市分化

当前国内的楼市，可以用"冰火两重天"来形容。有的城市，房价连续快速上涨。而有的城市，房价却上涨乏力，甚至还出现了下跌。我们身在一座城市，待得久了，可能对房价有直观感觉，但不一定能很准确地把握不同城市的房价对比情况。

不同的城市由于各种历史和现实的原因，房价的基数会存在很大的差异。例如，有的城市单价在每平方米10万元以上，有的城市单价仍然在每平方米三四千元徘徊。

因此，在本文，我们不妨变通一下，不谈绝对房价，而只谈房价的涨跌幅度，用百分比表示。就好像我们关注股票的时候，其实不太在乎股价的绝对数，而关心的只是股价的涨幅。房价高的城市的房产就好比高价股，房价低的城市的房产就好比低价股，这是一个道理。那么到底是"高价股"涨得快呢？还是"低价股"更容易涨起来呢？这还真不一定（想想"茅台"的股价……）。近两年，我们既可以看到房价已经很高的城市，其房价还在加速上涨，也可以看到房价较低的城市，其房价突然加速上涨。

人们在做投资决策的时候，习惯用"年化回报率"来表述一种资产或者一个投资品种的投资收益。那么，不同城市住房的年化收益率大概是多少呢？我们知道，住房是一种和地理位置关系非常密切的特殊商品，即使在一座城市内部，不同方位和区域的差别也可能很大。因此，我们在做城市比较的时候，只能选用能够度量一座城市整体均价的房价指数。如果我们用一座城市最好地段的最贵的豪宅价格，去比较另外一座城市偏远地带的普通住房价格，那是没有任何意义的。本文选用国家统计局发布的"70个大中城市新建商品住宅价格指数"来作为刻画不同城市房价走势的统一度量。

其实，从2013年开始，国内不同城市间楼市的分化就已经很明显了。

从图6-1不难看出，几个代表性城市的年度房价涨幅很明显地分为三个层次。以北京和上海为代表的一线城市在2013年的年度涨幅为16%~18%的水平，以成都和重庆为代表的二线城市的年度涨幅为8%~9%的水平，而以唐山和温州为代表的三、四线城市的年度涨幅小于2%，温州甚至是负数，也就是说房价在跌。可见，在2013年，不同城市的房价涨幅，基本上和"一、二、三、四线"城市的划分是匹配的。

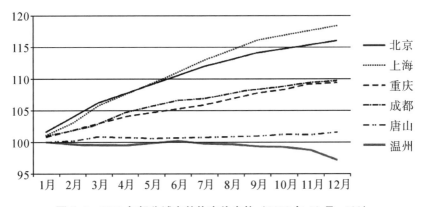

图6-1　2013年部分城市整体房价走势（2012年12月=100）

那么，当前国内的楼市分化到底严重到了什么程度呢？

城市房价涨幅的梯队新划分

4 年，可能是一个周期。

当然，4 年时间你可以从青涩的高中生变成成熟的大学生，拿个硕士或博士学位时间也够用了。但本文所说的 4 年，是指从 2013 年到 2016 年的这 4 年。对于中国的楼市而言，这 4 年有着特别重要的意义。

从 2013 年的快速上涨，到 2014 年和 2015 年的下跌调整，再到 2016 年的快速上涨，这 4 年对有的城市的楼市来说就是一个先"深蹲"再"起跳"的过山车的旅程，而对另一些城市的楼市来讲则是一个"沉沦"。

从前面的图 5-2 可见，从 2014 年开始，更准确地说是从 2015 年开始，全国楼市的分化已经大到了惊人的程度。在这种情况下，传统的"一、二、三、四"线城市的划分已经不再适用于当前国内房地产发展的新形势了。

2013—2016 年：四年成绩单大盘点

本文在此，隆重提出"九大梯队"（各梯队划分详见表 6-1 至表 6-9）的划分，这应该更为准确。

表 6-1　　　　　　　　　　第一梯队城市

排名	城市	累计涨幅/%
1	深圳	114.53

2015 年，全国楼市其实只有"两个"城市：深圳和"其他"。上面所列的 4 年累计涨幅中，超过一半的涨幅是深圳在 2015 年创下的。从这 4 年的房价上涨幅度来看，深圳早已远远把北京、上海、广州这 3 个传统的一线城市抛在身后。换句话说，传统的"一线城市"的楼市也已经出现了很大的分化。

表 6-2　　　　　　　　　　第二梯队城市

排名	城市	累计涨幅/%
2	厦门	79.45

表6-2(续)

排名	城市	累计涨幅/%
3	上海	69.40
4	南京	62.61

这4年，厦门到底发生了什么？仔细研究厦门房价上涨的曲线，可以发现其主要的房价涨幅阶段在2015—2016年，特别是2016年。

"老牌劲旅"上海队表现优异这就不用多说了，被"新锐"厦门超过10个百分点。同样地，南京近两年异军突起，房价涨幅也是直逼上海。这3个城市的4年累计涨幅均超过60%，所以列为第二梯队。

表6-3 　　　　　　　　　**第三梯队城市**

排名	城市	累计涨幅/%
5	合肥	59.51
6	北京	55.22
7	广州	55.12

第三梯队的3个城市里面有两个老牌"劲旅"，即北京和广州，无奈其近两年的房价涨幅被一些"新人"超过，惨被降级。第三梯队的"领头羊"合肥队让人觉得充满了"暴发户"的味道。合肥在2016年之前的中国地产界，即使不算"名不见经传"，那也是非常低调的。但靠着2016年这一年的惊艳表现，合肥就足以技惊四座了。把合肥排在第三梯队实在有点委屈了，因为合肥在近4年的累计涨幅与第二梯队是非常接近的。本文是为了把当前国内楼市的分化情况描述得更清晰一些，所以梯队划分得较细。不管怎么说，第三梯队的城市，其四年的累计涨幅都在50%以上（实际上已经达到了55%以上）。

表6-4 　　　　　　　　　**第四梯队城市**

排名	城市	累计涨幅/%
8	郑州	47.49
9	福州	39.21
10	武汉	38.17

表6-4(续)

排名	城市	累计涨幅/%
11	杭州	35.56
12	无锡	34.40
13	天津	33.84

笔者对"第四梯队"的划分标准是近4年的累计涨幅在30%~50%。实际上，能挤进这个区间的城市也不多，仅六个。这里面除了老牌的"强二线城市"天津和传统高房价城市杭州以外，"新锐"城市郑州、武汉、无锡异军突起。令人吃惊的是，以往房价走势相当低调的福州也有着惊人的累计涨幅。看来，福州受厦门的影响是很大的，这在房价的传递关系上体现得非常明显。

表6-5　　　　　　　　　第五梯队城市

排名	城市	累计涨幅/%
14	石家庄	28.53
15	济南	26.32
16	惠州	25.16
17	长沙	23.43
18	南昌	20.81
19	南宁	18.83
20	宁波	17.77
21	赣州	16.41
22	徐州	15.12

本文所划分的第五梯队，主要是近4年累计涨幅在15%~30%的城市。这里面既有省会城市如石家庄、济南、长沙等，也有非省会城市如惠州、宁波等。这其中，以靠近北京的石家庄居首，涨幅接近30%。

表6-6　　　　　　　　　第六梯队城市

排名	城市	累计涨幅/%
23	青岛	13.82
24	西安	13.31

表6-6(续)

排名	城市	累计涨幅/%
25	太原	11.62
26	成都	10.81
27	扬州	10.60
28	九江	10.50
29	重庆	10.40
30	金华	10.08

  本文所划分的第六梯队主要是近4年累计涨幅在10%和15%的城市。这里面以大家非常熟悉的一些传统二线城市为主,包括青岛、西安、太原、成都和重庆,也有一些中小城市,如扬州、九江和金华,都在江浙一带。可见,当前国内楼市的分化的确已经大到了令人震惊的程度,传统的"一、二、三、四线"城市的划分在楼市上已经被完全打乱了。但这还不是全部,请继续往下看。

表6-7   第七梯队城市

排名	城市	累计涨幅/%
31	贵阳	8.48
32	泉州	8.38
33	北海	8.12
34	平顶山	7.92
35	宜昌	7.80
36	哈尔滨	7.17
37	烟台	7.16
38	湛江	7.10
39	岳阳	6.86
40	沈阳	6.76
41	长春	6.43
42	洛阳	6.41

表6-7（续）

排名	城市	累计涨幅/%
43	兰州	6.34
44	安庆	5.99
45	西安	5.67
46	秦皇岛	5.01

本文所划分的第七梯队的阵容非常庞大，达到了 16 个，囊括了近 4 年房价指数的累计涨幅 5%~10% 的城市。这里面既有一些省会城市，如贵阳、哈尔滨、沈阳、长春、兰州、西宁等，也有很多非省会的中小城市。

表 6-8　　　　　　　　　　第八梯队城市

排名	城市	累计涨幅/%
47	三亚	4.93
48	济宁	4.01
49	桂林	4.00
50	大连	3.86
51	泸州	3.84
52	昆明	3.82
53	银川	3.59
54	吉林	3.39
55	蚌埠	3.14
56	南充	2.82
57	呼和浩特	2.73
58	乌鲁木齐	2.65
59	常德	2.56
60	海口	2.48
61	大理	2.28
62	遵义	1.97

表6-7(续)

排名	城市	累计涨幅/%
63	韶关	1.86
64	襄阳	1.83

　　本文所划分的第八梯队，囊括了近4年累计涨幅从0~5%的城市。第八梯队的阵容也非常庞大，有18个城市。这里面有少量的省会城市，如昆明和乌鲁木齐，但总体来说以中小城市为主。

表6-9　　　　　　　　　　　　第九梯队城市

排名	城市	累计涨幅/%
65	牡丹江	-0.44
66	温州	-1.16
67	唐山	-1.33
68	包头	-2.26
69	丹东	-3.45
70	锦州	-3.84

　　本文所划分的第九梯队，就是近4年累计房价涨幅为负的城市，换句话说，这些城市的房价在跌。在70个大中城市中，这样的城市有6个。

　　看完上面的4年成绩单，相信各位朋友肯定是感触良多。快赶紧看看您所在的城市排在第几吧。

　　笔者专门将上述榜单里的累计房价指数和同时间段内的物价涨幅做了一个对比。从2013年到2016年，我国CPI的累计涨幅为8.24%。也就是说从第七梯队的北海（位列第33名）往下的城市，其房价从整体上看已经全面跑输CPI。而第九梯队的城市更是连名义房价都是在下跌的。

　　毫不夸张地说：房价跑输CPI的城市，其房产已经基本丧失了投资价值（如果不考虑自住和出租收益的话）。也就是说，不要被2016年的房价涨幅所迷惑了，那只是部分城市。在70个大中城市中，近四年的时间内，超过一半的城市（38个，占比54.29%）四年房价的累计涨幅跑输CPI。如果我们把这个榜单扩大到包含更多的中小城市，那么相信房价跑输 CPI 的城市的比例会更大。要知道，在这四年的时间段内，可是包含着 2013 年和 2016 年这两个楼市"大年"啊！

如果只看 2016 年，这个楼市涨跌幅度的榜单又有没有变化呢？

2016 年的全国城市房价走势：七大梯队

由于单看 2016 年，楼市的涨跌幅度的差距就没有前述的四年涨幅这么大，因此本文就只划分了七大梯队（各梯队划分见表 6-10 至表 6-16）。

表 6-10　　　　　　　　2016 年全国城市房价走势第一梯队

排名	城市	全年涨幅/%
1	合肥	46.16
2	厦门	41.54

本文对 2016 年全国楼市的第一梯队的划分标准是房价年增幅在 40% 以上的城市，这一梯队包含两个城市，即合肥和厦门。厦门作为传统的高房价城市，大家似乎都习惯了。但合肥在 2016 年却是实实在在地赚足了眼球，荣登"中超"榜首。其他排名显示，2016 年的"世俱杯"合肥队也夺得了冠军。

表 6-11　　　　　　　　2016 年全国城市房价走势第二梯队

排名	城市	全年涨幅/%
3	南京	39.68
4	无锡	35.53

本文对 2016 年全国楼市的第二梯队的划分标准是房价年增幅在 30% ~40% 的城市。这一梯队包含了南京和无锡两个城市，而且它们的年增幅都在 35% 以上。

表 6-12　　　　　　　　2016 年全国城市房价走势第三梯队

排名	城市	全年涨幅/%
5	杭州	28.65

表6-12（续）

排名	城市	全年涨幅/%
6	郑州	28.47
7	上海	28.16
8	福州	27.30
9	北京	26.67
10	武汉	24.88
11	天津	24.86
12	惠州	24.76
13	广州	24.31
14	深圳	23.46

本文对 2016 年全国楼市的第三梯队的划分标准是房价年增幅在 20%~30% 的城市。这一梯队包含了杭州领衔的 10 个城市，而且包含了北、上、广、深这四个传统的一线城市。值得一提的是，在 2016 年，郑州和武汉、惠州等城市异军突起，福州也表现不俗。而在 2016 年深圳则表现相对低调。

表 6-13　　　　2016 年全国城市房价走势第四梯队

排名	城市	全年涨幅/%
15	济南	19.52
16	石家庄	18.85
17	长沙	18.13
18	南昌	14.33
19	赣州	13.52
20	青岛	13.36
21	宁波	12.11
22	九江	11.23
23	南宁	10.78

本文对 2016 年全国楼市的第四梯队的划分标准是房价年增幅在 10%~20% 的城市。这一梯队包含了济南领衔的 9 个城市，石家庄和长沙的表

现比较抢眼。

表 6-14　　　　　　2016 年全国城市房价走势第五梯队

排名	城市	全年涨幅/%
24	徐州	9.47
25	扬州	9.47
26	蚌埠	9.25
27	泉州	9.13
28	湛江	8.28
29	安庆	7.54
30	韶关	7.38
31	重庆	7.22
32	西安	6.99
33	金华	6.68
34	秦皇岛	6.56
35	海口	6.38
36	烟台	5.43
37	岳阳	5.42
38	成都	5.39
39	贵阳	5.22
40	宜昌	5.22

本文对 2016 年全国楼市的第五梯队的划分标准是房价年增幅在 5%
~10%的城市。这一梯队包含了徐州和扬州领衔的 17 个城市。它们大多
数是东部沿海城市，西部经济重镇成都、重庆和西安也入围。

表 6-15　　　　　　2016 年全国城市房价走势第六梯队

排名	城市	全年涨幅/%
41	洛阳	4.79
42	温州	4.69
43	三亚	4.58
44	昆明	4.17
45	长春	3.97

表6-15(续)

排名	城市	全年涨幅/%
46	北海	3.86
47	平顶山	3.76
48	泸州	3.65
49	兰州	3.24
50	哈尔滨	3.24
51	沈阳	3.14
52	桂林	3.13
53	唐山	3.03
54	常德	2.92
55	大理	2.83
56	襄阳	2.63
57	西宁	2.53
58	吉林	2.52
59	大连	2.52
60	太原	2.42
61	银川	2.22
62	济宁	1.81
63	遵义	1.81
64	南充	1.81
65	呼和浩特	1.10

本文对2016年全国楼市的第六梯队的划分标准是房价年增幅在0%~5%的城市。这一梯队包含了为数众多的25个城市，即有省会城市昆明、长春、兰州、哈尔滨、西宁、太原、银川、呼和浩特，也有热门旅游城市如三亚、桂林、大理等。

表 6-16　　　　　　　2016 年全国城市房价走势第七梯队

排名	城市	全年涨幅/%
66	包头	-0.50
67	丹东	-0.61
68	牡丹江	-1.20
69	乌鲁木齐	-1.30
70	锦州	-2.96

本文对 2016 年全国楼市的第七梯队的划分标准是年增幅小于零的城市，也就是说房价在跌。除了有 4 个前述 4 年累计涨幅为负的城市位列其中之外，令人吃惊的是省会城市乌鲁木齐也在其中。

同样地，笔者也把同时期的物价指数拿来和这份房价涨幅榜单做了一个对比。2016 年国内 CPI 为 2.0%，照此划线，70 个大中城市中有 9 个城市（占比为 12.86%）的房价指数，即使在 2016 年这样史上罕见的"房产大年"里依然跑输了 CPI。

最后笔者想说一句：房子是拿来住的不是拿来炒的。而且通过本文的分析不难看出，在很多城市，想炒也没用。

分化背后的原因

对比"近 4 年的九大梯队"和"2016 年的七大梯队"这两份榜单，不难发现：如果不是不少城市因 2015 年这次"史上最强"的救市政策的提振，其房价在 2016 年"振奋"了一把，那么在 4 年累计房价涨幅榜单中，房价跑输 CPI 的城市的比例必然会更高。笔者粗略地估算了一下，这个比例很可能会超过 80%。

（到了 2017 年，很多前期滞涨的城市纷纷"逆袭"。当然，那是后话了……不过，本文的研究结果对于判断这些"逆袭"城市楼市的"成色"是很有帮助的。到底是补涨还是虚高，这个就只有交给时间来验证了。）

看好成都楼市，但其发展不是一蹴而就
——成都"3·23"楼市调控新政解读

背景回顾

自 2016 年 10 月的全国性楼市调控大幕拉开之后，楼市的走势迅速出现了分化。一方面，随着越来越多的城市加入"限购"大军，各地新房价格逐渐企稳；另一方面，没有受限购影响的二手房市场则出现了大幅上涨，一些城市的二手房价更是在不到半年的时间内出现了惊人的涨幅。终于，在 2018 年 3 月，各地推出了新一轮包含针对二手房的升级版楼市调控政策。

本文首次发表时间为 2017 年 3 月 23 日，在房天下房产圈上的阅读量超过 4.4 万人次，在微信公众号上的阅读量超过 2.5 万人次，在新浪财经上的阅读量超过 1.1 万人次，在新浪头条上的阅读量有约 3 200 人次，在搜狐号上的阅读量有约 2 600 人次，在企鹅号、一点资讯上的阅读量有约 1 300 人次。

随着 2016 年"9·30"政策发布，全国多个房价上涨过快的热点城市陆续开始实施房地产调控的限购和限贷措施，这些城市的一手房市场出现了价稳量跌的态势，表明房地产调控措施取得了立竿见影的成效。然后，由于以二手房交易为代表的存量市场并未直接地受到调控措施的影响，市场热度较为明显地从一手房市场向着二手房市场转移。最近几个月以来，全国多个热点城市的二手房交易价格出现了较大的涨幅，特别是一些城市有着"学区房"概念的存量房出现了非正常的惊人涨幅，甚至引发了外媒的关注。当前，在一些房价（包括二手房价）上涨过快的城市，交易价格和价值日渐背离的情况已经越来越突出，这影响了人们的预期，导致一部分本来还处于犹豫状态的意向购房者恐慌入市。这种情况不仅不利于我国房地产市场的平稳健康发展，甚至有可能累积经济和金融的潜在风险。在这一背景下，2017 年 3 月 17 日起，全国多个城市开始新一轮的密集房地产调控政策，这主要是对既有的房地产调控措

施进行更严厉的升级，也有一部分中小城市是首次进行房地产调控。

近年来，成都的房地产市场总体来说运行是平稳的。根据国家统计局发布的"70个大中城市新建商品住宅价格指数"，在2013—2016年的4年时间里，深圳的累计涨幅高达114.53%，厦门的累计涨幅也高达79.45%，而成都的累计涨幅仅为10.81%，在70个城市中排在第26位，位于九大梯队中的第六梯队。如果单看2016年，则合肥以46.16%的年涨幅领涨全国，成都的年涨幅仅为5.39%（低于邻居重庆的7.22%和西安的6.99%），在70个城市中排在第38位，位于七大梯队中的第五梯队。从成都的经济发展水平和在全国城市中的地位来说，成都楼市是有一定的补涨需求的，这是客观的经济规律，也是本地居民享受城市发展成果和安居乐业的需要。

然而，2016年下半年以来，随着购房资金从中国东部向着西部的转移，成都各个楼盘的"外来客"逐渐多了起来，外地炒房大军入蓉一触即发，严重影响成都楼市的平稳健康发展。在这种情况之下，2016年国庆成都当机立断实施了限购，并有针对性地对市场最热的城南实施了差别化的升级版房地产调控措施。从实际效果来看，这几个月以来成都的一手房市场初步稳定住了。然而，和全国其他热点城市的情况相似，近几个月以来，成都的二手房市场出现了较大的涨幅，这其中外地购房客的"贡献"不可谓不大。成都存量房市场的持续走热，也影响了本地居民的心态，使得一些意向购房的本地居民恐慌入市。

经笔者调研和观察，目前成都市场的购房主体主要有五大类人。

一是本地的刚需和改需，尤其以改需居多。二是被一线城市挤压出来的真实购房群体，特别是老家在成都或四川其他城市但在京沪深等高房价城市工作的人，眼看着这些城市的房价（含二手房）"芝麻开花"，慌了，赶紧回成都买房（正好1月底2月初也是春节大假）。三是外来的专业或半专业的炒房客，抱着买"蓝筹低价股"的心态来蓉买房，一手房限购了就买二手房。四是本地的普通居民，本来有或者没有购房意愿，但最近看到别人都是要么在买房，要么在去看房的路上，慌神了，恐慌性入市。五是纯粹奔着新房、二手房"价差倒挂"而去的这一类购房者。

现在问题来了：您是哪类人呢？

在这种情况下，响应中央"房子是拿来住的"的号召，也是顺应本地房地产市场变化的客观需要，成都出台了新的升级版房地产调控措施，既进一步收紧了一手房市场的调控，也把二手房的存量市场纳入了调控措施的覆盖范围。同时，值得称赞的是，成都的楼市新政对"人才引进"的购房需求给予了区别的对待，这让有意来蓉工作和生活的各类符合要求的人才没有置业的障碍。

当前，国际经济形势变幻莫测，国内楼市也应该做好缓冲的准备，应对美元加息等国际国内宏观经济形势的各种变化，避免可能的大起大落。总体来说，本次成都的楼市新政，既是对国家号召的响应，也是对本地市场避免过度波动的保护；不仅可以堵住外来资金炒作的口子，也为外来人才的真实购房需求留了一扇窗口。

相信对本次成都楼市新政，各位朋友感觉最为模糊之处，就是能否跨区购房的问题。例如：成华区的户口，能不能买金牛区的房？

经过笔者连夜向相关部门核实，答案如下：

第一，可以跨区，成华区、锦江区等户籍的居民可以买除高新南区和天府新区成都直管区以外区域的房产。第二，高新区和天府新区户籍居民可以买所有区域房产，但是高新区不能买天府新区，天府新区不能买高新区。

此外，统一补充几个问题，笔者已经核实：

第一，集体户口也可以买。第二，购房者均以自然人为单位，不是以家庭为单位，产权证上有两人，就算两个自然人。第三，2016 年 10 月1 日后购买限购区域内商品房的，属于限购范围，购买二手房的不算。

另外相信很多朋友关心新政以后，房价会不会降？经过笔者的长期研究，限购、限贷等调控措施，对均衡房价的影响很复杂，取决于包括城市经济结构、楼市结构在内的众多因素。从目前的市场环境来看，新政后市场降温、价格趋稳是可以预期的，但成交量萎缩下降也是必然的。

那么谁受影响最大？前些日，房产交易中心内布满排队的人的照片相信很多人都看过。不管房价是买贵了还是卖便宜了，稳赢的是中介。如今，新政出台，二手房也被纳入限购范围。买家即使买不到房，钱还在自己手里；卖家即使房子卖不出去，房子也还在自己手上。现在苦的是中介，因为没有成交，就没有佣金。所以本次新政中介受的影响最大。

此外，本次成都楼市新政没有提出限贷，这说明楼市调控加码是还有进一步收紧空间的，如提高首付比例等。最后，笔者想说，笔者坚定地看好成都经济的发展，成都的楼市也必然会兑现其价值，但不是一蹴而就。房价平缓且可持续地上涨，更有利于成都楼市的健康平稳发展。

设立自贸区对楼市是长期利好，而不是短线炒作由头

背景回顾

自贸区设立了，很多人想到的是不是房价又会涨？这实在是有点误读自贸区，也低估了自贸区的实际作用。

本文首次发表时间为2017年4月3日，其阅读量在网易号上有约2.1万人次，在房天下房产圈上有约8 600人次，在搜狐号上有约7 000人次，在封面号上有约6 700人次，在企鹅号上有约4 900人次，在微信公众号上有约2 500人次，在新浪财经、新浪头条上有约2 300人次，在今日头条上有约1 600人次。

此外，该篇文章被今日头条、16小时网、Hao123新闻、时尚生活网、房天下、一点资讯、搜狐网等多家媒体转载。

2017年4月1日，四川自贸区正式挂牌。

这两天，大家关注得最多的问题也许就是自贸区设立了，成都，特别是天府新区的房价会不会暴涨。这个问题背后的逻辑其实是非常简单的：作为首个自贸试验区，上海自贸区经历了房价飞涨，第二批自贸试验区天津、广东、福建，也出现"抢房"热潮。城南本身就是成都楼市最火热的地方，现在自贸区的主体又落在成都城南的天府新区，这会不会加剧城南楼市的火热，甚至促使房价暴涨呢？

要回答这个问题，我们必须得把房价问题放到一个更为宏观的层次来进行考察。不论是国内还是国外的房地产市场，都具有周期性。当然，国内楼市这10多年以来总体来说都处于上涨的大周期之中，但是依然具备很明显的短期波动。2014年到2015年的这一波调整，全国各个城市的房价普遍走低，只不过程度不同而已。显然，讨论自贸区对房价的影响，必须得把问题的时间背景放到楼市周期的上涨或下跌阶段来进行分析。

上海自贸区成立于2013年9月29日，而2013年本身就处于我国房地产的一个阶段性上升过程中，一直到2014年4、5月达到阶段性的顶部。这一过程由于房地产的大环境处于上涨周期中，所以上海自贸区内

及周边的房价也在上涨，这很正常。随后经历一定的调整之后，上海的房价于 2016 年年初再次进入快速增长期，自然上海自贸区内及周边的房价也在快速上涨。所以，上海整体的房价涨，上海自贸区的房价也涨，这是一种正常的联动关系。所以，人们觉得上海自贸区的房价涨得快，这其实是一种错觉，其实是同时期整个上海的房价都涨得快。

事实上，目前并没有太多的经验证据能够支撑"自贸区让房价暴涨"这一论点。

上海自贸区主要位于浦东新区，但是在上海自贸区成立后的可比时间段内，浦东的房价并没有显著地比其他区域（特别是上海中心城区）涨得更快。

2014 年 12 月 12 日，国务院常务会议公布了第二批自贸区名单，广东、福建、天津获批第二批自贸区。我们知道，2014 年年底正是国内楼市"愁云惨淡"的时期，全国各城市的房价都在普遍走低，只不过程度有高有低而已。显然，我们也并没有发现列入第二批自贸区的城市能够让房价幸免不跌。

现在，第三批自贸区名单来了。显然，对楼市来说这是一个复杂的时间节点。一方面，在一些城市，楼市的确比较火热；另一方面，目前又是房地产调控政策密集出台的时期。简单地说，市场虽热，但是政策在收紧，房价的增幅在踩刹车。就成都而言，经历了 2016 年 10、11 月的两次楼市调控以后，新房价格的涨幅已经在趋缓。而前面提到的成都"3·23"新政直指二手房，可以预测成都二手房价格的涨幅也会趋缓。在这个背景下，笔者认为自贸区的落地并不会对成都（特别是城南的天府新区）的房价有太直接的刺激作用。

自 2016 年下半年以来，备受瞩目的天府新区承受了较大的房价上涨压力，目前也是成都房地产调控最严格的区域之一。实际上，天府新区总共规划面积达 1 578 平方千米（约等于 1.5 个香港的面积），其中建设用地约为 650 平方千米，人口预测 600 万，相当于再造了一个成都主城区。因此，天府新区的潜在房源供应量是非常充足的。在这种情况下，自贸区这个单一的因素并不会成为天府新区楼市的"引爆点"。

自贸区落户天府新区，这当然是一个重大利好，笔者认为其意义在于给天府新区的发展再添一把柴。但是，这是用于"慢火炖汤"的柴，是一种长期的利好，而并不能视为火上浇油的短线炒作由头。

事实上，如果仔细研究四川自贸区的内容，不难发现，自贸区对经济增长和产业升级是一个重大利好，对增加就业和提高人们的生活水平也非常有益。自然，经济好了楼市也会更好，这才是正常的传导关系，而不是反过来。

未来，随着自贸区在天府新区的不断发展，将不断有新产业、新公司在自贸区落户，就业人口逐渐增多，其办公和居住需求也会带动自贸区内及周边房地产业的发展，这是一种良性互动。当然，这是一个循序渐进的过程，不会一蹴而就。

最后笔者想说的是，目前天府新区正处于严格的楼市调控之中，即使有投资客想借自贸区成立的由头来天府新区炒一把短线，也无法下手。咱们还是把自贸区这把火留着慢慢烧，让天府新区和整个成都楼市持续健康稳定地发展。

昨日之后，成都主城区再无洼地

背景回顾

以前在做城市土地价值研究的时候，笔者通过计算发现过很多具有"洼地"性质的区域板块。有意思的是，笔者发现土地市场的波动程度远远大于楼市本身。如果一个区域的房价在 1 年内涨了 1 倍，那么人们都会觉得这个涨幅已经很大了。然而，同区域地价在近 9 个月的时间内涨了约 5 倍呢？

资金就像一碗水，而水总是从高处流向洼地。

本文首次发表时间为 2017 年 4 月 7 日，其阅读量在网易号上有约 3.2 万人次，在房天下房产圈上有约 1.5 万人次，在微信公众号上有约 9 700 人次，在封面号上有约 6 100 人次，在新浪头条上有约 3 100 人次，在四川发布号上超过 2 000 人次，在企鹅号、新浪财经上有约 1 900 人次。

成都"4·6"土拍""，"激战"5 个小时，创下多个成都土地市场"之最"。相信很多参加"土拍"的业内人士，中午吃得饱饱地走进拍卖场，但等到肚子都饿了这场"土拍"还没有结束。

本文不是要复述一遍成交结果，或是讲一些关于本次"土拍"的段子。本文只想对照一下笔者在 4 月 5 日发布的前瞻性的地块评估，来复盘一下本次"土拍"的"得与失"。

如果用一句话来概括本次"土拍"，笔者只想说：昨日之后，成都主城区再无洼地了。

尤记得 2016 年"6·29"那场史诗级的"土拍"。当天唯一一块零溢价成交的地块就在本次出让一号宗地以北约 1.1 千米处，其综合条件与一号宗地非常相近。最终，这块编号 JN08（252/211）：2016 - 033 的地块以 361 万元/亩、楼面地价 1 900 元/平方米的价格成交。在当天火热的拍卖气氛当中，这块金牛区天回镇街道木龙湾社区的地块显得非常得孤单和另类。"北门"，是这块地的标签。显然，那时众多开发商宁愿去城南挤破头，也不愿意来北门低价拿地。毫无疑问，继武侯新城、龙潭片区快速崛起以后，城北就是成都主城区内最后的价格洼地。

古话说"三十年河东、三十年河西"，现代社会日新月异，显然不需要等 30 年。仅仅过了 9 个多月的时间，同样是在金牛区天回镇街道木龙湾社区，非常相近的地块条件，起拍价已经涨到了 7 000.00 元/平方米，而成交价更是达到了 11 080 元/平方米。粗略一算，同一位置，相近条件的地，9 个月内起拍价增加了 268%，成交价增加了 483%。折算下来，平均每个月土地的楼面地价上涨 1 020 元/平方米。这可能是"时间"这个因素作为影响地价的最大单一因素的最好注解。

昨日之后，要让笔者在成都主城区范围内再帮您找一片能称作"价值洼地"的地方出来，笔者也犯难了。这一波成都楼市的热度，从城南开始，并向着其他方位扩散。如今，天回镇高价地块的出现，标志着这碗水，被端平了。水从高处往低处流，这是最简单的重力模型。

价格围绕价值上下波动，这是市场经济的核心规律之一。笔者研究的意义，就在于用先进的技术手段来捕捉这个"价值"，从而在价格上下波动的时候帮助判断成交价处于一个什么样的位置。如果成交价格大大高于其应有的市场价值，那必然是值得警惕的；而如果成交价格大大低于其真实的市场价值，则又提供了投资的套利机会。笔者这套研究方法不是拿来做预测的，而是用来判断上面提到的这个市场价值的。

下面，就让我们对照着 4 月 5 日笔者发布的土地评估，复盘一下本次"土拍"的"得与失"。请注意：除了下面标注的"复盘点评"，均为 4 月 5 日笔者所发原文，非事后诸葛亮。笔者评判"得与失"的准绳，就是上面提到的全市意义上的平均价值，代表大数据意义上的"参照系"。

4 月 6 日拍卖宗地情况

（1）一号宗地 JN09（252）：2017-009，金牛区天回镇街办木龙湾社区 2、3、4 组。地块面积 127 826.38 平方米，合 191.739 6 亩，容积率≤2.0，兼容商业建筑面积比例≤ 10%。

起拍价：933.33 万元/亩，楼面地价：7 000.00 元/平方米。

该地块的市场均值评估价（普通模式）：610.10 万元/亩，楼面地价：4 576 元/平方米。此时溢价率为-34.63%。平均溢价率评估价（火热模式）：1 169.09 万元/亩，楼面地价：8 768.16 元/平方米。此时溢价率为 25.26%。

点评：该地块的微观条件是不错的。紧靠国际商贸城，又有优质的河景资源。

成交楼面地价：11 080 元/平方米。

复盘点评：

毫无疑问，这是本次"土拍"的成交价超出"平均价值"最多的一宗地。笔者并不是说项目做不出来，而是说难度增加了而已。特别是 2016 年 1 900 元/平方米土地成本的地，和这块土地成本贵了近五倍的地的项目同时呈现和销售的时候，双方又应该如何定价呢？这两块地本没有什么差别，它们的差别就是拿地时间的 9 个月前后差距而已。请注意，笔者并没有说这块地拿贵了，笔者只是说它的价格从成都全市平均水平来看比它应该有的价值高了而已。

（2）二号宗地 JN01（252/211）：2017-008，金牛区天回镇街道万圣社区居委会 3、4、7 组。地块面积 42 273.27 平方米，合 63.41 亩，容积率 ≤2.91，兼容商业建筑面积比例≤27.79%。

起拍价：971.6 万元/亩，楼面地价：5 000.00 元/平方米。

该地块的市场均值评估价（普通模式）：950.9 万元/亩，楼面地价：4 894 元/平方米。此时溢价率为-2.13%。平均溢价率评估价（火热模式）：1 290.48 万元/亩，楼面地价：6 651.95 元/平方米。此时溢价率为 32.82%。

点评：地块周边较为"荒凉"，不过这恰恰是区域发展的潜力所在，毕竟在绕城以内。地块周边有一些产业园区，具有潜在的就业伴随置业需求。

成交楼面地价：9 400 元/平方米。

复盘点评：

笔者只能说，相对于上一块地而言，这一块地从成都全市平均水平来看比它应该有的价值"超"得不那么多吧。这块地的位置更像是刚需型项目的所属区域，但显然这个成交价一点都不刚需。

（3）三号宗地 JN12（252）：2016-056，金牛区百寿路。地块面积 11 109.78 平方米，合 16.664 7 亩，容积率≤4.0，兼容商业建筑面积比例≤10%。

起拍价：2 800.00万元/亩，楼面地价：10 500.00元/平方米。

该地块的市场均值评估价（普通模式）：4 434.2万元/亩，楼面地价：16 628元/平方米。此时溢价率为58.36%。平均溢价率评估价（火热模式）：4 746.00万元/亩，楼面地价：17 797.49元/平方米。此时溢价率为69.50%。

笔者给出的两种模式的评估价差别不大，因为这块地确实要值这么多钱。当然，因为熔断机制的存在，该地块不一定能兑现其价值。［回顾：上一次（2016年12月）的市场均值评估价：4 308.8万元/亩，楼面地价：16 158元/平方米。此时溢价率为53.89%。上一次的熔断线是13 650元/平方米。］

点评：西一环路外一点，直接临河景，距离浣花溪公园大门的直线距离仅有约835米，东侧还紧邻一块大面积绿地。而且出门走几步路就可以选择乘坐地铁2号线或者4号线，去宽窄巷子喝杯咖啡或者去省医院就诊挂个号也很方便。

抽签成交楼面地价：16 900元/平方米（熔断价16 800元/平方米）。

复盘点评：

这块地兑现了其应有的价值，不多也不少。相信这会是西一环上一个小而精的项目。以前这种项目很难开发，但现在成都市面上小地块做出的高单价项目也多了起来，市场接受度也在不断提高。

（4）四号宗地WH08（252）：2016-045，武侯区七里村6组，铁佛村7、8组。地块面积108 203.7平方米，合162.305 6亩，容积率≤2.5，兼容商业建筑面积比例≤10%。

起拍价：1 500.00万元/亩，楼面地价：9 000.00元/平方米。

该地块的市场均值评估价（普通模式）：1 463.7万元/亩，楼面地价：8 782元/平方米。此时溢价率为-2.42%。平均溢价率评估价（火热模式）：2 143.8万元/亩，楼面地价：12 862.79元/平方米。此时溢价率为42.92%。

这块地的起拍价定得与笔者的市场均值评估价非常接近，仅约2%的差距，显示出该宗地的起拍价已经兑现了其市场价值。［回顾：上一次（2016年12月）的市场均值评估价：1 424.0万元/亩，楼面地价：8 544元/平方米。此时溢价率为-5.07%。上一次的熔断线12 000元/平方米。］

点评：前两年笔者一直在说武侯新城是价值洼地，因为笔者的市场均值评估价总是比起拍价高不少。但当时还经常低溢价率成交甚至流拍。如今，武侯新城已经兑现了其价值。虽然笔者的确很看好武侯新城的发展，但是还是要谨防区域出现过热的风险。

抽签成交楼面地价：17 160 元/平方米（熔断价 17 080 元/平方米）。

复盘点评：

武侯新城已经不是人们熟悉的那个武侯新城了。但是想一想天回镇的楼面地价都 1 万多元了，武侯新城这个地价似乎也不算太离谱。

（5）五号宗地 WH06（252）：2016- 035，武侯区红牌楼街道太平村 1、7 组。地块面积 10 651.11 平方米，合 15.976 7 亩，容积率 ≤1.9，兼容商业建筑面积比例 ≤10%。

起拍价：1 140 万元/亩，楼面地价：9 000 元/平方米。

该地块的市场均值评估价：2 159.6 万元/亩，楼面地价：17 050 元/平方米。此时溢价率为 89.44%。平均溢价率评估价：1 996.25 万元/亩，楼面地价：15 759.89 元/平方米。此时溢价率为 75.11%。

笔者给出的两种模式的评估价差别不大，因为这块地确实值这么多钱。红牌楼区域本来就容易出现高单价地块。当然，有熔断机制的存在，不一定能兑现其价值。2016 年 11 月该宗地曾拟拍卖出让，后因故终止。当时的起拍价是 696 67 万元/亩，合楼面地价 5 500 元/平方米。上一次，<u>笔者给出的高位评估价和低位评估价相差较大，说明起拍价定得较低</u>，这在 2016 年多宗"土拍"中已经得到了验证。果然，本次拍卖起拍价大幅增加，所以笔者给出的两个评估价的价差很小，这说明起拍价制定得较为合理。

点评：笔者对本宗地的看法与 2016 年 11 月 1 日那宗红牌楼地块的看法相近。肯定有细心的读者要问，那为什么笔者对这两块的高位评估价的差异较大。在其他因素相近的情况下，影响成交单价的一个非常显著的因素就是地块面积。越小的地块抢的人反而越多，从而成交单价就越高。这个逻辑关系很简单：越小的地块其总价也越低，降低了拿地门槛，故很多中小房企就加入了战局。在当前的大城市的土地市场，大一些的地块几乎都是被央企和上市房企所获取。就本次出让的宗地而言，由于面积比 11 月 1 日那块地大了约 50%，所以笔者对其的高位评估价也下调了一些。不过即使这样，笔者对该宗地的高位评估价也很高。

抽签成交楼面地价：17 200 元/平方米（熔断价 17 100 元/平方米）。

复盘点评：

这块地兑现了其应有的价值，不多也不少。

（6）六号宗地CH02（21/251）：2017-007，成华区建设南路。地块面积29 687.55平方米，合44.531 3亩，容积率≤5.51%≤兼容商业建筑面积比例。

起拍价：2 666.67万元/亩，楼面地价：8 000.00元/平方米。

该地块的市场均值评估价（普通模式）：2 166.3万元/亩，楼面地价：6 499元/平方米。此时溢价率为-18.76%。平均溢价率评估价（火热模式）：3 138.94万元/亩，楼面地价：9 416.8元/平方米。此时溢价率为17.71%。

显然，本宗地的起拍价定得较高。如果放在2014年或2015年，那么笔者肯定会判断该宗地将流拍。不过由于当前的土地市场非常火热，所以该地块溢价成交也不一定。

点评：该地块位置肯定是很好的，这没有话说。商业比例过半，而且要求自持比例不小于30%，而且必须修建不低于1万元/平方米的写字楼一处，这是个有挑战性的地方。此外，本地块对涉外有限制，对返迁的要求更是有点苛刻。这使得本项目的开发难度较大。不过，该区域倒是适合修一栋区域性的甲级写字楼，市场的租金估计还不错。

成交楼面地价：12 900元/平方米。

复盘点评：

笔者只能说，相对于天回的两块地而言，这一块地从成都全市平均水平来看比它应该有的价值"超"得不那么多吧。这块地的位置好不用多说，修一栋写字楼也不是太大问题，甚至还有可能成为亮点。那些返迁房以后可值钱了。

（7）七号宗地CH01（252）：2017-006，成华区新鸿南支路5号。地块面积7 279.29平方米，合10.918 9亩，容积率≤4.0，兼容商业建筑面积比例≤10%。

起拍价：1 893.33万元/亩，楼面地价：7 100.00元/平方米。

该地块的市场均值评估价（普通模式）：2 758.9万元/亩，楼面地价：10 346元/平方米。此时溢价率为45.72%。平均溢价率评估价（火热模式）：2 877.67万元/亩，楼面地价：10 791.27元/平方米。此时溢价率为51.99%。

笔者给出的两种模式的评估价差别不大，因为这块地确实要值这么多钱，也说明起拍价定得较为合理。

点评：本宗地应该可以说是位于成华区的心脏地带了。周边配套齐全，有大型区级政府机构、公园、小学、初中、高中、医院、地铁……而且还位于建设路、万年场、猛追湾这三大商圈的中心位置，去任一商圈都可步行到达。美中不足的是规模较小，而且还有不低于 8 664.98 平方米的返迁房要求，增加了一定的开发难度。不过如果没有返迁要求肯定也就不止这个价了，想想红牌楼那些小地块。

成交楼面地价：11 700 元/平方米。

复盘点评：

这块地的成交价和笔者的评估价接近，兑现了其应有的价值，只是略高了 7.8% 而已。在此次"土拍"普遍高溢价的情况下，这个价格算是合适的。

（8）八号宗地 QY09（211/252）：2016-053，青羊区鸣翠路与清江东路交叉口西南角。地块面积 2 303.41 平方米，合 34.547 1 亩，容积率 ≤4.834 7，9.728 3%≤折算兼容商业建筑面积比例≤ 62.532 9%。

起拍价：2 417.35 万元/亩，楼面地价：7 500.00 元/平方米。

该地块的市场均值评估价：4 803.0 万元/亩，楼面地价：14 902 元/平方米。此时溢价率为 98.69%。（回顾上一次：该地块的市场均值评估价：4 672.1 万元/亩，楼面地价：14 496 元/平方米。此时溢价率为 93.28%。上一次的熔断线为 11 250 元/平方米。）

虽然有熔断机制的存在，该地块不一定能兑现其价值，但还是祝福这块地吧。笔者希望开发商能理性拿地，不要冲动，能给自己的项目开发预留出充足的利润空间以应对市场变化。地肯定是不错的地，但如果溢价率太高了还是需要谨慎。

点评：以前在成都楼市里最常听到的一个"事实性"的描述，就是"浣花溪"区域 50 年内不会再有土地供应了。这不就来了一块吗？严格地说，本宗地的所在区域不能叫浣花溪区域，最多只能算是浣花溪区域的"外围"。但是笔者仔细做了测量，本宗地到杜甫草堂的直线距离仅600 余米，到浣花溪公园的直线距离仅约 1 000 米。您如果觉得这个距离远，那笔者确实也没有什么办法。笔者不敢说这是浣花溪区域的最后一块地，因为马上就还有一块百寿路的地要出来。

成交楼面地价：13 580 元/平方米。

复盘点评：

细看下来，这宗地竟然是本次"土拍"的八宗地中唯一的一块成交价比其应有的成都市场平均意义上的价值低的地（也仅略低 8.87% 而已）。换句话说，这是唯一的一块"超值"成交的拿地。

"土拍"后的反思

（1）如何看待土地楼面地价普遍高于甚至是远远高于周边在售住宅房价的问题？

笔者只能说要动态地看这个问题。很多开发商目前高价拿地，不仅仅是看着眼前的房价，而是看中成都的长远发展，是用未来的眼光来看待当前的地价。毕竟，这一轮楼市的行情之后，成都房价和同类可比城市的房价差距正在缩小，成都楼市踏上"价值回归"之路的趋势已经非常清晰。

（2）高价拿地可能会被套吗？

会，必然会，在这个问题上没有神话。虽然说土地和住房是面粉与面包的关系，但毕竟还是两个独立的市场。拿地和销售之间的时间间隔决定了这里面有很多不可控的市场因素在发生作用。以成都为例，2013年很多开发商在华府高价拿地，几乎全部被套，甚至有的项目净亏 1 亿元离场。2014 年也有很多开发商拿地拿在了高点，有的至今项目都还没有呈现出来。从开发商的角度来看，最大的悲剧就是拿地拿在了高点，而卖房的时候却碰上了市场的低点。一旦节奏踏错，满盘皆输。大开发商资金实力雄厚，融资成本也低，这轮被套了可以等下一轮。特别对于成都这种增长潜力很大的城市，这轮被套了等下一轮解套然后再赚钱的概率还是大的，这也是很多大开发商现在敢高价拿地的原因。但是对于小开发商而言呢？能不能扛到下一轮是一个大问题。特别对于融资成本很高的小开发商而言，只要市场转冷，即使房价不跌，处于胶着状态回不到款，那也是生或死的问题。就在 2016 年的大行情开始之前，全国多地出现小开发商项目烂尾，开发商自杀或者跳楼的情况。显然，他们再多扛一年甚至几个月，就能等来史上最大上涨行情。但是他们没能看到曙光。在目前这个点儿，拿不拿地都左右为难。不拿地难受三天，拿地则可能难受三年。

（3）购房者买房会不会被套？

一样会。2007年，成都光华大道某楼盘单价卖上万元，后来一度跌到三四千元。10年之后的2016年年底和2017年年初，该楼盘的二手房单价才再度站上1万元大关。显然，这一被套，用了10年时间才解套。再看一线城市，北京通州的房价也曾腰斩过。2011年，香港楼市终于超过1997年创下的历史高位，当年的投资客在15年后终于解套了。国外，比如日本、迪拜、美国等地，都发生过房价下跌50%甚至更多的情况，有的至今也未解套（日本现在的房价和地价仅约为1990年顶峰时期的三分之一）。

中国内地居民"不信邪"，只因为我们经历的楼市周期还不够长。当然，笔者还是要说，对于成都这样的高成长潜力城市，这次如果被套了还可以等下一轮，关键是自己能不能扛得住资金压力的问题。房价下跌不会"逼死"人，但还款压力会。

（4）为什么是新来的外地开发商？

本次"土拍"8宗地，有6个地块均是被新进入成都市场的外地开发商获取。新来的外地开发商往往敢于拿地，更是敢于拿贵地，这可能是出于更具全国视角的眼光，也可能是对本地市场不够了解。但究竟是"外来的和尚好念经"呢？还是新来的外来开发商总是要在土地市场多交一点学费呢？这个问题还是留给市场来检验吧。

（5）刚需买哪儿？

随着地块的高价成交，一个合理的推测是这些地块日后推出的项目也会主动或者被动地"豪宅化"。"土拍"后有记者采访笔者时问道：以后像我这样的年轻刚需者还能够买哪里的房子呢？这是一个略显沉重的话题。笔者回答：年轻刚需者以后要么可以考虑买更远的地方（如青白江等地）的新房，要么不妨多把目光盯向市区的老房子。毕竟，刚需通常必须每天打卡上班，住远了上下班太辛苦了。在这一轮楼市的行情中，市区的老房子几乎没有怎么涨，成功地避开了投资客的扫货。如今，市区很多好位置的老房子每平方米价格仅7 000~8 000元，相当实惠。

（在笔者写下这篇文章不久，不限购的青白江的房价即开始"起飞"，而之后市区老房子的价格也几乎翻了1倍。）

成都"4·12"楼市新政解读

背景回顾

笔者经常被问到一个话题，就是楼市中的投资性购房需求和投机性购房需求应该如何区分。如果从希望获取资产增值来考虑，那么二者其实并没有区别。但是，如果从希望获取回报的时间长短来看，那么二者就有明显差异了。一般意义上的理解，投资可能更看重长期的稳定增值，而投机也许更偏重短期拉升然后出手。

对于楼市本身来说，一个本来楼市"风平浪静"的城市，一旦在短时间内涌入大量外来炒房资金"扫货"，就会把本地房价快速拉高，并引起当地购房者的"恐慌入市"。随后，炒房客赚个差价转卖给"砸锅卖铁"背上巨额贷款的"接盘侠"后"功成身退"，留下当地楼市"一地鸡毛"，苦的是那些接盘的"老实人"。为了"斩断"这个"快进快出"的炒房模式，"限售"就是关键的一环。炒房资金很多都是高利息成本的"杠杆"资金，"T+3"这样限售政策，对于进入楼市的短期炒作资金的打击是较大的。

本文首次发表时间为2017年4月12日，其阅读量在企鹅号上有约3.5万人次，在新浪财经上有约2.6万人次，在房天下房产圈上有约2万人次，在网易号上有约9 800人次，在微信公众号上有约9 400人次，在一点资讯上有约6 900人次，在封面号上有约6 800人次，在新浪头条上有约2 000人次，在四川发布号上超过1 600人次。

此外，搜狐焦点网、搜房源、房天下、搜狐、一点资讯、网易等多家媒体转载。

2016年，笔者看到一则新闻，内容让笔者深感忧虑。

2016年9月，《南方都市报》以《贷1 700万元换房是春秋大梦吗?》为题发了一篇报道，内容揭示了一个令人震惊的炒房过程。大概意思是，一对上海夫妻名下各有一套住房，另外她父母名下还有一套住房。首先他们夫妻假离婚，她卖掉她名下的一套房，拿到300万元，然后拿这300

万元去买她老公名下的现有住房。但为了能多贷一点款，于是就把房屋总价从市价的 700 万元做到了 900 万元，她把她卖房的全部钱都用来付这套房子的首付，贷款 600 万元。然后她老公拿出其中 600 万元做首付，去买了一套三房两厅售价在 1 300 万元的期房贷款 700 万元，留 300 万元在手里。与此同时，把她父母名下的房子也卖掉，拿到 600 万元，买了跟他们俩那个期房同一小区的一套价值 1 000 万元总价的期房。这样算下来他们夫妻俩一共就负债了 1 700 多万元，月供在 10 万元多。夫妻月收入约 2 万元，但手上的 300 多万元现金也足够支撑 3 年的月供，等到 2019 年 300 万元现金被月供消耗完，就开始抛售房子。只要房子上涨 25% 左右，他们就能够赚钱，而且现在他们也挺乐观的，因为按照目前的房价趋势来看，他们只赚不赔。

普遍老百姓看到这则新闻可能只会觉得震惊。但作为内行的笔者看到这则报道以后，除了觉得震惊以外，更多的是感到深深的忧虑。实际上专业的炒房团反而不可怕，因为其自有资金相对充足，亏也是亏自己的。怕的就是大量上述新闻里报道的这种"普通人"，绷紧自己的资金链加入炒房投机的大军，稍微有一些风吹草动（如失业、生病等）或者房价停止上涨，那么其家庭步入深渊就是显而易见的事。更可怕的是，由于其背负了巨额贷款，还会把以银行为代表的金融机构拖下水，引发巨大的金融海啸。

普通国内居民对次贷危机这样的事情缺乏概念和直观感受。但随着近两年来国内"首付贷"等五花八门的住房衍生融资工具变得越来越流行，笔者嗅到了一些次贷危机的味道。如果觉得笔者在危言耸听，笔者建议把电影《大空头》找来认真地看几遍。

本次成都楼市调控新政在"3·23"政策的基础上又进行了一揽子的升级。笔者对此并不感到意外。事实上，从 2016 年 9 月 30 日以来，全国已经有超过 45 个城市出台了 140 余次各种各样的房地产调控政策，这充分体现了国家抑制房价过快上涨的决心和"房子是拿来住的，不是拿来炒的"的态度。2017 年 3 月以来，北京开始了新一轮楼市调控升级。而进入 4 月以来，全国多地楼市的调控政策持续升级。如 4 月 8 日，常州市提高二套房公积金首付比例、新购商品住房取得产权证后满 2 年方可上市交易。4 月 10 日，南昌市：整顿房地产中介；东莞市：外地人买房限学历+至少半年社保+证满 2 年才可交易；珠海市：全市限购，5

年及以上个税或社保才可购房；天津市：提高首套房贷利率水平，很少有9折，主要是95折，甚至有银行提高到基准利率水平。4月12日，扬州市规定"自取得《房屋所有权证》或《不动产权证书》未满2年的，不得上市交易"。

从3月底的厦门开始，到4月众多城市相继推出的升级版楼市新政中，出现了一个鲜明的新特点：在限购、限贷之后，限售也成了楼市新一轮调控升级的必要手段。本次成都新政规定，"在我市住房限购区域内新购买的住房（含商品住房和二手住房），须取得不动产权证满3年后方可转让"。这种类似于证券市场"T+2""T+3"的限售政策，显然是一种楼市调控的新工具。"限售"的作用在于稳定市场，避免楼市投机资金"快进快出"式的操作手法，对楼市波动的短线风险可谓"打蛇打七寸"。而对于正常的自住型刚需和改善型需求而言，反正也不急着在两三年内出手转卖，所以不会受到这种2~3年的限售政策的影响。

由于住房的购买需要大量资金，所以住房贷款在其中发挥着极其重要的作用。首付比例越低，买房的"杠杆"就越高，就越能用较少的自有资金来撬动更大的资金以实现购房的目的。对于刚需型（首套房）的购房者而言，其购房和房贷需求应该予以保护。但是对于非刚需的购房需求而言，如果放任购房贷款的杠杆比率过高，则会加大累积整个金融系统的风险。

特别地，如果有大量的人把房产作为短线投机品，在高杠杆的情况之下，一旦抛售，就会引发危险的链式反应，甚至有可能引起整个房地产部门和金融系统的系统性风险。在这个背景下，2016年"9·30"政策出台以来，在全国多个城市推出的房地产调控政策中，都把以提高首付比例为核心措施的"限贷"作为重要的政策工具。在2017年3月17日的北京楼市新政中，就明确规定二套房首付比例不低于60%（购买非普通自住房的首付款比例不低于80%）。

我国也在最近两年出现了一些类似于"首付贷"这样的金融创新产品，包括各种形式的信用贷款付首付，虽然其表现形式各异，但其实际效果就是进一步大幅降低了购房的首付比例。例如之前有正常的两成首付，如果首付贷借一半，那实际上买房的首付就是一成，杠杆高达9倍。当然，如果连首付款都全部是借的，那对于购房的资金链来说，绷得就更紧。购房人的收入稍微有一点波动，或者遇到加息等导致还款成本增加，就非常容易还不上款，从而引发链式反应。所以，本次政策明确提出要严格审核首付款资金来源和购房人还款能力，就是要防范本地楼市出现大幅波动的系统性风险，进而遏制炒房、降低杠杆。显然，对于借助高杠杆的短线炒房资金而言，本次成都楼市新政的升级具有釜底抽薪的作用，有助于控制住房价上涨的势头。

同时，在 2017 年 4 月 10 日，成都市国土资源局依据国土资源部《国有建设用地供应计划编制规范》，结合全市土地市场运行情况，编制了成都市 2017—2019 年经营性建设用地出让计划，较 2016 年大幅提高了土地供应的面积。随着土地供应及新增房源的增加以及对过热购房需求的抑制，可以预期房价过快上涨的势头将得到有效的遏制，整个市场将逐渐趋于平稳。当然，本次新政也提到要督促交付、惩治失信、净化楼市环境等问题，这对于盘活既有楼市库存、减少供需摩擦等都有积极的作用。

当然，对比全国其他"热点"城市而言，成都不论是房价的均价还是整体涨幅都要比其他热点城市低不少。成都近几次楼市调控政策的积极作用在于稳定市场预期，避免市场上出现恐慌性抢房的情况，稳定购房者的心态。本次成都楼市新政明确提出"严格防范投机炒房"，就是要把投机性购房和普通的购房进行区别对待。同时也是未雨绸缪，防患于未然，减少本地楼市和金融系统的系统性风险，规避潜在的大幅波动。

目前，成都还没有出台类似北京二套房首付比例须达 80% 这样严厉的政策。随着全国房地产调控趋势的进一步发展和本地市场的变化，未来也不排除成都的楼市调控政策会有进一步升级的可能。该来的，总会来。

高地价是否就一定意味着高房价

背景回顾

也许很多人都认为，拿地价格贵，房子卖得就一定贵。但是笔者认为这可能是一种误解。地价和房价有着非常强的关联，但是土地市场和住房市场毕竟是两个独立的市场，而地价和房价之间的传导关系也是非常复杂的。

本文首次发表时间为 2017 年 4 月 17 日，其阅读量在封面号上有约 7 700 人次，在房天下房产圈上有约 7 200 人次，在企鹅号、网易号上有约 3 600 人次，在微信公众号、新浪头条、搜狐号上有约 2 700 人次。

最近，笔者被业内和媒体朋友以及很多读者问得最多的问题，就是随着一些较高单价地块的出现，未来房价的上涨压力是否更大了？

上述这个担忧背后的逻辑其实是很简单的：土地和住房是"面粉与面包"的关系，地价贵了自然房价也要受影响。那么，真实的情况是这样的吗？

前文已提到温州一位开发商资金链断裂的故事。

第五章收录了笔者题为《"霸王级寒潮"与"开发商自杀"：兼谈银行和开发商的那些恩和怨》的文章，分析了这个事件及其背后的原因。从 2016 年 3 月开始一直到现在（2017 年 4 月），出现了一轮中国楼市发展历史上从来没有过的波澜壮阔的市场行情。显然，文中提到的浙江开发商如果再挺一个多月，他不仅能够解套，还能够赚大钱。但是，他没有能够等到春暖花开的 3 月。在这轮超级行情开始之前的 40 多天，这位曾经是当地著名企业家的富豪，面对几亿元的巨额债务，最终选择了走上绝路。

不同地段有不同价值，这个大家都懂。然而同一地段非常相近的位置，由于拿地时机的不同，地价相差几倍都很常见。实际上，根据笔者对土地市场的长期研究，土地市场和住房市场的关联度极高。例如，在 2016 年成都"6·29"那场史诗级的"土拍"中，当天唯一的一块零溢价成交的地块就在城北。最终，这块编号 JN08（252/211）：2016－033 的地块以 361 万元/亩、楼面地价 1 900 元/平方米的价格成交。仅仅过了 9 个月的时间，同样是在金牛区天回镇街道木龙湾社区，非常相近的地块条件，起拍价已经涨到了 7 000.00 元/平方米，而成交价更是达到了 11 080 元/平方米。粗略一算，同一位置，相近条件的地，9 个月内起拍价增加了 268%，成交价增加了 483%。折算下来，平均每个月土地的楼面地价上涨 1 020 元/平方米。这可能是"时间"这个因素作为影响地价的最大单一因素的最好注解。

在 2017 年 4 月的成都"土拍"过后，由于多宗地的溢价率和成交价都较高，所以引发了市场对于"地价推动房价上涨"的担忧。笔者以为，这种担忧可以理解，但不是很必要。毫无疑问，土地市场和住房市场有着很强的相关性，这就是我们常说的面粉和面包的关系。但是，土地市场和住房市场毕竟是两个独立的市场。由于建筑施工的物理条件限制，开发商从拿地到销售，目前只有极少数公司能做到只需半年左右时间，大多数公司都需要 1 年甚至 2 年的时间。在楼市行情变化以月计的现在，1 年左右甚至更长的时间显然是一个很长的时间间隔了。

根据笔者的了解，目前开发商拿地的主流分析模式和方法仍然是传统的"倒推法"：先预估一个目标地块的可能售价，然后再减去必要的成本和利润，剩下的就是开发商拿地的最高出价。显然，在一个变化很快的市场中，要在 1 年左右甚至更长的时间间隔"猜准"未来住房市场可能的售价，这基本靠运气。因此，开发商用"倒推法"判断地价是很难判断得准的，要么过于悲观，要么过于乐观。这也就是为什么在现实中，我们可以观察到土地成交的溢价率的波动是远远大于房价的波动幅度的。同样一块地，有时起拍价低仍流拍，有时起拍价高反而还可以高溢价率成交，这反映出土地市场实际上是非常不理性的。

所以，在 2017 年 4 月的"土拍"之后，笔者提出了几点反思（详情请翻看前文《昨日之后，成都主城区再无洼地》）。

通过上述笔者的分析，我们不难看出，高地价不一定对应高房价。开发商的拿地和住房销售之间是有着较长的时间间隔的。开发商拿地的成本有高有低，波动很大，但住房销售的价格一定得取决于当时的住房市场行情，这是客观的经济规律。房价和地价虽然有相关性，但没有必然的联系。特别是在当前，从中央到地方，多轮密集的房地产调控政策纷至沓来，市场预期已经发生了较大的改变。2016 年 10 月 1 日以来，成都市共出台 4 次调控政策，表明当地调控房价的决心是坚定的。特别地，根据成都市本次发布的政策要求，房地产开发企业不得以虚假装修、虚高装修价格等变相提高房价，目的在于有效控制住房价格非理性上涨。对于申报价格含装修价格的，房地产开发企业须合理确定其装修价格，按规定在销售现场将申报的装修水平与相应的装修价格标准等信息予以公示，同时按规定在商品房买卖合同中进行约定；房地产开发企业必须按一房一价、明码标价、实际成交价不高于预售申报价格的原则公开对外销售商品住房。显然，恰当的政策"阻断"了高地价向房价的传导，当前地价对房价的影响已经减弱。

可见，随着"限购+限贷+限售"这样极具威力的房地产调控组合拳的推出，投机性购房特别是短线投机炒房的需求已经基本被排除在市场之外。换句话说，在调控期内，房价已经很难再暴涨，在接下来的几个月中，伴随着成交量的下降，住房市场会逐渐冷却下来。在这种情况下，高地价更是难以传导到高房价上来。

那么开发商怎么办？

当然理性拿地是重要的。合理认清土地的客观价值，比单纯地依靠"倒推法"来判断地价更为重要。笔者用 10 年时间研发了大数据下土地评估的"LRT"法，可以做到不依赖任何对住房销售价格的预测来评估地价和判断土地投资价值。

价格围绕价值上下波动，这是市场经济的核心规律之一。笔者研究的意义，就在于用先进的技术手段来捕捉这个"价值"，从而在价格上下波动的时候帮助判断成交价处于一个什么样的位置。

此外，拿了高价地的开发商只能在产品创新上更下功夫，做出差异化的改善产品，这样即使市场下行无法面向刚需客户销售，也可以利用产品的差异性向改善型客户销售。

2016 年以来，全国多地出现的"面粉贵过面包"的情况，给房地产行业的发展提出了新的挑战。可以预测，未来在一个城市的同一区域，由于拿地成本的巨大差异，产品的差异性也会越来越大，将很可能会出现在同一区域普通住宅与豪宅毗邻而居的现象。购房者有更丰富的选择，这也不见得是一件坏事。不论如何，开发商理性拿地，不要日后被动地"豪宅化"，这是在拿地之前应该充分考虑的事情。

楼市调控背后的逻辑

背景回顾

有人不理解在房价飞涨的时候为什么要调控楼市，也有人总是觉得房价"越调控越涨"。那么，楼市调控背后的逻辑究竟是什么呢？

本文首次发表时间为 2017 年 4 月 18 日，阅读量在封面号上有约 7 000 人次，在企鹅号上有约 4 200 人次，在新浪财经上有约 4 000 人次，在微信公众号上有约 3 700 人次，在新浪头条上有约 2 500 人次，在今日头条上有约 2 100 人次，在网易号上有约 1 700 人次，在一点资讯上有约 1 300 人次，在四川发布号上有约 1 100 人次。

在一个城市的经济结构中，房地产部门和非房地产部门应该平衡地协调发展，这对经济来说才是一种健康的状态。房地产部门发展得过快，价格过高，会吸引过多的社会资金涌入房地产部门，这对于其他非房地产部门来说是一种抽血。

如果一座城市纯粹是一座旅游城市，那倒还没有太大问题，但是对于非纯旅游业的综合性城市来说，这就会对当地经济产生结构性的问题，导致资源配置的扭曲。

如果当地居民的收入无法支撑过高的房价，那么这种高房价就是建立在浮沙之上的海市蜃楼。所以最理想的情况，是房价的增幅和当地居民收入水平的增幅相匹配。

站在政府的层面来看这个问题，就更具挑战性。房地产行业占用资金大，关联行业多，是提振当地 GDP 的利器。但是房地产行业的发展如果与非房地产部门的发展特别是与居民的收入不匹配，那么又会产生上面分析的结构性问题，导致资源配置的进一步扭曲。

所以从中长期的目标来看，政府的确需要在资源配置的平衡和协调发展过程中发挥重要的引导作用。如果房地产部门发展得太快了，不妨让房地产部门的步伐慢一点，等非房地产部门追赶上来。这样虽然可能会牺牲一点 GDP 的增速，但却能够优化当地的经济结构，促进经济的可持续发展，增进当地居民的福利。

　　从房地产和非房地产短期来看，一个城市的房价很容易受到外部资金的冲击和扰动，从而出现较大的变化。在外部资金的狂欢之下，来时鸡犬升天，去时一地鸡毛。楼市的短期炒作资金，只在乎短期的资金增值，一旦获利就会抛售离场，接盘的还是跟风的"老实人"。最怕的就是大量的普通居民，绷紧自己的资金链加入炒房投机的大军，稍微有一些风吹草动（如失业、生病等）或者房价停止上涨，那么其家庭掉入深渊就是显而易见的事。更可怕的是，由于其背负了巨额贷款，还会把以银行为代表的金融机构拖下水，引发巨大的金融海啸。

　　虽然市场是配置资源的核心手段，但是市场也经常在短期投机、恐慌性买房等情况下发生失灵，导致资源配置出现扭曲。为了避免外部资金冲击对本地楼市造成过度的干扰，特别是为了避免出现系统性的风险和危机，政府有必要对楼市采取积极的干预措施，以减少市场在短期的非正常波动。看得见的手，是对看不见的手的有益补充。只有设法抑制短期的过度投机炒作，才能保证本地楼市的平稳健康发展。

VR 究竟可以给楼盘营销带来多么大的改变

背景回顾

大约从 2016 年开始，VR 变得越来越火了。VR 与楼盘营销的结合可能也是行业发展的必然。因为相对于动辄"天价"打造的样板间、示范区而言，VR 营销的花费可能只能算"小钱"。但可惜 VR 涉足楼盘营销也是"生不逢时"。在买房需要靠"摇号"的 2017—2018 年，谁又会来真正关注 VR 营销对成本的节约呢？

本文首次发表时间为 2017 年 5 月 3 日，其阅读量在房天下房产圈上有约 7 800 人次，在封面号上有约 7 200 人次，在新浪头条上有约 2 400 人次，在微信公众号上有约 1 900 人次。

虚拟现实技术，又称 VR，从几年前开始就是资本浪潮中的宠儿了。得益于各种头戴式 VR 设备的出现，VR 离我们似乎也不再遥远。那么，VR 装备究竟能为我们的生活带来什么？

目前，VR 已经越来越多地应用于各个领域。在本文中笔者要探讨的就是 VR 对楼盘营销的冲击和影响。各种便捷的头戴式 VR 设备，给体验者带来身临其境的虚拟体验已经成为现实。在如此高拟真的效果下，虚拟现实技术已经可以在房地产领域加以应用。也许各位读者已经接触过一些基于贴图的"360 度看房""720 度看房"之类的案例，这些可以看成是 VR 的初级形态，和真正的基于 3D 建模的 VR 技术还相距甚远。下面，就让我们来进行一些深入的探讨。

VR 技术和房地产领域结合的关键点在于提前展示设计师的设计方案

传统房地产营销中常用的沙盘、宣传视频等毫无例外都是利用设计图来完成的，而 VR 同样也是一种对设计师设计的体现，这一点和沙盘、宣传视频等方式并没有本质不同。目前常见的楼盘 VR 内容有两种。

①项目整体实景展示：即根据小区的整体设计再现小区实景，可以让

客户不必到楼盘现场就能体验楼盘整体效果，这种展示方式对于目前楼盘未建或正在建设的意义更大。通俗地说，这相当于是把楼盘整体的总平面图变得立体和逼真，让人有身临其境之感。②样板间展示：根据项目的户型设计，建立虚拟样板间。实景样板间的打造往往会花费巨大的成本，而且风格还很单一。而虚拟样板间可以体现多种装修风格，且这些内容都能利用 VR 技术以较低成本实现（相比装修样板间成本而言）。

VR 能为房地产项目带来什么？

第一，VR 作为新型的营销工具，提前展示小区实景及户型效果方面有着巨大的优势，因而对提升销售业绩有帮助。第二，这是一种很好的异地营销手段。一般来讲，沙盘是很难移动的，因此宣传视频基本成为大多数房企的唯一选择。和宣传视频相比，VR 显然无论从本身的热度（目前 VR 这个概念本身就具有一定吸引力，算是一个噱头），还是其提供的真实视觉体验，都能让身处异地的客户对楼盘产生兴趣，进而萌发进一步实地了解的可能性。第三，能为开发商节约费用。VR 本身虽然价格不低，但是其可以在沙盘、宣传视频制作等方面为房企节约费用。

总体来说，目前基于 3D 建模的 VR 技术，已经可以做到在以下几个方面将 VR 融入楼盘的营销当中了：

①小区大场景：可减少销售人员讲解的重复劳动，还可以增加太阳运动轨迹模拟，便于购房者判断日照问题。此外，类似增加绿化植被的四季变化，如天气变化、车流，行人走动等，都比传统的楼盘介绍方式更为生动。②住宅样板间：可以在 VR 中展示不同隔断方式，增加多种装修风格变化，可能会是看房者最感兴趣也是最好玩的一种应用方式。③商业部分：可以根据销售进度将已经入驻的商家体现在 VR 中，便于客户通过视觉体验预判商铺人流走向、未来价值等。还可以通过高空俯瞰模式可以了解项目周边未来交通、业态布局等。④展示设备、平台扩展：可生成能在手机端展示的内容，便于利用自媒体推广。

综上所述，利用 VR 技术进行房地产营销是未来的必然趋势。事实上，利用该技术的楼盘也已经越来越多了。科技进步普及进入人们日常生活的速度正在加快。不觉之中，未来已来。

（最后笔者想强调一点：部分人群对 VR 设备的体验可能有眩晕等不适感。）

地铁 4 号线二期对温江意味着什么

背景回顾

对于在成都城西工作和居住的人来说，地铁 4 号线是一条备受关注的线路。

笔者一直有这样一个观点：类似地铁这样具备大规模运力的快速交通系统，对一个城市郊区的带动作用是远大于市区的。市区内（城市核心区）从一个点到另一个点的通勤距离不会很长，而且市区内公交车等大众交通系统本身也很发达、覆盖密度大，在市区内打车等也方便。但是郊区不一样。涉及郊区的通勤距离一般都比较长，而且郊区的公交车等公共交通往往覆盖密度低，打车不仅不方便，成本也高。如果此时大量居民主要依靠私家车通勤，那么必然会给道路拥堵带来很大压力，驾驶者自己的交通体验也会很差。

在写这篇文章的时候，有两个小插曲很有意思。一是笔者说 4 号线二期通车一周内就去把车卖了。后来因为难得折腾没有实施。现在回顾，当时真的就应该去把车卖了。这一年多以来，私家车的使用频率越来越低，不仅要承受车辆贬值，那每年一万多元的车险费更是纯属浪费了。二是笔者说以前在非遗博览园站（4 号线一期西侧的终点站）外停满招客的"野的"司机只有转行了。果然，这一年多以来，以前非遗博览园站外等客、等车的热闹情况再也难觅踪迹了。

本文首次发表时间为 2017 年 6 月 2 日，其阅读量在网易号上有约 8.3 万人次，在今日头条上有约 2.9 万人次，在房天下房产圈上有约 1.4 万人次，在封面号上有约 7 300 人次，在微信公众号上有约 7 200 人次，在四川发布号上超过 6 400 人次，在新浪头条上有约 4 400 人次，在企鹅号上有约 3 200 人次。此外，成都地铁官方公众号、16 小时网、房天下、搜狐、优秀范文网、腾讯网、网易等多家媒体转载。

先说说西河

温江居民盼了 6 年的地铁 4 号线二期终于通车了。的确，对于居住在温江的人们来说，近期没有什么是比这更好的消息了。同样地，对于在温江上班的人来说，这个事件同样值得庆祝。

作为地铁 4 号线二期东沿线端头的西河站，其周边是比较"空"的。4 号线一期的东侧只到万年场，仅在二环路外一点。这次的二期东侧也仅仅是到了四环（绕城）外一点，做出了少许突破。在成都同半径的各个环域之中，这一片确实是相对较"空"的区域。当然，这也体现出这一片区域发展的潜力。目前，从三环路十陵立交向东出绕城，只有成都大学一家大型单位。西河虽然也有一些居民小区，但总的来说还处于开发的初期阶段，人口聚集并不太明显。因此，4 号线二期通车以后，这一条线的居民虽然也能获得便利，但就目前来看享受的人群总体来说还不多。4 号线二期对西河的影响更在于长远。可以预计，这一片区域会迅速聚集起一些对地铁非常敏感的刚需项目，对价格敏感的低端租房市场也会繁荣起来。西河能不能成为下一个大面还不好说，但是龙泉在成都近郊区域之中率先拥有了两条连通中心城区并开通运行的地铁线路，确实可以说是占尽优势。

重点还是来说说温江

虽然地铁 4 号线二期西段的长度（约 11 千米）与东段的长度（约 10 千米）相差并不大，但显而易见，地铁 4 号线二期西段穿越了温江最核心的精华区域，沿线居住和工作的人口分布密度非常之大。具体而言，包括了以下三大板块。

第一，温江光华大道板块。温江光华大道板块受益于地铁 4 号线二期将非常直接。温江新城的规划人口是 50 万。光华大道两侧都是鳞次栉比的高楼，沿线楼盘非常密集，但目前估计居住人口不足 10 万人。虽然该区域目前空置率总体来说还比较高，但目前从沿线楼盘越来越紧张的停车位已经可以看出入住率在稳步提高了。

第二，温江老城区板块。地铁 4 号线二期没有直接经过温江老城区。

粗略估计，温江老城区的常住人口应该在 30 万人以上。该区域的人们盼望地铁开通也不是一两天了。不过好在温江老城区面积并不大，基本上在南熏大道上的几个地铁站点 1 000~2 000 米的范围内都可以覆盖人口最密集的区域，所以仍然不影响地铁使用的便捷性。

第三，温江大学城和科技园板块。该板块包括了多所高校，粗略估计教职工总数超过 1 万人，学生总数接近 10 万人。此外，该片区还有成都海峡两岸科技园，已经有众多企业入驻。正在重点打造的现代医药产业，潜在导入的就业人口在 20 万人以上。不难看出，这一片区域将是温江产生 GDP 的主力区域。

显然，本次地铁 4 号线二期通车受益最大的就是大学城和科技园板块。如果大学城的学生要去城南的金融城实习，得早上一大早坐 309 路公交车再转几次车，单程估计得花 2 个小时。309 路车曾被成都的媒体评选为"成都最挤公交"。现在可好了，只需要 1 小时左右，就可以从"遥远"的温江科技园直达国际城南，不论是实习还是工作都很方便。309 路公交车的拥挤估计也会成为历史了。

地铁 4 号线二期开通对温江房价有什么影响呢？

这的确是最近笔者被问得最多的问题。

地铁 4 号线二期可以说让温江居民盼了 6 年多，能大大拉近温江和成都主城区的距离，这肯定是一个重大利好。但是 2016 年下半年特别是 2016 年年底以来，温江楼市已经随着全市楼市的热度出现了一波上涨，地铁的利好已经很大程度地被包含在其中了。这次地铁 4 号线二期通车以后，温江的房价估计在短期内不会再迅速地提升（特别是当前还出台了房地产调控政策）。但是地铁 4 号线二期的开通对提升沿线楼盘的入住率必然有好处，特别是一些刚需项目的入住率会迅速提升。从长远来看，这对这些楼盘的保值增值是很有帮助的。

温江楼市最大的问题是库存大。前几年开发集中，以光华大道沿线为甚。但是配套又一直较为欠缺，除了商业配套，最主要的问题还是产业发展滞后。正是由于缺乏对本地楼市的长久支撑，前几年温江一直被称为"睡城"。地铁 4 号线二期通车以后，光华大道沿线楼盘的入住率肯定会大幅提升，这也许不久就会在房租上有所反映。

温江楼市的长远健康发展，还是要培育本地能带来大量就业的产业。不过目前青羊区在西三环和绕城之间的产业园区发展迅猛，这对温江楼市也是很大的利好。

一方面，温江目前在大力发展医药产业，会带来很多就业人口。另一方面，就只有依赖于刚才笔者说的青羊区在西三环外和绕城之间的产业园区。青羊新城这一片有几十万人的潜在就业人口。他们总要买房居住，而西三环外的房价贵，就只有借着四号线很方便地外溢到温江居住。

温江本身发展现代服务业缺乏基础，发展可能较为困难。虽然温江的光华新城有此规划，也有一些项目呈现了写字楼，但估计要发展成城南那样的新兴CBD难度不是一般的大。因此，青羊新城的产业发展得越好，温江的楼市也就越好，两者有地理位置上的共生关系。这个容易被忽略的因素，笔者认为恰恰对温江楼市来说是最为关键也是最为现实的影响因素（这一点可以类比城南的华阳）。

试乘体验

记得4号线一期刚通车的时候，笔者去非遗博览园站体验了一下，发现周边很多的居民在地铁站里一边乘凉一边看列车玩。可见地铁的魅力的确是很大的。4号线二期通车，毫无疑问，沿线居民也会非常兴奋地来试乘体验。相信同样兴奋的还有各种"小黄车"（各种共享单车），各地铁站外面早就迫不及待地开始"摆阵"了。

前些天笔者从温江某处打网约车去非遗博览园站，师傅有点失落地说，以后在这带就没有生意了。笔者很想安慰他说："在时代的洪流面前，个人总是渺小的。"但最终这句话笔者没有说出口。

科学还是运气？——"8·22"成都"土拍"复盘

背景回顾

这篇文章是对笔者所创的土地评估方法的一个很好的应用案例。

本文首次发表时间为 2017 年 8 月 25 日，其阅读量在网易号上超过 1.3 万人次，在封面号上有约 7 400 人次，在房天下房产圈上有约 4 400 人次，在微信公众号上有约 2 400 人次，在新浪头条上有约 2 700 人次，在今日头条上有 2 300 人次。

相信各位的朋友圈前些天被"郫都区地价上万元"刷了屏。感叹的人有，兴奋的人也有。

前阵由于笔者在"土拍"前发布的测评经常都比较准，有业内朋友调侃说笔者提前发布的测评会不会"干扰"市场成交，甚至有人担心会不会影响熔断价的设置。笔者觉得自己实在是没有这个本事。于是，前些天笔者专门挑在"土拍"刚开始的时候在公众号发布测评价格，这下各位读者可以判断笔者的测评到底是科学还是运气了吧？

下面，笔者就对应着本次"土拍"的测评价和成交价来复盘一下前些天的"土拍"。

8 月 22 日拍卖宗地情况

（1）一号宗地 PD2017-04，郫都区犀浦镇五粮村 1 社。

起拍价：楼面地价 6 200 元/平方米。

该地块的市场均值评估价（普通模式）：1 327.2 万元/亩，楼面地价：8 295.0 元/平方米。此时溢价率为 33.79%。平均溢价率评估价（火热模式）：1 725.36 万元/亩，楼面地价：10 783.50 元/平方米。此时溢价率为 73.93%。

实际成交价：10 200 元/平方米，溢价率为 64.52%。

点评：

一号宗地是最引起业内惊呼的一块地，"郫都地价上万"的呼声即源于此。但笔者却觉得这个成交价再正常不过了，甚至可以说还有点划算。

该宗地的行政区划虽然属于郫都区，但实际上处在金牛区成熟配套区域的包裹之中，距离三环路仅约 2 千米。

这块地的感觉非常像 6 月 28 日拍卖的龙泉驿区十陵地块，其起拍楼面价达 6 500 元/平方米，熔断后成交楼面价 1.14 万元/平方米。但是客观地说，从城市配套、产业发展、板块认知等方面来看，一号宗地的综合条件其实是优于十陵地块的。当然，十陵地块靠近巨大的青龙湖湿地公园，生态环境要好一些。

这样一对比，可见本次拍卖的一号宗地的价格还算合适。

（2）二号宗地 PD2017-05（252/211），郫都区犀浦镇龙吟村 6 社。

起拍价：楼面地价 5 200 元/平方米。

该地块的市场均值评估价（普通模式）：1 455.6 万元/亩，楼面地价：7 528.9 元/平方米。此时溢价率为 44.79%。平均溢价率评估价（火热模式）：1 892.28 万元/亩，楼面地价：9 787.57 元/平方米。此时溢价率为 88.22%。

实际成交价：10 100 元/平方米，溢价率 94.23%。

点评：

多位业内朋友在"土拍"后问笔者，二号宗地更靠近犀浦核心区，为什么价格没有一号宗地高？这个问题很好通过类比来回答：为什么新都的大丰区域的地价比新都市区更高呢？显然这是因为更靠近三环路。越靠近城市核心区，地价倾向于越高，这个规律在成都普遍成立，除了城南。

二号宗地附近楼盘比较多，空地也多。严格地说，这块地才是真正意义上的"郫都区地价上万元"。这个成交价有一点偏高。由于该地块的面积仅有约 22 亩，所以总价相对低一些，这加剧了拍卖时的争抢。面积越小成交价越高，这也是土地市场的一个普遍规律。

（3）三号宗地 PD2017-02，郫都区郫筒镇街道一里村一社、城关村三社。

起拍价：楼面地价 3 800 元/平方米。

该地块的市场均值评估价（普通模式）：774.7 万元/亩，楼面地价：4 648.3 元/平方米。此时溢价率为 22.32%。平均溢价率评估价（火热模式）：1 084.58 万元/亩，楼面地价：6 507.62 元/平方米。此时溢价率为 71.25%。

实际成交价：7 100 元/平方米，溢价率为 86.84%。

点评：

三号宗地是最让人感慨的一宗地。该地块位于郫都区的核心区域，位于规划中的五环路外 1.5 千米左右。三号宗地周边商业配套成熟，还有河流、公园等景观资源，微观条件突出。

就是这样的条件，2015 年 4 月该宗地曾以 360 万元/亩（合楼面地价 2 160 元/平方米）的起拍价上市，惨遭流拍。笔者记得在 2015 年 7 月 1 日曾写过一篇文章，叫作《成都楼市上半年总结：止跌回暖，开启新一轮周期》，而这一轮大周期就是从 2015 年 5 月开始的。两年多过去了，该宗地的地价不仅上涨了 228.70%，还多了很多附加条件。这再一次见证了"时间"的价值。

总体来看，这次"土拍"对于郫都区来说具有重要的标志意义。就在 2016 年 7 月，郫都区都还有以 225 万元/亩（楼面价 1 350 元/平方米）单价成交的地块。当时郫都区地块的成交价屡屡低于笔者的评估价，这并不是笔者算得准不准的问题，而是从整体来看，市场还是低估了郫都区土地应有的价值。"8·22 土拍"中的三块地的成交价均与笔者的评估价非常接近，这意味着郫都区的土地价值终于实现了价值回归。这和 2015 年下半年的龙泉驿区非常类似。

当又一块洼地被填平了，下一个洼地又会在哪里呢？

笔者这套算法不是算一宗地价这么简单，而是可以发现和挖掘一个区域的价值。同理，被发现为过热的区域，日后回调的概率也是很大的。"价值回归"这四个字，就像是一只看不见的神奇之手，总会兑现，只是或早或晚。人们或者市场可能偶尔会不理性，但不能总是不理性。这背后所蕴藏的"大数定理"，是一个神奇的东西。

最后，回到本文的标题：笔者这套算法到底是科学还是运气呢？

成都地铁 10 号线：托起一座大城的翅膀

背景回顾

机场、高铁站这样的大型交通节点，面临需要在短时间内把大量人流疏散出去的难题。否则，就会出现排很长的队打车的情况。在旅客到站的高峰时段，也许排 1 小时的队等候打车或者坐大巴的情况都很常见。此时，只有连通机场/高铁站和市区的地铁/轻轨才能快速地疏散大量的旅客。从这个意义上看，成都地铁 10 号线虽然里程较短，但是意义很大。

本文首次发表时间为 2017 年 9 月 6 日，其阅读量在网易号上有约 5.1 万人次，在房天下房产圈上有约 8 100 人次，在封面号上有约 7 900 人次，在企鹅号上有约 6 300 人次，在微信公众号上有约 3 900 人次，在今日头条、新浪头条上有约 3 000 人次，在四川发布号上超过 1 700 人次。

此外，本文被人民网、中国网、中国小康网、成都地铁官方网站、安居客、安丰网、品略、千寻生活等多家媒体转载。

2017 年，在成都地铁的发展历程上显然具有里程碑式的意义。除了东西两侧的地铁 4 号线二期通车运营，还有全新开通的地铁 10 号线一期和地铁 7 号线。每一条线路的开通，都有着重要的意义。这里面既饱含了建设者们的心血，也汇聚着民众的期盼。

让我们来说说今天（2017 年 9 月 6 日）开通运营的地铁 10 号线一期。

和其他地铁线路相比，这可能是最为特别的一条线路。它的里程并不算长，全长仅约 10.942 千米，稍显"袖珍"。和其他动辄二三十个站点的线路相比，它仅有 6 个站点。然而，正是这 6 个站点快速而便捷地链接了人流量大的双流机场和成都市区的地铁网，从而托起了这座大城的翅膀。

为什么仅有 6 个车站的地铁 10 号线一期会获得这么大的关注度呢？要回答这个问题，笔者觉得有必要来剖析一下地铁 10 号线一期的功能。这显然不是解决约 11 千米的地下交通这么简单。那么，地铁 10 号线一期究竟有着什么样的重要功能和作用呢？

地铁 10 号线一期最核心的功能当然是让从机场到市区的交通更加便捷。

据中国民航局发布的《2016 年民航机场生产统计公报》显示，双流国际机场 2016 年实现年旅客吞吐量 4 603.9 万人次，货邮吞吐量 61.1 万吨，空中客流量仅次于北、上、广，空中物流量仅次于北、上、广、深，继续领跑我国中西部地区，使成都作为内地"航空第四城"的地位得到进一步巩固。

根据上面的数据，4 603.9 万人次平摊到一年的 365 天就是平均每天 12.61 万人次。假设出发和到达的旅客各占一半，那么平均每天单边的旅客就是 6.31 万人次。难怪任何时候双流机场的大厅总是人。笔者有时清早出发 6 点到机场，或晚上 12 点、凌晨 1 点落地到达机场，也觉得四周都是人，不得不感叹成都真是一座大城市。如果加上送行和接人的人数，那这个数字就更加庞大，高峰期从市区前往机场或者从机场返回市区的单边流量超过 10 万人次应该没有什么悬念。可想而知，往返于机场和市区的交通压力有多大。于是，人们的车辆在机场高速的出入口以及机场停车场的收费口排会儿队已是家常便饭。不过这都还好，笔者亲身经历觉得最为艰难的是返程。走出机场大厅不论是坐出租车还是坐机场大巴的出口都经常排着长长的队，动辄等几十分钟。这的确让坐了几个小时飞机的旅客更加身心俱疲，使得出行的体验变差。

总体来看，每次前往机场的时候都觉得还好。笔者专门研究过快车的数据，发现这是由于前往机场这个单一目的地的客流是从很分散的出发地来的，因此交通问题的影响不太突出。但从机场返回市区的时候由于没有快速便捷的大规模运力来疏散人流，所以往往体验感就不好了。其实从双流机场到成都市区只有十来千米的距离，和其他城市相比这算是很近的距离了。

但是，这十来千米的路程，以前要走多久呢？当您归心似箭地走出到达大厅，却总是打不到车的时候，您只恨不能走回去。这不是开玩笑，笔者亲眼见过有旅客背着包沿着机场高速走出去打车的。这样危险的行为肯定不值得提倡，但旅客着急打车进市区的心情可以理解。当然，几乎所有大城市的机场都有类似的问题，这并不是成都的个案。只不过由于成都双流机场的出发和到达的旅客数量庞大，因此感觉问题更为突出罢了。

要解决机场和市区大规模客流的交通问题，最方便的办法就是地铁。像成都双流机场和市区之间这样十来千米的距离，乘地铁就是10分钟左右的事，能够迅速地把从机场涌出的巨大人流压力化解于无形。

可见，地铁10号线一期虽然不到11千米，但是其意义之大，必将大幅提升机场旅客的出行体验和满意度。国内其他城市机场通地铁的也不多，隔得太远了举例不直观。笔者用成都东客站作为案例来阐述就很清楚了。假设您是前往东客站，不论是自己开车还是打车，在那几个立交绕几圈还容易绕错，走进站台也要花不少时间。而如果是返程到达成都东客站，走出偌大的东客站打车一样要等。至于东客站的停车场，那更像是一座大型迷宫，找车都要花上半天时间。但是如果乘坐地铁2号线前往东客站或从东客站返程，那的确非常便捷。特别是动车到站一出站台直接就可以坐上地铁，也许走出偌大的东客站打到车，或者在迷宫一样的停车场取了车开出车站，那个时间坐地铁都已经到春熙路甚至更远了。此言绝非夸张。东客站笔者也是多次前往，乘坐地铁2号线绝对是最佳选择。这显然不是花钱多少的问题，而是一种全新的出行体验，意味着城市效率的大幅提升。

如今，对于地铁10号线一期的开通，相信对机场有出行需求的人们和笔者一样，都是非常期盼的。下飞机取了行李就可以直接上地铁，这下妈妈再也不用担心笔者打不到车了。

显然，地铁10号线一期不仅仅是让旅客进城这么简单。由于其市内终点站的太平园站可以换乘已经通车运营的地铁3号线和即将通车运营的地铁7号线，其意义在于出机场只需要10分钟左右的时间，人们就将抵达成都最便捷的地铁交通网络，从而抵达成都东西南北中的各个方位。

除此以外，地铁10号线一期还有一些"子功能"。

第一，双流机场内部交通会更加便捷：从T1航站楼到T2航站楼将变得方便。相信目前不少旅客和笔者一样，万一走错了航站楼还有点麻烦。显然以后这都不是问题，人们在T1和T2之间切换很方便。

第二，武侯新城的内部交通会日趋完善：金花、华兴、簇锦、太平园这几个站点，不仅可以串联起家具产业园区等众多产业项目，也可以大大便利周边居民的出行，改善当地的交通状况。可以预计，从太平园往西南方向的这一片区域，将借着地铁 10 号线一期开通的东风获得新生，未来区域面貌可能大大改善。对于太平园一带的家具商家而言，地铁 10 号线一期的开通运营肯定是极大的利好。但笔者觉得这还不是故事的全部。随着太平园一带逐渐成为重要的交通换乘点和集散地，大量客流和人流的到来显然不仅仅会利好家具卖场。这一区域将具备越来越强的现代服务业价值，未来很可能会涌现一批现代城市综合体。

地铁 10 号线一期的作用，显然不仅仅是新增了这 6 座车站，而是托起了成都这一座大城的翅膀。

成都发布楼市五年"大规"，"三位一体"确保楼市健康发展

背景回顾

楼市中诸如供需失衡之类的很多问题，其根源之一都在于人们对楼市缺乏一个正确的预期。特别对于房地产这样资金投入量大、建设（生产）周期又长的行业而言，市场参与各方有正确的预期可以避免误判，而误判会导致行业出现大幅波动。

本文首次发表时间为2017年11月15日，其阅读量在今日头条上有约2.2万人次，在微信公众号上有约6 000人次，在新浪头条上有约3 100人次，在企鹅号上有约2 900人次。

此外，中国新闻网、东方头条、360doc、hao123新闻网、搜狐焦点、四川新闻网、成都房产网、每日金融、一点资讯、房天下等多家媒体转载。

人们对于我国经济发展的五年规划已经非常熟悉了，目前我国处于第十三个五年规划期（2016—2020年），是全面建成小康社会的关键阶段。然而对于城市级别的房地产发展而言，之前还很少有五年规划这样的较长时间期界的规划出台，这使得城市的房地产发展容易出现盲目和短视的情况。本次成都出台的楼市发展五年规划，最大的作用就在于稳定市场预期，使得从购房者到开发商的各个市场参与方能够对成都楼市发展的顶层设计有着正确的认识，从而避免误判。

该规划对成都未来五年的土地供应做了重点说明，这有助于消除市场对于"缺地"的恐慌，从而使得开发商在拿地时更为理性。这传递出一个非常重要的信息，即成都未来五年内的商品房供应量是非常充足的。目前在成都局部出现的一些楼盘抢购的情况属于暂时性的供需矛盾问题。

值得一提的是，本次成都楼市的五年规划，不仅谈了土地和楼市，还同时兼顾了住房保障和住房租赁发展的五年规划，可谓"三位一体"。

为了响应中央"房子是拿来住的"的号召，成都将进一步大力发展租赁物业，为需要租房的人提供充足的可租房源。根据本次的规划，成

都的城镇租赁住房将分成多个层面，既包括市场化住房，也包括人才公寓、产业园区住房和保障性住房（公共租赁住房）。这四大类租赁住房相辅相成，既能发挥市场配置资源的主体作用，又能通过在关键位置设置人才公寓和产业园区住房，解决重点产业的发展和人才引进配套相关的租赁住房需求，减少人才引进和安家的成本，从而促进产业的发展。同时，公租房又能为一些需要租房的困难户解决住房问题，实现全社会的和谐发展。根据相关研究，成都到 2021 年租赁住房需求套数将达到122 万套。而本次五年规划明确提出，到 2021 年，全市城镇租赁住房保有量将达到 151 万套，让需要租房的人都能够租到合适的房源。

同时，根据本次的五年规划，成都还将多渠道建设筹集保障性住房房源，从新增用地建设、商品住房项目配建、产业园区配建、清理整合存量房源、公共设施配建等多种渠道来解决保障性住房的建设问题。棚户区改造和老旧院落改造也在本次规划中被提及和安排。显然，在成都城市经济和房地产都步入高速发展的快车道的时候，城市里的困难群众也不应该被遗弃。这说明保障房在房地产快速发展阶段可以起到兜底保障的作用。社会在加速进步，但是没有人会被遗弃。对于本次楼市"大规"中最受业内关注的用地规划部分，现笔者以问答的形式解读如下。

（1）五年规划的定位是房子用来住的属性，因此从土地供应量到商品住房供应量都在逐年增加，其中五年期间土地供应量为 9 万亩，商品住宅近 5 万亩，这样的供应量对缓解市场需求，是否能明显改善？

2017 年 4 月，成都市国土资源局公布的《成都市 2017—2019 年经营性建设用地供应计划》，明确未来三年成都全市计划出让经营性建设用地49 200 亩，其中商品住宅用地 27 000 亩，可建约 40 万套普通商品住房，满足约 130 万人住房需求。具体为，2017 年计划出让经营性建设用地16 000 亩，其中商品住宅地 8 800 亩；2018 年计划出让经营性建设用地16 400 亩，其中商品住宅用地 9 000 亩；2019 年计划出让经营性建设用地16 800 亩，其中商品住宅用地 9 200 亩。可见，成都市的土地供应是稳中有升的，并不存在由于"人为"不供地所导致的短缺。

根据本次规划，未来平均每年供应土地达 18 000 亩，其中平均商品住宅用地 10 000 亩，是高于 2017 年的。这对于稳定土地市场的预期，缓解市场对于土地供应的"饥渴"有着重要的作用。在一个更长期和稳定的预期之下，开发商的拿地行为也会更为理性，避免抢地行为，减少高溢价成交地块的出现，从而从源头上缓解住房市场的供需矛盾。

（2）在 2017—2019 年，土地供应量每年增加 400 亩，到了 2020 年，一下从 2019 年的 16 800 亩跃升至 2020 年的 19 600 亩，之后的 2021 年增加幅度为 600 亩。为什么不是每年增加固定幅度呢？

每年增加的幅度需要精确的计算。例如，哪些地方有可供建设用地，哪些地方有供地指标，这些都需要规划和协调。

（3）由于主城内土地不多，新增的供应会向哪些区域发展？

实际上，在几年前，成都的新增土地供应就已经主要集中在绕城（四环路）以外了。从现在和未来的趋势来看，城南绕城以内基本没有太多的土地储备，城西青羊新城还有一些，城北主要是大丰和天回，城东主要是成华的龙潭和龙泉的西河。而绕城以外到五环路之间的区域，不同方位上的分化也很大：城北和城东还有较多的土地储备，而城西和城南的开发其实已经相对成熟了（如城南的大源、华阳和城西的温江光华大道以及郫都的新城区），土地储备不是很多。因此，根据目前成都城市发展的节奏，对于城北和城东而言，未来五年的土地供应可能从绕城到五环路的区域内都会比较活跃，局部在绕城以内也会有供应。对于东偏南的简阳来说，受益于成都的"东进"战略，这里未来五年将会有很多土地供应，但可能很多不会是单纯的住宅用地，而会是与产业发展相结合的方式。而对于城南来说，未来五年的土地供应将主要集中在五环路以外，向着更南的广袤区域扩展。这里是天府新区的腹地，有着大量的土地储备，未来可望迎来土地供应的高潮期。而对于城西来说，受制于"西控"的城市发展战略，也许土地供应不会太多。

（4）成都这次也明确了供地节奏，小于 8 个月消化周期的会增加供应等，会对后市产生哪些影响？对于热门区域，这样的制度适用吗？

成都之前也多次提过要把土地供应的节奏和住宅市场的库存结合起来，这一次的五年规划是进一步地细化。由于住房建设的物理进度限制，从拿地到能够销售是需要一定的时间的，不同的开发商的速度有快有慢。从目前对市场的调研来看，8 个月的时间间隔是较为合理的，可以基本保证住房的"原料"和"产品"之间不断档，从而避免在一些区域出现供不应求和断货的情况。同理，在一些库存压力较大的区域，通过减少土地供应也可以减少供需矛盾，从而让市场更为有序地发展。

摇号选房：成都楼市调控政策再打补丁，
确保购房的规范与公平

面对"托关系""茶水费""只收全款"等楼市乱象，"摇号选房"这一"终极手段"终于登场了。当然，现在再来回顾，其实成都楼市中出现过的这些问题，在其他不少城市同样都出现过。2018 年，多个城市也陆续推出"摇号选房"的调控政策。如果买房是一场"游戏"，那么现在这将是一场公平的游戏。

本文首次发表时间为 2017 年 11 月 16 日，其阅读量在今日头条上有约 7 000 人次，在微信公众号、新浪头条上有约 2 800 人次。

自 2016 年 10 月以来，成都市依托各种房地产调控政策，使得全市房地产的走势总体平稳。从国家统计局发布的 70 个大中城市房价指数来看，本轮房地产调控开始以后，成都的房价涨幅是低于很多可比城市的，可见房地产调控政策的成效显著。但是，在局部的一些楼盘，供不应求的现象依然较为突出。据分析，这主要有三方面的原因。

第一，前几年成都相对于同等经济水平甚至经济还比自己略差的城市（如杭州、南京、武汉等）而言，绝对房价相对偏低，因而 2016 年下半年以来借着全国楼市的这一轮大行情实现了一定程度的"价值回归"，这也体现出购房者对于成都发展前景的认可。

第二，地处中国西部的成都在这一轮全国性的楼市行情之中，发力明显滞后于东部城市，因而热度持续的时间也可能会比东部城市延后。当前，北京、上海等代表性的高房价城市房价上涨动能已经明显减弱，而前期房价上涨过热的部分城市如合肥、厦门等，房价已经出现明显的松动，甚至出现了一定程度的下跌。在这样的大背景下，成都的楼市热度减退只是时间问题，购房者应该保持理性。

第三，由于本轮调控以来新房受到的调控较二手房更为严格，因此出现了在同一区域二手房价格比新房价格还高的价格"倒挂"现象。特别是"限价"的存在，使得同一区域的新房看起来比二手房的"性价比"更高。这在全国许多城市都是较为普遍的情况，也不仅仅在成都。

于是，在上面这些因素的共同作用之下，在成都局部出现了新房的价格虽然较为稳定，但是却供不应求，"抢房""秒光"等现象频出。

根据基本的经济学原理，供不应求的"短缺"必然会导致排队、炒号等情况，在极端情况下还可能出现一些市场乱象。在这样的情况之下，一般来说会有三种类型的解决办法：一是各种变相加价的不正常市场行为，这显然有悖通过"限价"来促进房地产市场价格稳定的初衷，也是购房者抱怨最多的领域。二是各种托关系、内部开盘等，靠"关系"来配置资源，这显然有违市场的公平原则。三是靠运气，用公平的摇号来解决稀缺资源的配置问题。之前虽然也有过楼盘自己搞的"微信摇号"等，但其公平性和权威性经常受到购房者的质疑，只能看作一种尝试。

从目前的情况来看，只有政府背书的摇号选房，才是在当前市场条件下公平配置房源的最佳手段。"摇号选房"开始实施以后，作为购房者的你也许仍然买不到房，但至少你买到房的概率和其他参与的人是一样的。你将再也不用担心有人用各种办法来变相抬价，也不用担心其他人"打招呼""递条子"而影响你的购房机会。如果你想买房而且也有资格买房的话，准备好资金，其他则交给"运气"。如果买房是一场游戏，那么现在这将是一场公平的游戏。"摇号选房"将是在当前市场条件下确保购房流程的规范与公平的最重要手段之一。

再次回到前面三点对楼市趋势的分析，可见"限价+摇号"是应对当前暂时性的市场供不应求导致的新房房源短缺的有效政策工具。房地产市场具有周期性，而买卖双方的供求关系的变化也是此消彼长、经常换位的。就在2016年上半年，成都不少楼盘的售楼部看房的人还不是很多，而2015年则还可以用"惨淡"来形容。

当前从中央到地方都在积极探索房地产市场的长效机制，如大力发展住房租赁市场等。随着越来越多"房子是用来住的"的各项配套细则落地，一些城市房地产市场的供需矛盾必然会得到缓解。

最后，希望购房者能冷静地分析市场，并理性地购房，切忌跟风。也祝愿有真实居住意愿并希望买房的购房者们能摇到满意的房源。

（果然，随着摇号选房开始实施，成都楼市中的各种乱象大幅减少。当然，一些热点楼盘摇号中签率低的问题又随之出现，这是后话了。）

2017 年 10 月：全国楼市向下调整的拐点初步确立，潮退开始

背景回顾

2017 年的国内楼市可以用"冰火两重天"来形容。一方面，一些城市的房价持续走高，在较短时间内累积了较大的增幅；另一方面，楼市调控政策又持续趋严，各种升级版的调控政策不断推出。那么，在市场和政策两方面的作用之下，我国楼市究竟会不会出现类似 2014—2015 年那样的大范围和大规模下跌呢？这篇文章给出了笔者的思考和分析。

然而，2018 年的楼市走势，相较 2017 年而言，更加扑朔迷离。以北京、厦门等为代表的"热点"城市的楼市纷纷"熄火"，房价（特别是二手房价格）一路走低。但是，以一些三、四线城市为代表的前期"滞涨"城市，其房价在 2018 年又异军突起，一路走高。这里面既有"补涨"的因素，也有一、二线城市楼市热度"外溢"的因素，当然也有"棚改"的因素。此外，个别二线城市仿佛也成了股市中股价连续快速上涨的"妖股"。然而，2018 年下半年以来三、四线城市越来越高的土地流拍率，已然让笔者嗅到了"山雨欲来风满楼"的味道。

这让笔者深感忧虑。如果国内这一轮纯粹是由资金推动起来的快速房价上涨不能顺利地"软着陆"，那日后"硬着陆"起来就更可怕了。建议各位多看看电影《大空头》。当然，目前楼市调控的很多政策其实也是在避免《大空头》所描述的悲剧出现，如"降杠杆""限售"等政策。

笔者一直在竭尽所能地呼吁楼市的参与各方要理性。但可能希望所有人都理性的这种设想，本身就是非理性的。

本文首次发表时间为 2017 年 11 月 27 日，其阅读量在房天下房产圈上有约 12 万人次，在微信公众号上超过 1.8 万人次，在搜狐号上有约 5 800 人次，在今日头条上有约 4 800 人次，在网易号上有约 4 400 人次，在新浪头条上有约 3 700 人次，在新浪财经上有约 1 500 人次，在百度百家上有约 1 400 人次，在雪球上有约 4 900 人次。

有意思的是，房天下房产圈上网友对这篇文章的态度为 541 个"赞"

和 343 个"踩"，这似乎也能很好地体现这篇文章写作当时人们对楼市预期的分裂态度。

此外，本文被全国几十家媒体广泛地转载。博士研究生杨天池协助了本文的数据收集和整理工作，特此感谢！

热点城市的房价是否真的下降了

首先强调一点，笔者这篇文章只谈对全国楼市的整体行情的分析，不针对某个具体的城市。

2017 年 11 月 18 日，国家统计局发布了 2017 年 10 月 70 个大中城市住宅销售价格变动情况。整体来看，70 个大中城市中一线城市新房价格环比下降，二手房价格持平；二、三线城市二手房价格涨幅与上月相同或回落。笔者认为，本次发布的房价指数折射出了非常重要的市场变化趋势。可以这样说：全国楼市向下调整的拐点初步确立，这一轮楼市热度的潮退正式开始拉开帷幕。

笔者在 2017 年 3 月就公开预测：楼市将于今年 10 月开始整体转向，不同城市有先后。可参见 2017 年 3 月《21 世纪经济报道》对笔者的采访，全国几十家知名媒体也转载了这篇报道。同年 5 月，在成都本地知名媒体《华西都市报》的采访中，笔者再次重申观点如下："当前楼市处于政策的持续收紧期，调控力度不断加大。虽然市场本身有所降温，但一定时间内还会延续之前的热度，这有一定的惯性。所以目前处于楼市的胶着期，或者说是政策的踩刹车期。这一阶段的特点是量缩价稳。但随着政策的持续收紧，甚至伴随着加息等因素的出现（北京已经开始定向加息了），楼市在今年四季度出现向下的调整是大概率事件。"

这一晃 8 个月过去了。随着国家统计局于 11 月 18 日公布的 10 月 70 个大中城市最新房价指数出炉，笔者觉得这个重要的阶段终于来了！

下面来谈谈重点。

热点城市的房价是否真的下降了？

确实降了。虽然前不久还有南京通宵排号的消息，但不可否认，北京、合肥、厦门、深圳等前期过热城市的房价整体上已经开始下降了。不妨买张机票去燕郊考察一下，也许能让您打消炒房的冲动。有这样一条新闻——《中国最惨的楼市：房价跌 67%　中介一条街仅剩招牌》，发布时间是 2017 年 11 月 14 日，具体内容请自行搜索，在此就不赘述。

除了热点城市楼市的走势，笔者更关注的问题是：全国楼市中环比下降的城市个数正在迎来"牛熊分界点"。

在 10 月发布的房价指数中，新建商品住宅价格指数有 14 个城市环比下跌，分别为：北京、南京、厦门、济南、郑州、武汉、广州、深圳、唐山、无锡、蚌埠、赣州、宜昌、襄阳（数据来源于国家统计局，下同）。

另有 6 个城市环比 100，也就是说 11 月它们有可能转跌（实际上一些城市如合肥，正处于下跌中继途中，即处于下跌过程的"中场休息"阶段），分别是：杭州、合肥、福州、海口、西宁、丹东。

加在一起，新房市场一共有 20 个城市环比不涨了！

也许您觉得新房市场的由于有限价政策的存在，指数不那么真实。那么，咱们来看看二手房市场的情况。在 10 月发布的房价指数中，二手房价格指数有 20 个城市环比下跌，分别有：北京、天津、南京、合肥、福州、厦门、南昌、济南、郑州、广州、海口、银川、秦皇岛、包头、锦州、无锡、安庆、赣州、宜昌、韶关。

另有 3 个城市环比 100，也就是说 11 月它们就有可能转跌，分别是：兰州、九江、襄阳。加在一起，二手房市场一共有 23 个城市环比不涨了！

我们不妨思考一下，20 多个城市环比不涨了，这意味着什么？

回顾 2014 年 5 月楼市向下的拐点

以史为鉴可以知兴替，以人为鉴可以明得失。

然而在投资上，大多数人都在重复地犯错。

虽然已经过去了多年，但是笔者依然清晰地记得，上一轮"史上最惨"楼市下跌开始大约在 2014 年 5 月。那么在 2014 年 5 月，究竟发生了什么？不妨让我们先来看看下面两幅非常关键的图：图 6-2、图 6-3。

显而易见，在 2014 年 5 月，不论是新房还是二手房，环比下跌的城市都陡然增加到了 35 个，也就是说 70 个大中城市中的一半都在下跌了。其中，新房指数更是从 2014 年 4 月的 8 座城市环比下跌，陡增到了 35 个。而在 2014 年 4 月，二手房指数环比下跌的城市为 22 个。

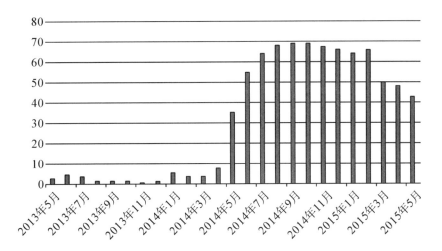

图 6-2　新房指数环比下跌城市个数

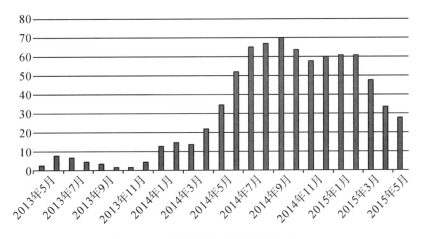

图 6-3　二手房指数环比下跌城市个数

　　历史总是惊人的相似。但历史也不是简单的重复。当前楼市的情况显然比 2014 年的时候更为复杂。一个直接的对比，可以发现当前（2017年 10 月）的楼市已经和 2014 年 4 月的情况非常相似了。但是目前的房地产调控措施包括了之前没有的限售，这在一定程度上会减少恐慌性抛盘的压力，因为想卖也卖不出去。不过，趋势一旦形成，就是很难在短期内改变的。

　　从 2014 年 5 月开始，中国楼市经历了整整一年的沉闷期。从业人员应该都还清楚地记得那个难忘的 2014 年 9 月，当 70 个城市的二手房指数全线下跌的时候（新房 69 个城市下跌），那个秋天显得出奇的冷。这让笔者联想到了 2015 年股灾时的"千股跌停"。可惜的是，大多数人总是好了伤疤忘了痛。没有太多专业技能的跟风投资者更是一波接着一波。笔者相信大多数人根本没有搞明白这一轮楼市为什么突然就这么火了起来，当然也就更搞不清楚为什么突然又可能冷了下去。

楼市中日益严重的分化

也许有读者要说：为什么我所在的城市的楼市还这么火？

笔者就问您一个问题：全国这么多个热点城市已经开始不同程度地下跌了，您凭什么就觉得您所在的城市可以走出独立行情呢？特别对于一些西部城市来说，不过是当地的楼市热度来得晚几个月，去得也晚几个月罢了。

2017 年对很多前期"滞涨"的城市来说是补涨的行情。如果是自己住现在当然也可以买，毕竟新房和二手房"倒挂"显示出的性价比还是高的。买来投资，笔者只能说您不得不考虑限售造成的流动性影响。另外，现在已经有城市出现新房"限价"失效的情况了：因为市场下行之后，新房的实际交易价格还达不到限价的水平。

聪明的投资者不会去对抗趋势，"顺势而为"会让投资的成功概率显著增强。逆势投资也不是不能成功，只不过是小概率事件而已。对于楼市来说，2015 年的深圳就是一个特例。但在大多数时候，很少有单个城市能够逆着全国下行的楼市而走出独立的行情。这也印证了笔者经常说的一个道理：房地产首先是一个宏观经济问题。

笔者的公众号"学者刘璐"在 2014 年 7 月 9 日、2015 年 7 月 1 日、2016 年 8 月 22 日发出了三篇关于分析成都楼市关键拐点的文章。显然，如果您看过这三篇文章，现在资产估计应该翻了几番。确实曾有读者给笔者写来感谢信。笔者也只是淡定地一笑而已：笔者从来就不鼓励炒房，笔者只是在做客观的市场研究而已。房价涨跌之类的事情没有什么意思，笔者更关心社会发展和人类进步。

当然，没有看这些文章也没关系。至少，您不要当下面故事中的隔壁老王。

这则老王的故事纯属虚构。老王在 2015 年年初之前一直都在观望股市，终于按捺不住了，在 2015 年 5 月把好几年没有怎么涨的房子卖了，冲进股市，满仓还加了杠杆。没多久股灾来了，老王当然也是血本无归，还欠了很多债。经过两年的休养生息，有购房资格的老王又借了很多钱，于 2017 年 4 月在燕郊买了房：3 万多元一平方米，老王当时激动地觉得买得很划算，起码要上 5 万元！然后，当然就没有然后了。相信在你我的身边，这样的老王不在少数。

本轮楼市行情中的"板块轮动"特征

2016 年以来的这一轮楼市行情，有着非常明显的"板块轮动"特征。分城市来看，从上海开始"一路向西"，到靠近上海的江苏的苏州和南京，再到靠近江苏的安徽合肥，再到中部的武汉和郑州，再到西部城市，传导的节奏非常有规律。再从一个城市内部来看（以成都为例），城南—市区—近郊一圈层—部分二圈层（如青白江）—城南更远的地方（如仁寿的视高），同样符合"板块轮动"的特征。这说明什么？说明这一轮楼市的行情完全就是资金推动的。

2017 年 10 月，M2 的增幅创纪录地低到 8.8%。这里面传递出来的信号，值得认真揣摩很久。

当前房地产行业的金融属性越来越强，所以这一轮楼市行情的很多特征与股市也很相似：比如"板块轮动"，比如杠杆，比如……热点城市相当于领涨的"指标股"，而前期"滞涨"的城市则相当于"低价股"。2015 年 5、6 月，随着指标股"中国中车"的股价轰然倒塌，随着一些"滞涨"低价股的补涨结束，股灾应声而至。2015 年端午节开始的股市发生了什么？建议新入行的投资者找当时"关灯吃面"的老股民好好聊聊取经。

当然，顶层设计早已经明确指出："房子是用来住的，不是用来炒的。"因此，在多种政策的限制和保障之下，楼市的波动也必然是小于股市的。对于一些城市而言，下行也就是调整一下而已。但对于另外的一些城市，可能就不会那么幸运了。

房地产作为一个行业而言，有大周期，也有小周期。而每一轮楼市的波动，都会加剧城市间的分化：一些城市会波动上升，而另外一些城市则会波动下降。（就在这本书收录文章的时间期界内，"2012 年小跌—

2013 年涨—2014 年跌—2015 年回暖—2016 年大涨—2017 年、2018 年严厉调控期"，可见这 七年中连续经历了两轮楼市周期。再早还有"2008 年跌—2009 年涨"，等等。）

说了这么多，相信还是会有很多读者问笔者一个问题：现在买不买房？

笔者坚持这样回答，实际上在 5 月的采访中笔者就是这样回答的：

普通老百姓应该少了几分冲动，多了几分冷静。当前市场环境的变化非常迅速，一方面市场热度依然在延续，不过已经开始逐渐降温，不少热点城市甚至已经开始转跌；另一方面，一些项目因为限价的因素，开盘售价低于市场预期和周边二手房房价。所以当前购房还是应该立足自己的用途。如果是投资，在连续收紧的政策之下，确实应该考虑下如何应对市场变化的风险。如果是自住，又满足限购条件，那确实可以冷静地选房，看好就下手。一旦市场开始下行，没有限价的二手房必然领跌。新房就要看其售价与周边二手房价的价差了。价差大的新房有可能会多扛一会儿，甚至有可能不跌；价差小的则可能就没有这么幸运了。

2018 年中秋和国庆之后，另几篇题为《多个城市楼盘大降价，引老业主围堵售楼部，楼市寒冬来得猝不及防》《最后的晚餐：写在房价下跌之前》《房价下跌成燎原之势》的文章在网络流传较广（这期间类似的文章逐渐多了起来）。也许，在笔者这篇文章写了将近一年之后，人们是时候担心这一轮楼市上涨行情究竟应该如何"收场"的问题了。对于一些在这一轮上涨周期顶点买了房的人来说（特别是二手房），也许"难受"的日子还长。毕竟，"套十年"的案例以前又不是没有出现过。

有意思的是，一年前（甚至几个月前）各地那些还在哭喊着抢房的人，其中不少如今又成了各地在售楼部要求退房的主力军。他们为什么不早点看笔者写的这些对市场变化关键节点的分析文章呢？（这些关键节点有涨有跌，笔者仅是对市场走势进行客观判断而已。）

最后笔者只希望：当潮退下去的时候，您还安好。

2017 年中央经济工作会议对我国房地产业发展的启示

背景回顾

　　每年年底的中央经济工作会议对我国的经济发展有着重要的指向和定调作用，对于房地产行业来说就更是如此。那么，2017 年年底中央经济工作会议对房地产业的发展将有着怎样的指导呢？

　　本文首次发表时间为 2017 年 12 月 21 日，其阅读量在封面号上有约 2.8 万人次，在房天下房产圈上有约 2.2 万人次，在微信公众号上有约 6 700 人次，在雪球上有约 4 100 人次，在新浪头条上有约 3 100 人次，在四川发布号上超过 1 200 人次。经济学博士黄俊兵对本文亦有贡献。

　　万众瞩目的中央经济工作会议于 2017 年 12 月 18 日至 20 日在北京举行。毫无疑问，这不仅是一场年度最重要的经济工作会议，也是一场定调中国未来五年经济发展格局和走势的重要会议。

　　鉴于房地产行业在国民经济中的巨大体量，以及住房在居民财富中的重大比重，许多读者都会关心，本次中央经济工作会议对于房地产的发展究竟有着什么重要的指导意义？毕竟，以往的多次中央经济工作会议都对房地产行业的发展有过明确的指示。比如，2015 年年底中央经济工作会议的"去库存"，2016 年年底的"房住不炒"，等等。在 2017 年年底的本次会议中，"长效机制"再次被正式地画为重点。

　　下面，结合本次中央经济工作会议的指示精神，笔者谈一下房地产行业可能会有的一些变化。

经济增长方式的转变对房地产业将有着深刻的影响

　　本次中央经济工作会议明确提出"高质量发展是根本发展要求"。

　　会议做出这样的判断："中国特色社会主义进入了新时代，我国经济发展也进入了新时代，基本特征就是我国经济已由高速增长阶段转向高质量发展阶段。"

高质量发展，意味着不只看增速，而要更加注重经济增长的质量。这对房地产有什么影响呢？

由于房地产不论是开发还是购买，都涉及巨大的资金，关系到上下游几十种甚至上百种相关产业，因此人们形成的一个定式思维是：房地产就是"稳增长"的利器。于是，当经济增速下滑迅速的时候，人们就会预期政府会推出政策来刺激房地产。比如最近的一次，由于2015年中国经济增速下滑得比较快，当时确实推出了不少促进楼市需求的政策。毫无疑问，用刺激楼市来稳增长是一种比较粗放的经济增长方式。

目前定调"高质量发展"，意味着国家将更加重视经济增长中的"核心竞争力"，这不仅是科技创新、节能环保，也意味着对经济结构进行深刻的调整。由于国家不会再把经济增速作为唯一目标，因此也不会再一味强调房地产对"稳增长"的作用。以往，经济不好时，就刺激一下房地产。这是稳增长的"老套路"。基于此，许多购房者容易产生"房价永远上涨"的错觉。笔者随便抛一个案例就可以击碎这个幻觉。如果有读者觉得房价"永远涨"，可以去查一查锦州这座城市的房价走势。

从2014年年初的阶段性顶部到现在，该城市不论是新房还是二手房的房价指数都在大幅走低。当前，中国经济正在深刻地转型。对房地产业来说，是时候丢掉这种"不愁嫁"的幻想了。随着中国正在从经济大国向着经济强国转变，房地产早已不再是"支柱产业"了，如果现在连"稳增长"的"重要工具"的地位也不保了，那国内楼市的分化必然会进一步加剧。

"降杠杆"将促进房地产软着陆

随着我国金融行业的发展，"杠杆"在房地产行业中的重要性越来越突出。购房者非常熟悉的房贷就是最基本的"杠杆"，比如两成首付可以看作五倍杠杆，而一些借助首付贷等变成一成首付的购房者就是十倍杠杆。在开发领域，极少有开发商完全依靠自有资金进行项目的拿地和开发，各种融资工具和融资手段那是层出不穷。

当前，我国内地房企的负债率普遍显著地高企。一些激进的房企，负债率已达200%。而80%~90%的负债率在行业中更是司空见惯。作为对比，一些港资房企的负债率一般只有 20%多，这和内地房企一比就显得非常保守了。

"杠杆"本身只是一种金融工具，并无好坏之说。但是，杠杆会放大收益和损失。在资产标的上涨的时候，人们会觉得杠杆是天使，因为它会成倍地扩大收益。而当资产标的下跌的时候，人们又会觉得杠杆是魔鬼，因为它会成倍地扩大损失。对于整个经济体系而言，杠杆率过高容易导致经济出现大幅波动，从而诱发系统性的金融风险。

相信 2015 年的股灾依然让人们印象深刻。如果是自有资金炒股，那股价下跌最多就是被套，还有机会等涨起来。但如果是"配资"炒股，那么股价下跌一些，就会导致爆仓，连翻盘的机会都没有。

在 2008 年的美国次贷危机发生以前，没有人相信当地的房价会跌，大量中产家庭高负债多买房，日子过得紧巴巴地还房贷。一旦经济有任何"风吹草动"，比如加息和失业等，这些看似风光的中产家庭就纷纷破产。从有大房子、大车的"中产"到成为路边的流浪汉，中间只隔着一层房贷。由于金融体系的发达，各种令人眼花缭乱的衍生工具又再次大大地放大了金融体系的杠杆作用，于是"还不起房贷"这件"小事儿"就如同"蝴蝶效应"一般最终导致了 2008 年那场一发而不可收的次贷危机。在这场危机中，不仅很多银行破产，整个金融体系都遭受重创，连很多养老性质的保障型基金都难以幸免。

国内大多数居民没有经历过如此剧烈的楼市和金融冲击，因此对待楼市容易产生单边看涨的不理性心态。2006—2010 年，笔者正好在美国攻读经济学博士，完整地经历了这一次次贷危机，感受很深刻。

显然，如果这样的惨剧发生在住房自有率高得多的中国，那必然将会是一场灾难。因此，笔者非常能够理解中央很多楼市调控政策的良苦用心。

本次中央经济工作会议明确表示要降低经济中的负债率，更明确提出"守住不发生系统性金融风险的底线"。作为资金密集型行业的房地产业，必然会受到深刻的影响。虽然本次会议指出"稳健的货币政策要保持中性"，但在适当偏紧的基调之下，估计短期内房企融资会更困难（编者注：房企的融资果然从 2018 年 1 月起就变得越来越困难了）。房贷方面，2017 年以来，房贷利率不断上升。相关数据显示，11 月在全国 35 个城市 533 家银行中，有 86 家银行首套房贷款利率上升，占比为

16.13%。11 月全国首套房贷款平均利率为 5.36%，相当于基准利率的 1.09 倍，环比 10 月上升 1.13%；同比 2017 年 11 月上升 20.72%。值得一提的是，当前因额度等原因暂停受理首套房贷业务的银行（含支行）数量越来越多。这并不是经济中没有贷款，而是贷给谁是一个问题。在"随着金融加速回归服务实体经济的本质"的指导思想之下，当前以科技创新和文化创新为代表的"高精尖"产业贷款保持高速增长。

加快住房制度改革和长效机制建设

本次中央经济工作会议上关于房地产的表述为："加快建立多主体供应、多渠道保障、租购并举的住房制度。要发展住房租赁市场特别是长期租赁，保护租赁利益相关方合法权益，支持专业化、机构化住房租赁企业发展。完善促进房地产市场平稳健康发展的长效机制，保持房地产市场调控政策连续性和稳定性，分清中央和地方事权，实行差别化调控。"

目前常用的限购、限贷，甚至限价和限售等政策，都是"应急性"的政策，目的是抑制房价在短期内的过快上涨。但是不适合长期推行，因为这会导致市场的定价机制发生扭曲，从而损失社会经济运行效率。"长效机制"更着眼于房地产市场的供需双方向着长期均衡的方向调整和发展，从而避免社会资源的错配，提高经济运行效率。

笔者理解：长效机制的着眼点在于同时促使市场的供需双方实现长期均衡，这会大大减少出现短期供不应求或者供大于求的非正常状态。

而且，这还需要从整个社会经济出发，促进房地产部门和非房产部门之间的协调发展。显然，如果社会资本"一窝蜂"地跑去搞房地产，这肯定会导致经济结构出现问题。因此，长效机制不仅立足于房地产行业本身，还在于优化调整房地产在整个国民经济中的比例（这也是笔者在学术论文写作中这么喜欢用"一般均衡"这种分析框架的重要原因）。

本次会议提出的"完善促进"，表明"长效机制"已经进入实操推进阶段。具体来看，有以下两个方面值得重点关注。

一是租赁市场。

租售同权，这是房地产市场走向成熟的标志。在中国，住房被赋予了太多额外的附加含义。如"丈母娘经济"、财富配置的重要手段，等等。甚至有人还把楼市与爱情画上了等号。但归根结底，住房就是钢筋、水泥和砖头。背离了消费的居住属性，住房的重要性就会被过度解读，从而造成市场的结构性扭曲。

可以预见，住房租赁市场特别是长期租赁物业市场，将迎来蓬勃的发展期（进入2018年，租房市场果然就迎来了大发展，不过也带来了一些问题，请看第七章）。租房市场将从目前以散户交易为主逐渐发展为更为专业化的规范市场。对于在大城市生活的年轻人而言，这无疑是一个很大的利好。

二是房地产税。

被认为是楼市调控终极手段的房地产税，在之前一直处于"雷声大雨点小"的状态。12月20日，时任财政部部长肖捷在《人民日报》的文章《加快建立现代财政制度》中，明确表示："力争在2019年完成全部立法程序，2020年完成'落实税收法定原则'的改革任务。"这标志着房地产税的推出首次有了一个明确的时间表。这篇文章在本次中央经济工作会议闭幕的同一天刊发，可能不只是一种巧合。对于"新开征税种"，一旦全部立法程序完成，那么后续的征收就不会有太大的技术难度。

人们都知道，房地产税将通过增加物业在持有阶段的成本而促进楼市回归长期理性。但是很多人可能并不明白房地产税对楼市的具体影响。

一旦房地产税开征，必然会导致楼市出现进一步的分化。一些"换手率"高的项目，可以通过房租或房价等方式全部或部分地把房地产税的压力转给接盘的"下家"，这也就是经济学中常说的税赋转嫁原理。然而，一些无人问津的空置房屋，业主就将全部承担房地产税的增加成本，这部分业主可能会抛售房源以减少成本压力。简单地说，物业的市场供给和需求弹性，将决定房地产税对业主和"下家"的影响程度。

毫无疑问，本次中央经济工作会议为新时代的中国经济建设指明了道路。对于楼市而言，也将进入一个从"短期调控"到"长效机制"的新时代。作为一个楼市的研究者，笔者希望楼市早日实现"长期均衡"，从而可以提高经济运行效率和社会福利水平。当然，"波动中的分化"仍将是未来一段时间楼市的主线，可以预期未来国内城市间的楼市发展差异依然会很大，并可能长期存在。

第七章

2018 年：日益成熟

2018 年，笔者发布了多篇较有影响力的文章。

2018 年 8 月底，笔者在千氪财经开通了专栏，并在短短一个半月时间内累积了超过 58 万人次的阅读量。2018 年 2 月，笔者文章获评成都轨道好新闻双微平台类作品二等奖。2018 年 2 月，笔者获评今日头条"2017 房产领域最具影响力创作者"。2018 年 2 月，笔者获评房天下"资深房产人"奖。

这一年笔者也写了很多城市房价类的文章，但没有收录在这本书里。笔者会另外单独出版专著，敬请期待！

宅基地入市？真正利好的是租房市场！

"宅基地入市"这个话题，光听听都会让人兴奋。据相关估计，我国宅基地的市值可达 100 万亿元。按照这个数值和 6 亿农村人口估算，则每个人光宅基地的资产就能达 17 万元，那么一户六口之家就能积累百万财富了。

当然，可能我们都想多了。就短期来看，也许宅基地入市对于租房市场才是直接的利好。特别是在房租大涨引发关注的 2018 年下半年再来回顾，用宅基地入市来满足租房市场需求，也许真是一个非常现实的考量。

本文首次发表时间为 2018 年 1 月 26 日，其阅读量在封面号上有约 2.8 万人次，在雪球上有约 9 000 人次，在今日头条上有约 5 400 人次，在房天下房产圈上有约 4 100 人次，在微信公众号、新浪头条上有约 3 200 人次，在新浪财经上有约 2 800 人次。

刷屏还是过度解读

2018 年 1 月 15 日，国土资源部放出重磅消息，表示："我国将研究制定权属不变、符合规划条件下，非房地产企业依法取得使用权的土地作为住宅用地的办法，深化利用农村集体经营性建设用地建设租赁住房试点，推动建立多主体供应、多渠道保障租购并举的住房制度，让全体人民住有所居。"

当天晚上，这则消息就刷了屏。《楼市变天》《政府将不再是居住用地唯一提供者》《我国宅基地也将"三权分置"》等标题纷纷出现在大家的微信朋友圈中。

一周多过去之后，不妨让我们再重新体会一下这个重磅消息，看看它对房地产行业有什么深远的影响。

刷屏的背后是巨大的关注，说明业内对于房地产行业最核心的资源——土地及其相关制度非常敏感。的确，作为这个行业里最重要的生产资料，土地的制度安排极其关键。当然，笔者留意到大多数的解读其实还停留在供需层面。一个比较自然的逻辑是，农地入市必然会增加土地供应，从而减少或消除住房市场供不应求的情况，甚至达到"降房价"的目的。

但实际上，这里面可能有一些误解，或者说是过度地解读。

珠海的实践

在国土资源部的土地新政之中，"宅基地"显然是人们关注的一个焦点。我们先来看看这次土地新政说了什么。其实，主要就是说了这么一句："深化利用农村集体经营性建设用地建设租赁住房试点"。

农村的集体建设用地分为三大类：宅基地、公益性公共设施用地和集体经营性建设用地。

农村集体经营性建设用地，根据标准的定义，是指"具有生产经营性质的农村建设用地，包括农村集体经济组织使用乡（镇）土地利用总体规划确定的建设用地兴办企业或者与其他单位、个人以土地使用权入股、联营等形式共同举办企业、商业所使用的农村集体建设用地，如过去的乡镇企业和招商引资用地"。这个概念本身是有点抽象的，但一说"乡镇企业"大家就很熟悉了。

2013 年 11 月 12 日中国共产党第十八届中央委员会第三次全体会议通过的《中共中央关于全面深化改革若干重大问题的决定》规定（第 11 条）：建立城乡统一的建设用地市场。在符合规划和用途管制前提下，允许农村集体经营性建设用地出让、租赁、入股，实行与国有土地同等入市、同权同价。

可见，宅基地和集体经营性建设用地是并列的（实际上宅基地属于集体建设用地下面的一个子类别），而这次的土地新政其实并未直接说宅基地的使用问题。

我们来回顾一下珠海的实践。

两年前的 2016 年 1 月，珠海市国土资源局宣布，珠海拟将出台农村宅基地管理措施，未来节约出来的宅基地将可作为集体经营性用地流转利用。同时，代耕农入户及房屋确权等问题也将解决。根据这个措施，宅基地可作为集体经营性用地流转。彼时，珠海正作为广东省唯一符合条件的地级市申报全国节约集约用地示范市。在珠海的实践中，明确提出"鼓励村集体建公寓式住宅"，即鼓励和支持有条件地区的村集体建设公寓式住宅，促进宅基地的节约集约利用，而节约出来的宅基地作为集体经营性用地流转利用，其流转收益将全部归农村集体分配，且收益分配主要分给腾出宅基地的农民。同时，还将鼓励农民腾退一户多宅的宅基地，并在符合土地利用总体规划、城市规划和保障农户权益的前提下，遵循依法、自愿、有偿、平等、公开的原则下开展宅基地使用权流转。

宅基地能不能作为集体经营性用地来进行流转利用，相信珠海的实践已经有了答案。本次国土资源部的土地新政，也可以看作对宅基地优化利用的尝试从个别城市向全国推广的信号。在本次的土地新政中，明确提到"我国将探索宅基地所有权、资格权、使用权'三权分置'，落实宅基地集体所有权，保障宅基地农户资格权，适度放活宅基地使用权"。

可见，从"同权同价"到"三权分置"，这是我国农村集体建设用地使用（特别是宅基地）从理论到实践的巨大创新。

"低效"的宅基地

在我国，一方面是城市住宅用地紧缺，另一方面是农村的宅基地使用效率低下。这不仅是由农村宅基地在空间分布上的分散性造成的，也是由于大量宅基地缺乏集约利用的必然结果。

虽然我国有着"18亿亩耕地红线"的刚性农业耕地土地资源保护政策，但一个不可忽视的现实是，在广大的农村仍然有着大量"沉睡"的土地。这些土地或闲置，或未能被合理利用，造成了土地资源的变相浪费。中国科学院在2013年的调研数据显示，当前全国共有约2.7亿亩的宅基地，但其中闲置的有1.14亿亩（闲置比例高达42%），而这相当于5个北京市的面积。

另一个数据显示：中国约有19万平方千米的农村集体建设用地，这其中宅基地约占13万平方千米，是农村集体建设用地的大头。可见，在保护耕地的同时，在农村闲置或低效利用的宅基地上想办法，是解决当前城市住宅问题的重要举措，而这和保护耕地的"初心"并不矛盾。

被误读的"降房价"

国土资源部明确强调："这是一项重大理论和实践创新。但城里人到农村买宅基地口子不开，严禁下乡利用宅基地建别墅大院、私人会馆。"

可见，不论是农村的经营性建设用地也罢，还是宅基地也好，都和人们熟知的城市住宅用地是完全不同的两套体系。在不存在"流转"等土地"变性"的情况之下，农村和城市的土地资源是不能流通的。同理，依附于土地的资金这种要素也无法在二者之间流通，也就是前面提到的"城里人到农村买宅基地口子不开"。

其实农地流转的案例也有很多。除了拆迁征地以外，目前最常见的农地流转模式是把部分农业用地转成商业用地，从而进行商业项目的开发。但是这样的流转限制较多，也不能完全等同于城市里的商业用地。

那么，为什么本次土地新政不能直接降房价呢？

显然，市场把土地新政解读为"降房价"的逻辑是，大量农地入市以后，增加了商品住房用地的供应，那自然就会对房价形成向下的压力。但是，实际上土地新政不仅没有涉及农地变成商品房建设用地的问题，甚至连城里人下乡买房的口子也仍被堵着。

此外，本次土地新政也不是要"合法建设小产权房"，因为新政明确提到不能对城里人销售。换句话说，即使已经有各种打着擦边球的"小产权房"，那么小产权房降房价了吗？

既然如上面所分析的，土地和资金这两种重要因素都不能在城乡之间的房地产市场直接流动，那么什么要素可以流通呢？——人。

是的，城里的人虽然不能去农村买宅基地，但是可以去农村宅基地上修的房子里住。这就是本次土地新政最核心的"重大理论和实践创新"。

租房市场将会有很大变化

那么，本次土地新政最大的意义在哪儿呢？

笔者认为其对城市近郊以及部分城市的"城中村"区域的住房市场可能会带来很大的影响。特别是近郊区域，新形态的住房租赁市场将会异军突起。

显而易见，允许宅基地或其他农村经营性建设用地用于建设租赁住房，会大大增加可租赁房源的供应数量，这有利于平抑甚至降低租房市场的平均租金水平。对于特大城市而言，这是非常关键的。这是因为特大城市的外来人口和流动人口都多，因而租房市场的供需压力就会更大一些。同时，农民通过提供经营性建设用地或宅基地，可让闲置或者低效利用的土地资源发挥更好的收益，同时会增加自己的收入。

当然，由于房地产行业的空间差异性，处于不同位置的农村经营性建设用地的价值是差别很大的。位于特大城市近郊的农业用地，由于其相距就业中心的距离更近，所以能更便利地承接从城市中心城区外溢出的在城市工作和生活的人口，这对于低收入人群来说是非常有吸引力的。毕竟，这可以用时间来换空间，住得远些但租金更便宜。

而对于远郊而言，本次土地新政的意义则稍微显得不是那么直接。

不过带有旅游度假性质的酒店或者"民宿"类物业也是一种好的发展模式。一些有着独特旅游资源的远郊乡村，可以更规范地发展旅游产业。

可见，本次土地新政直接利好租房市场，但是由于空间的差异性，需要大众运输、市政服务等各项城市基础设施及商业配套的跟进，才能充分地发挥分散城市人口及提升农村土地利用效率的综合效果。

此外，个别城市还有"城中村"的问题。显然，城中村的位置比近郊更好，因而一般来说其价值也更大。从不少城市的案例来看，城中村里的农民房早已经被用于出租了，但"脏乱差"的问题也非常明显。根据本次土地新政，在不改变城中村的土地性质的前提下（城中村的拆迁是另外一个层面的问题了），完全可以把农民房改建成为现代化的住房重新用于出租。虽然这并未改变城中村的本质，但是对于城中村的综合治理来说，可发挥一种显著的规范作用。

当然，虽然本次土地新政从长远来看有着平抑城市房租的作用，但并不是在城市所有区域的房租受土地新政的影响都会下降。比如在城市的 CBD 核心区及周边区域，本来就没有宅基地等农地，所以其租房市场不会受到土地新政的影响。

同理，本次新政对于地方政府的土地出让收入也不会有影响，因为城市出让的建设用地和农村的土地是彼此独立的两套系统。

非房地产企业怎么开发？

本次土地新政明确提到"非房地产企业依法取得使用权的土地作为住宅用地"，似乎"非房地产企业"隆重登场了。不过，"非房地产企业"投身房地产事业也不是一两天了。君不见，在城市土地出让的拍卖场上，也有自然人"砸"几亿元去拿地的案例。但房地产开发则又是另外一回事了。目前，任何企业和个人都可以作为投资人拿地（在一些情况下也有限制，比如一些地块外资企业不能参与竞拍），但房地产开发还是涉及开发资质的问题，不过这可以通过投资者和建设者分离的方式来解决。

当前，国家正在大力发展住房租赁市场，而本次土地新政其实可以看作在为大力发展租赁市场解决土地"原料"的来源问题，至少是重要的来源之一。可以预见，敢于投身农地住房租赁市场的企业甚至个人肯定是大有人在的。这里面除了专业的投资机构，可能也会有大企业自建房（租赁）给员工居住的这种情况，感觉"单位房"可能又要重出江湖了。当然，并不是所有单位都有条件开发自建房。除了资金实力以外，还必须考虑距离单位的远近以及交通的便利性等条件（除了地铁等大众交通，单位还可以提供交通班车）。

最后，本次土地新政对于农民增收会有着非常积极的影响。通过把宅基地拿来建设租赁住房，相当于是盘活了农民的资产，自然也会增加农民的收入。至于农民会不会拿着这个钱去进城买房，这取决于增加收入的多少及所在城市的房价等多方面的因素，这还有待市场进一步的检验。

共有产权住房：一种更市场化的保障性住房手段

背景回顾

很多人把"共有产权住房"当作"降房价"的重要手段。然而笔者并不这样认为。"共有产权住房"可能是一种更市场化的保障性住房手段。

本文首次发表时间为 2018 年 3 月 1 日，其阅读量在封面号上有约 2.8 万人次，在房天下房产圈上有约 1.4 万人次，在企鹅号上有约 1.3 万人次，在新浪财经上有约 3 400 人次，在今日头条上有约 3 300 人次，在微信公众号上有约 2 200 人次，在新浪头条上有约 2 700 人次，在搜狐号上有约 1 900 人次，在雪球上有 1 400 人次，在四川发布号上有约 1 300 人次。

共有产权住房给了低收入人群买房的希望

2018 年春节刚过，共有产权住房就火了起来。近期，成都市政府工作报告中提出，2018 年，成都将试点建设共有产权住宅，引发了广泛的关注。很多读者朋友的第一反应可能会将其与现在火遍大江南北的"共享经济"联系起来，但这二者其实不是一回事儿。

早在十几年前，共有产权住房就已经被提出并开始研究试点方案了。

共有产权制度在我国住房市场中的应用，最早是在 2006 年 9 月经济适用房制度的改革中被提出来的。当时的提法是："运用现代产权法则、建立'政府与受助个人按份共有产权的经济适用房制度'（简称共有产权制度），实现住房保障制度创新的设想。"江苏省淮安市成了第一个"吃螃蟹"的城市。2007 年 8 月，淮安开始试点共有产权住房。

可见，共有产权住房从一开始就是被当作一种经济适用房提出来的。共有产权住房全称为"共有产权经济适用房"，一般来讲按个人与政府的出资比例，共同拥有房屋产权。共有产权住房的主要操作方式是，地方政府让渡部分土地出让收益，然后以较低的价格配售给符合条件的保障对象家庭。配售时，保障对象与地方政府签订合同，约定双方的产权份额以及保障房将来上市交易的条件和所得价款的分配份额。通俗地说，共有产权房就是"与政府合伙买房"。

到了 2014 年 4 月 1 日，在国家住房和城乡建设部在北京召开的共有产权住房试点城市座谈会上就曾传出消息，北京、上海、深圳、成都、黄石、淮安 6 个城市，成为全国共有产权住房试点城市。当时四川省住建厅就已经在积极研究成都的试点方案，关于共有产权住房的管理和使用等相关事宜，已经纳入《四川省城镇住房保障条例（草案）》之中。共有产权住房将和公共租赁住房共同构成四川省保障性住房，而经济适用房将被涵盖在共有产权住房内。

共有产权住房有何意义呢？

在北京、上海等特大城市，由于房价的绝对金额比较高，所以低收入群体的买房压力很大，因而推行共有产权住房是较为急迫的。动辄 5 万元/平方米甚至更高的房价，让这些城市的低收入人群难圆一个有房梦。即使购买经济适用房，压力依然较大。因此，如果能只出一部分钱，就能获得整个房屋的使用权，那显然给了低收入人群以买房的希望。

对像成都这样的西部城市而言，虽然房价的绝对金额比北京、上海等城市低不少，但仍然存在低收入群体买房难的问题。成都试行共有产权住房可以看作在居民住房保障上的重要和有益的尝试。

各城市的试点情况

1. "淮安模式"

江苏淮安无疑走在了全国共有产权试点的前列，早在 2007 年就开始推行共有产权住房。

"淮安模式"的核心要点是突破了一般保障性住房的限制，直接把共有产权住房看成"商品房"，个人产权部分的权利也和普通商品房一样。

其和传统的经济适用房的区别在于：住房的个人产权部分按照传统经济适用房的价格出资，购房人不仅不会多出钱，还可以享受商品房的保值、增值。产权比例按照"政府三成，个人七成"划定。申请条件为："家庭月收入 900 元以下，申请人具有市区城镇常住户口达 5 年以上、家庭人均住房建筑面积在 16 平方米以下，无房家庭优先购买。"获得全部产权的方式为："5 年内购买的按原供应价格结算；5 年以后 8 年以内购买的，按原供应价格加当年的利息结算；8 年以后购买的按届时市场评估价格结算。"上市转让或政府回购的方式为"可将个人产权部分通过市场转让，按比例与政府分成收益。如果选择出售自己的七成产权，政府则与下一个持有人共享产权及收益"。

2."北京模式"

2017 年 8 月 3 日，《北京市共有产权住房管理暂行办法》正式面向社会公开征求意见。

申购要点一：名下无房。实现从严限购，条件是此前卖过住宅的人不能申购，申请时点距离婚年限不满三年的也不能申购。

申购要点二：职住平衡。所在区优先，从政府层面，兼顾"新北京人"，特别强调"新北京人"分配不少于 30%，即"各区人民政府根据共有产权住房需求等情况合理安排共有产权住房用地，其中，满足在本区工作的非本市户籍家庭住房需求的房源应不少于 30%"。

共有产权住房卖与租：已购满 5 年的，可按市场价格转让所购房屋产权份额。满 5 年，购房人也可按市场价格购买政府份额后获得商品住房产权。已购共有产权住房用于出租的，所得租金收入按照购房人与代持机构所占房屋产权份额比例进行分配。

3."上海模式"

上海于 2016 年 9 月 30 日开始实施《上海市共有产权保障住房供后管理实施细则》。其中特别强调，购房人取得房地产权证满 5 年后交易住房统一执行房源项目市场基准价格。房源项目市场基准价格，由住房保障实施机构委托具有相应资质和良好社会信誉的房地产估价机构评估，参考届时房源项目相邻地段、相近品质商品住房价格等因素，拟订住房基准价格和浮动幅度，报请同级房管部门组织发展改革、财政、地税、国土等部门共同审核，并报住房保障领导小组批准后公布。

共有产权住房与常见保障性住房的比较

为什么共有产权住房一经提出，就引起了很大的关注呢？显然，相对于传统的保障性住房而言，共有产权住房有着两个显著的优点。

第一，它降低了购房者的门槛，毕竟购房者只需要出一部分钱即可买房。

第二，对经济适用房和限价房等保障性住房制度也是一种规范，可以避免"开着宝马车住经济适用房"的情况发生。

共有产权带有鲜明的保障性质。和传统的经济适用房比，共有产权住房的房价更为市场化，政府通过占有一定的产权比例，既能保障低收入群体的权利，又能避免国有资产流失或者增加财政负担。

在共有产权的模式下，购房者拥有其所属产权的全部权利，可以抵押、转卖、出租。而与以往的经济适用房、限价房不同，共有产权住房是一种有限产权住房。从制度设计上看，政府和购买者将共同分享土地和房屋的增值收益，也共同承担土地和房屋贬值带来的风险。申购价格基本上与市场价格同步，这本身就使投资获利的空间大为减少，也大大压缩了"套利"的空间。

而相对于廉租房、公租房等而言，共有产权住房的产权属性，能够让居民的幸福感更强，更有家的归属感。

因此，可以看出，共有产权住房相对经济适用房和廉租房等传统的低收入人群的住房保障方式，更为新颖，也更有现代企业制度的"股权"特色，相当于是低收入群体和政府合股买房，但是低收入人群享有完整的使用权。

共有产权住房面临的难点

就共有产权住房的推行来看，难点主要有四个。

其一，在城市地价越来越贵的情况之下，如何保证足够的土地来建设共有产权住房。

特别是在地铁等交通便捷和周边学校、公园等配套资源较好的地方提供共有产权住房的用地，难度是比较大的。

就"淮安模式"来看，政府在出让土地之初，就在土地价格上做出一定让步，差价则作为政府收购共有产权住房的资金。通常，一个楼盘预留5%~10%的共有产权房。这种操作模式可能是最简单的，但是依然有很多问题。比如，影响对土地的估值问题。商品房和保障房的估值体系差异很大，两者合在一起在土地出让时会影响拿地企业的判断。此外，这种混合项目在交房以后，商品房业主和共有产权房业主之间也可能会产生一些矛盾。

"北京模式"中强调共有产权住房结合城市功能定位和产业布局进行项目选址，优先安排在交通便利、公共服务设施和市政基础设施等配套设施较为齐全的区域，推动就业与居住的合理匹配，促进职住平衡。同时，共有产权住房建设用地采取"限房价、竞地价""综合招标"等多种出让方式。

其二，对于房屋的增值问题，如何在共有产权住房未来的交易上有所体现和保障，这也是一个技术上的难点。

特别地，在个人产权部分和政府产权部分之间的转化，稍有不慎即可能产生国有资产流失的问题。这其中一个最为关键的技术问题，就是对于共有产权住房的房价评估问题。

设想这种场景：①共有产权住房购买者在回购政府产权的时候，只要压低市场评估价，即可获得巨大的经济利益。②政府收购个人产权时，如果评估价虚高，也会导致可能的利益输送的问题。显然，作为一种公益和福利保障性质的产品，必须从申请开始就严格监管，一直到最后的退出环节，整个流程都需要公开、公正、透明，在机制设计上就减小甚至消除投机套利的空间。前面提到的"上海模式"中，强调"房源项目市场基准价格"就是一种很好的参考。

此外，作为一种完善的机制，共有产权住房也不得不考虑房价下跌的问题。如果共有产权住房的市场价格跌了怎么办？这个亏损当然也需要按"股份"比例在个人和政府之间分摊，但是在实际中如何操作也是个问题。

其三，产权的划分比例问题也是一个难点。

根据试点情况，政府与购房者产权比例是共有产权住房的焦点所在。

这实际上是一个准入门槛问题，弄不好就会出现"高不成低不就"的情况。显然，个人占比小了，让财政负担很大；而个人占比高了，又让低收入群体的负担很大，达不到"保障"的目的。从试点区域的实际操作来看，个人出资比例普遍在 50% 以上。在"淮安模式"下，根据住房需求家庭的困难程度决定分摊比例，从 5∶5、6∶4 到 7∶3，困难家庭出资额最低不少于 50%。事实上，在 2007 年 10 月淮安市推出的首批 300

套共有产权住房就曾"遇冷"。

笔者认为，由于我国城市间的房地产市场分化很大，共有产权房的这个"股权"比例也要避免"一刀切"。在有条件的地区，允许个人占比小于50%也是可以的。具体的优化比例，还需要通过仔细的调研和计算才能得出。

当然，无论如何，共有产权住房对于个人购房者而言依然需要支付一笔钱，这个门槛是比廉租房等高很多的。在"上海模式"中，上海市房管局就提醒，市民在申请共有产权住房时，应当充分估量家庭的经济承受能力、贷款申请资格、原住房置换等实际条件，做到量力而行。暂时无力购买共有产权住房的，可选择廉租住房或公共租赁住房等其他住房保障渠道解决住房困难问题。

其四，政府占比的退出问题。

假设我们把共有产权房看成一个由个人和政府组成的"股份制企业"，那么政府的占比相当于是政府支持个人创业（此处指买房）的"天使投资"，设立合适的退出机制也是恰当而且必要的，毕竟这部分钱也来自其他纳税人。根据"淮安模式"，5年内以原价购买，5年至8年加同期贷款利息，8年后则按市场评估价购买或按比例分成转让收益，因家庭困难不能购回的，可以像原来的经济适用房一样继续使用。其他地方的退出机制基本上大同小异。

笔者认为，共有产权住房和其他保障性住房最大的区别，就在于购房者实际上对房屋拥有类似于商品房一样的完全的"处置权"，如抵押、交易、出租等，当然，这是在个人占比的权限范围之内。因此，个人如何处置共有产权住房其实不是根本问题，只要把握两点即可：①国有产权部分原则上只能增值不能贬值，如把房子卖了或者租出去，收益按比例与政府分配即可。②个人产权的转让只能是特定对象。这是由共有产权住房的"保障"性质决定的，转卖或出租都应该是针对特定的符合要求的对象。

笔者认为，共有产权住房退出的最大问题是行政成本问题。例如，为了收一些租金，还要专门配置行政办事人员，这样效率较低。因此，如何设计一套能够高效率运行的监管和退出机制，对于共有产权住房的成功推行是非常重要的，这才是真正的难点。

共有产权住房对楼市的影响

共有产权住房引发社会广泛关注的一个重要原因，在于人们觉得其会是一个降房价的利器。从《"共有产权住房"来了，刚需笑了，炒房者哭了?》这样的新闻标题就可见一斑。

然而笔者并不这样认为。

由于共有产权住房具有鲜明的低收入群体的保障性质，因而和主流的商品房市场是有所区别的。其数量不会有商品房那么多，对商品房的房价也几乎没有影响。总体来说，这是和商品房市场独立的另外一类产品形态。

此外，刚需和低收入群体也不能画等号——在一线城市，年薪几十万元的买房者也可能是刚需（只要还没有买房）。

显然，如果要全面铺开大规模建设共有产权住房，那么财政的压力会很大。目前试点城市的共有产权住房的供应套数都还不多，只能说是对低收入人群买房的保障，但还难以达到能够影响当地房价的规模。

换句话说，抛开财政压力不谈，如果真的大规模铺开建设共有产权住房，那不是政府成了楼市最大的接盘者（其中的政府占比部分）？这个逻辑也不对。

值得期待的"成都模式"

成都即将试点建设共有产权住房，这体现出在城市飞速发展的同时，成都也很重视低收入群体的住房保障问题，而且很重视用更市场化的、更有效率的办法来解决问题。

成都在 2017 年发布了楼市的五年大规，特别提到了保障性住房的问题。未来在实践中一方面是要保证相关的用地指标，另一方面也要注意完善购买、退出、交易等各项细则。

最后，期待共有产权住房的"成都模式"能有更多创新。

美国加息和贸易摩擦让中国楼市紧张?

背景回顾

在 2018 年 3 月的时候,美联储再次加息,这其实是美元进入加息周期之后的一个必然结果。同时,3 月刚开始体现出苗头的中美贸易摩擦,也让人们对国内楼市的心态趋于复杂。本文主要就这些问题对国内楼市的影响展开了一些分析。

本文首次发表时间为 2018 年 3 月 25 日,可谓是笔者近年来所写稿件在传播上的一个"巅峰"。根据安居客在 4 月初发布的新媒体统计数据显示,该文发布后几天之内在全网的阅读量有约 73 万人次。就笔者自己能够做出的传播统计来看,该篇文章在新浪财经上的阅读量有约 27 万人次,在房天下房产圈的阅读量有约 8.5 万人次,在今日头条上的阅读量有约 4.5 万人次,在企鹅号上的阅读量有约 1.1 万人次,在新浪头条上的阅读量有约 7 700 人次,在微信公众号上的阅读量有约 5 100 人次,在搜狐号上的阅读量有约 3 800 人次,在雪球上的阅读量有 1 500 人次。

2018 年北京时间 9 月 26 日凌晨,美联储年内第 3 次加息。9 月 29 日,该文修改后以《美国加息会影响中国楼市吗?》为题再次发布,在千氪财经上的阅读量有约 20 万人次,在今日头条上的阅读量有约 11.3 万人次,在百度知道日报上的阅读量有约 3.6 万人次,在封面号上的阅读量有约 2.8 万人次,在企鹅号上的阅读量超过 2.3 万人次,在搜狐号上的阅读量有约 1 万人次,在新浪财经上的阅读量有约 4 200 人次,在新浪头条上的阅读量有约 3 200 人次,在房天下房产圈上的阅读量有约 2 700 人次,在微信公众号上的阅读量有约 2 600 人次,在雪球上的阅读量有约 1 700 人次。

北京时间 2018 年 3 月 22 日凌晨,美联储宣布将联邦基金利率提高 25 个基点,至 1.5%~1.75%。美联储当天公布的 2018 年全年加息次数仍是 3 次(之前业内普遍预期的是 4 次)。当天,美国三大股指小幅收跌,加息的市场影响似乎并不显著。一个重要的原因可能是该次加息已经被市场充分预期，所以并未引起太大的波澜。

然而国内的房地产业内却对美国加息较为焦虑。笔者还记得在 2017 年年底，当美国宣布减税的时候，国内业内还有过"美国减税将重创中国楼市"的担忧。

当越来越多的人开始关心这些话题，说明国内居民的财经素养正在大幅提高，但这次我们可能想多了。

影响机制

从美国减税说起。对于上次的美国减税，笔者做了这样的评论：对于国内楼市，不能说影响很大，也不能说完全没有影响，主要是看美国减税影响中国经济的力度。

中国楼市受诸多因素影响，包括土地政策、房产政策、百姓理财渠道等。同时，国家宏观调控多年，从土地供应、资金来源、政策调控等多种工具和手段入手，作用才逐步显现。而我国的这些调控力度对国内楼市的影响都远大于美国减税这一政策。所以，美国减税对国内楼市只会是逐渐的、间接的、很微弱的影响。

但如果美国减税的影响很大，对中国经济产生了影响，这才可能波及中国楼市。最直接的影响是我国贸易方面、国外投资等，然后才会逐步传导到楼市。

那么这一次的加息呢？也许在美国加息之后，人们最容易想到的影响就是中国国内的资金外流，特别是外资流出的问题。

对于国内楼市来说，尚无直接证据表明外资在国内的房地产市场购买和囤积了天量的物业。当前国内楼市的购买主体仍然是中国居民。因而即使真的有外资抛售国内房产，其对市场价格的影响也是微乎其微。

此外，即使 2017 年以来美联储已经 5 次加息，但是从名义上说，国内目前的利率水平仍然是高于美国的。所以本次美国加息究竟会引起多少中国国内的资金外流还不好说。

我们探讨美国加息对于中国楼市的影响，还是要立足中国国内的实际情况来进行分析。这个问题其实比较复杂，笔者觉得要从三个方面来看，而这实际上是三个"不确定性"的问题。

第一，美国加息和中国加息之间的不确定性。

　　这个不确定性是指中国是否加息以及加息的程度。虽然业内普遍预期中国加息是大概率事件，但截至目前央行尚未调整基准利率。

　　实际上，2017年以来中国对于美国加息的应对方式是非常巧妙的，被业内称作"太极式化解"和"表态式跟进"。

　　本次美国加息之后，同样在北京时间3月22日当天，中国央行开展7天100亿元逆回购操作，中标利率上浮5个基点至2.55%。

　　从2016年年底到2018年年初，美联储总共加息了5次，而中国央行逆回购中标利率共上调3次，中期借贷便利（MLF）价格上调了4次。一方面，逆回购是央行向市场上投放流动性的操作，属于一种公开市场操作业务；另一方面，上调逆回购中标利率又可以有利于增强公开市场操作利率对货币市场利率的传导作用。

　　当前，可将中国央行的这种操作理解成一种"表态"，即让市场的参与方形成合理的利率预期，同时也有利于约束市场上的非理性融资行为，而这对于稳定宏观经济的杠杆率可起到一定的作用。

　　业内也有把上调逆回购中标利率称作"软加息"的，但这毕竟不是实质上的加息。目前国内货币和金融市场上最大的悬念，也许就是中国央行是否会实质性地跟进，即上调基准利率。从2017年以来，国内加息就已经有了传闻。在2015—2016年连续六次降息以后，当前如果出现"修复性"的加息也很正常。要知道，在2018年2月，国内物价指数CPI同比上涨2.9%，创下了近51个月以来的新高，而这让加息似乎就变得更为现实了。虽然当前中国货币政策的基调是"保持稳定"，但是各种因素显示，在2018年之内，特别是在下半年，我国实质性加息（提高基准利率）的概率是很高的。

　　第二，中国加息和房贷利率之间的不确定性。

　　值得一提的是，本次美国加息之后的"中国式加息"，压根儿就没有提及房贷市场。

　　由于全面加息（此处指基准利率的上调）所涉及的面太大，将影响国民经济的所有行业，所以宏观政策对于加息的态度肯定是慎之又慎的。特别在经济的复苏期，基准利率的上调对实体经济有一定的副作用。

　　然而利率上调对于抑制资产泡沫而言又是有帮助的。所以我们看到2017年以来，就房贷而言实际上已经开始"定向加息"了。目前各大城市的房贷利率在基准利率的基础上不仅没有优惠，还普遍上调了15%

左右。

这样一算，国内的房贷利率在过去一年多的时间里，基本上上涨了 20%~30%。

有意思的是，这一轮国内房贷利率的上涨，并不是由于央行加息，而更多的是由于"加强监管"，和同期国内不断收紧的楼市调控政策关系密切。在 2016 年 6 月，国内房贷的平均利率跌破了 4.50%，刷新了历史低点。但是，从 2017 年 3 月开始，国内金融行业进入强监管阶段，这使得房贷利率随之走高。迄今为止，房贷利率离历史低点已经上涨了 100 多个基点。

当然，目前国内的房贷利率一般在年化 5% 多一点，和历史高位的 7% 以上相比仍属温和水平，继续上调的空间还很大。可以预计，如果国内的基准利率上调几次，那么房贷利率重返 6% 甚至向着 7% 靠拢，是非常可能的。

第三，国内房贷利率对居民购房行为的影响传导作用在减弱。

这是一个非常容易被忽视的问题。这其中的主要原因就是随着过去一年多的连续楼市调控，各大城市的首付比例已经大幅提高了。特别是对于第二套房而言，不少城市的首付比例已经提高到六到七成，这使得居民购房的实际贷款使用额度在大幅下降，自然受房贷利率上调的影响就减弱了。

当然，如果购房者"凑首付"的钱来自各种渠道的信贷资金，那么在资金面趋紧的大背景下肯定还是会受到影响的（一些全款购房的居民也适用本条）。当前，国家对信用贷、消费贷、房抵贷等各类信贷资金违规进入楼市的清查力度越来越大。这本身也是从宏观层面降低金融杠杆的一种举措。

最后，说一下中美贸易摩擦对国内楼市的影响。

就和前面提到的美国减税以及加息一样，能够从贸易摩擦马上想到其对国内楼市的影响，这说明现在国内购房者的国际化意识非常高。

然而贸易摩擦在最初的交锋波次里首先影响的必然将是双方甚至多方的出口部门和进口部门。房产（包括土地）由于是"不可贸易"商品，因而并不会受到贸易摩擦的直接影响。当然，如果贸易摩擦走向深入，让中国的经济出现减速（如 GDP 的增幅下降一定的幅度），那么收入减少的居民就会受到影响减少购房，于是楼市自然就会受到不利的影响。

不过，也还有一种可能性。如果这次的中美贸易摩擦让中国的外贸受到很大的影响，那也不排除为了"稳增长"而重启各种楼市刺激政策的可能性。虽然这和当前国内经济换挡转型的大背景有一些背离，但也可能成为一种无奈之举。在这种情况之下，贸易摩擦则反而成了国内楼市的利好。难怪有读者朋友问笔者：中美贸易摩擦开始了，是不是国内房价又要涨了？笔者在震惊之余，也不得不佩服这些读者朋友想得太深远了。

小结

前面说了这么多，其实笔者想表达的是：不论是美国减税也罢，还是中美贸易摩擦也罢，对国内楼市的影响都很间接。不能说完全没有影响，但是这个影响可能不会很大。

这个结论同样适用于美国加息。中国国内是否实质性地跟进加息，对楼市才是最为关键的影响因素。而且影响国内房价的影响因素确实太多了，即使国内真的加息了，如何传导到楼市上来也还将依赖于很多传导路径的有效性。

总体来说，美联储加息对中国楼市是一个偏利空的消息。特别是在国内很多城市从 2016 年以来房价都累积了较大上涨幅度的背景之下，市场上有任何的风吹草动，人们都会感到很紧张。

2017 年年底以来，中国央行虽然暂未加息，但是国内的融资成本已经出现了较为明显的上升。特别是进入 2018 年以来，在融资渠道不断收紧、非标打击力度加大的背景下，房企的融资难度已经越来越大了。本次美国加息之后，中国央行的"表态"，对市场的预期必然是会有影响的。有时，仅仅是对国内加息的预期就会带动资金的融资成本出现上涨。当然，国内还有部分房企能够利用各种渠道在海外融资（比如海外债），那么他们的感受就会更直接一些。

毫无疑问，当前国际形势的大时代已经开启。对于国内的房地产行业而言，可以预见的是，楼市和房企的分化必然还将加剧。

（在 2018 年 9 月美国加息之后，中国央行 27 日保持利率不变，这显示出中国并不想让自己国内的融资成本过快增加。但同时，这意味着美国和中国利率之间的差距缩小，难免让人担心资本外流的风险会加大。可以预见，在未来的一段时间，我国对资本流动的监管还会趋严。）

成都摇号选房再"打补丁"，刚需优先保护首次置业

背景回顾

在 2017 年 11 月成都首次实行摇号选房之后，成都 2018 年"3·31"楼市新政对摇号进行了"刚需优先"的升级。一个半月之后的"5·15"，成都的摇号选房政策又进行了再一次的重大升级。当然，那是后话了。

本文首次发表时间为 2018 年 3 月 31 日，其阅读量在封面号上有约 3 万人次，在网易号上有约 2.8 万人次，在新浪财经上有约 1.9 万人次，在今日头条上有约 8 900 人次，在房天下房产圈有约 8 700 人次，在新浪头条上有约 8 000 人次，在微信公众号上有约 5 100 人次，在企鹅号上有约 1 700 人次，在四川发布号上有约 1 500 人次。

2018 年 3 月 31 日，为坚持"房子是用来住的，不是用来炒的"定位，进一步深化房地产市场分类调控，切实支持成都市住房刚需家庭自住购房需求，成都市城乡房产管理局与成都市司法局联合发布了《关于商品住房开盘销售采用公证摇号排序选房有关事宜的补充通知》（以下简称《补充通知》）。

至此，"刚需优先"的摇号选房政策算是正式落地。依照《补充通知》，成都市商品住房开盘销售将按照"棚改货币化安置住户、刚需家庭、普通登记购房人"的顺序摇号排序、依序选房，并保持登记购房人、摇号选房人、合同签订人相一致。

自 2017 年 11 月成都实行摇号选房以来，的确杜绝了"乱加价""托关系"等市场乱象，成效显著。笔者走访一些楼盘负责人以及相关部门负责人得到的回应是：都觉得"轻松了很多"。可见，"摇号选房"确实是深得人心的。

但同时，一些市场关注度较高的楼盘又出现了摇号中签率偏低的现象。这其中也出现了一些"全家出动"，到处参加摇号的行为，而一些由于各种原因急需买房自住的人又摇不到号。有读者经常给笔者抱怨说，

他们是首套房置业的人，可是总是摇不到新房的号，觉得很着急。

本次"3·31"新政可以看作是对 2017 年 11 月成都摇号选房政策的升级，其主要目的是在兼顾公平的同时保护刚需型购房。

当然，"刚需"的界定历来都是有争议的。本次新政规定必须同时满足三条规定才符合"刚需"的定义。

第一，居民家庭包括夫妻双方、夫妻双方及其未成年子女、离异（丧偶）父（母）和其未成年子女，达到法定婚龄未婚、离异、丧偶等单身以个人为居民家庭；夫妻离异的，购房登记时离婚应已满三年。

第二，登记购房人及其家庭成员在本市行政区域内名下均无自有产权住房且自 2016 年 10 月 1 日以来无住房转让记录。

第三，购买的商品住房位于我市住房限购区域的，登记购房人须符合我市住房限购政策；购买的商品住房位于我市住房非限购区域的，登记购房人须为我市户籍居民。

依笔者看，其中最严格的应该是第二条，即购房人及家庭成员在成都辖区内无房且 2016 年 10 月 1 日以来无房屋转让记录。这就基本排除了家里有几套房了还想优先摇号的"钻空子"的行为。另外，对于想以离婚来增加摇号名额的"钻空子"行为，本次新政也用"离婚应已满三年"的规定来堵住漏洞。同时，本次新政也用"自 2016 年 10 月 1 日以来无住房转让记录"来堵住先卖房再去摇新房这样的"钻空子"行为。

当然，其实笔者也觉得刚需这个概念是很难界定的。例如，有人在京沪深有价值数千万元的房产，但在成都无房，现在回成都买房，这算不算刚需？不过毕竟这样的人是少数。对于大多数人的情况而言，如果名下无房又有购房需求，那确实应该算作刚需了。

对于真正的刚需而言，买房和租房似乎是一个永恒的话题。现在国家正在大力发展租房市场，如果一时半会儿不能买房，租房也是一个选择。

成都楼市调控再度升级，堵住漏洞保证刚需购房

成都"5·15"楼市新政，被称作成都"史上最严"的限购政策，有效地堵住了楼市之前的很多投机漏洞。

本文首次发表时间为 2018 年 5 月 15 日，其阅读量在房天下房产圈上有约 9 500 人次，在今日头条上有约 8 800 人次，在新浪头条上有约 6 300 人次，在新浪财经上有约 5 000 人次，在搜狐号上有约 4 000 人次，在微信公众号和百度百家上有约 3 900 人次。

目前成都楼市的现状可以从两个方面来概括：

一是从二手房市场来看，由于已经累积了较大的涨幅，目前成都的二手房市场基本可以判断已经达到了阶段性的高点，抛售压力较大。实际上在一些区域二手房价格已经松动甚至微跌了。

二是从新房市场来看，在一些区域新房价格低于二手房，导致这些区域的新房市场的供需矛盾较为突出。在成都实行摇号买房政策之后，这主要表现为在一些区域新房的摇号中签率较低。

自 2016 年 10 月以来，成都的房地产调控措施已经经历了多次的升级，可以看出成都的房地产调控效果是卓有成效的。特别是摇号买房以后，类似于"茶水费""只收全款""托关系"等新房市场上的乱象可以说已经绝迹了，而这样的现象在其他热点城市还较为常见。

鉴于市场情况的变化，笔者理解成都针对新房市场的新一轮调控，将主要本着进一步"开源节流"的思路来展开。

"开源"就是进一步增加新房供给（例如，成都市已经发布了 360 万平方米新房源计划。如果按照平均 100 平方米一套房来看的话，这就是 3 万多套新增房源，可以大大缓解新房市场的供需矛盾）。

"节流"就是抑制不正常的购房需求，主要是投机性购房需求。在 2016 年 10 月以来的楼市调控之中，经过多次升级"打补丁"，成都构建了以"限购、限贷、限价、限售、摇号"等为主的较为完善的楼市调控

措施，成效显著。但在操作层面，仍然有部分购房者利用政策漏洞来进行投机性购房，从而加剧了新房市场的供需矛盾。从实际情况来看，利用"个人（自然人）限购让家庭多个成员买房（如未成年子女）"、利用"落户的优惠政策买房"和利用"父母挂靠子女落户买房"是投机性购房较为明显的三大漏洞。因此本次成都升级限购的政策，其实主要也就是针对这些漏洞来为政策"打补丁"。只有把不正常的投机性需求挤出市场，才能够保护真正的刚需型购房，并且缓解市场的供需矛盾。

就"摇号选房"来说，这也是在存在新房和二手房价格"倒挂"的情况下保证市场秩序和公平的最有效甚至是唯一的办法。在 2018 年 3 月 31 日，成都已经对摇号做出了"刚需优先"的升级，这是成都摇号选房政策不断完善的重要标志。在实际操作层面，主要有两个有争议的地方。一是"刚需"的界定，特别是新落户人群的购房资格问题；二是"重复摇号"的问题，即有人同时参加很多项目的摇号，大大挤占了宝贵的摇号资源。对于第一个问题，随着成都限购的升级已经初步得到解决。对于第二个问题，笔者打个比方，这很像学术界很忌讳的"一稿多投"，这被认为是一种"学术不端"的行为。因为作者把一篇文章同时向很多学术期刊投稿，这不仅占用了宝贵的期刊审稿资源，也挤压了别的作者和文章的发表机会。这和在摇号选房上"一人多投"类似。一个自然人（或者家庭）如果同时参加很多项目的摇号，虽然增加了自己买到房的概率，但却降低了别人买到房的概率，而且浪费了摇号选房的相关社会资源，是一种"自私自利"的行为。此外，人们通常意义上对"刚需"的理解是，对工作地点和居住位置等有着较为刚性的需求。如果在全市范围内无差别地参加众多项目的摇号选房（特别是不区分大小户型和房屋单价及总价），这算是什么"刚需"呢？因此，本次成都对摇号选房再次升级，也是对上面提到的投机购房空间进行堵漏，从而维护市场的公平和保护真正的刚需。

总体来说，当前成都再次升级楼市调控政策，是贯彻中央"房住不炒"的重要落地举措，可以使得本地的楼市调控政策进一步完善，堵住漏洞保证刚需购房。事实上，成都在 2017 年 11 月已经发布了"三位一体"的楼市调控五年大规。未来成都不论是土地供应还是新房供应，都有充足的保障。当前成都新房市场出现的局部供不应求的现象只是一种暂时性的结构性问题。随着前述新房市场"开源节流"调控政策的持续推进，这一短缺现象有望逐步缓解。

后市影响：楼市新政后成都摇号中签率将大幅提升

背景回顾

在前文提到的成都"5·15"楼市新政中，摇号选房的规则进一步升级。本文对摇号升级以后的市场反应进行了一定的判断，认为前一段时间广受关注的"低中签率"情况会得到大幅缓解。

果然，"5·15"楼市新政出现了立竿见影的成效。之前经常出现的几万人排号的场面几乎没有了，而 100% 中签率的楼盘也重出江湖。同时，成都周边的四川省内二、三线城市的房价持续走高，体现出明显的楼市购买力外溢的特征。

本文首次发表时间为 2018 年 5 月 16 日，其阅读量在房天下房产圈上有约 1.5 万人次，在今日头条上有约 1 万人次，在微信公众号上有约 7 300 人次，在新浪头条上有约 6 500 人次，在新浪财经上有约 4 500 人次，在千氪财经上有约 4 400 人次，在搜狐号上有约 4 000 人次，在百度百家上有约 1 500 人次。

2018 年 5 月 15 日晚 7 点至 8 点，成都连续发布限购升级和摇号升级两条重磅消息。笔者也连夜发布了解读——《开源节流！成都楼市调控再度升级，堵住漏洞保证刚需购房》。

在笔者的解读发布之后，很多读者留言提出各种疑问。其中关于政策细则的大多数疑问在官方发布的 12 条解读中都能得到解答。剩下的疑问主要集中在本次楼市新政对于后市会有什么样的影响上来。因此，作为续集，笔者 2018 年 5 月 16 日再次发文，就本次新政对后市的影响做一个简单的分析。

先让我们来回顾一下本次楼市新政的主要特点：

限购升级——限购对象从个人（自然人）调整为家庭，新落户交 12 个月社保才能购房，外地父母挂靠落户不能算作独立家庭买房。摇号升级——以家庭为单位一次只能参加一个项目的摇号。

在昨晚（2018 年 5 月 15 日晚）发布的深度解读之中，笔者对本次升级楼市调控政策的意义用"堵漏洞、挤投机"这六个字来概括。除了在短期内新增 360 万平方米新房源的"开源"之外，抑制不正常的购房需求的"节流"就是本次楼市调控新政的主要目的。

这一"堵"一"挤"必然会造成符合限购资格的购房群体减少。类似于"婴儿买房"这样的不正常现象将会杜绝。此外，在符合限购资格的购房群体之中，由于没有了"重复摇号"这样的问题，每个楼盘排队摇号的人数也会减少。笔者就纳了闷了，有部分群体逢开盘必排队，对楼盘项目无差别地去摇号，成了"摇号专业户"，这是"刚需"吗？

因此，在多管齐下地升级调控政策之后，一个直接的结果必然是：今后成都新房摇号的中签率将大幅提升。会提升多少目前还不好估算，但预计必会是一个非常惊人的增幅。对于真正的"刚需"来说，这显然是一个福音。

也有读者问笔者，受本次楼市新政的影响，成都的新房价格会不会跌？对于这个问题，笔者可以这样来回答：在某个楼盘的摇号中签率达到 100% 之前，该楼盘的价格肯定不会跌。

昨晚也有读者留言，问新落户不能买房了怎么办？如果是真正看好成都的发展，打定主意想来成都工作和生活，那么交齐 12 个月的社保之后再来买房也没有什么。其他城市还有交 5 年社保的规定。新来一个城市，"责权利"要统一。要为这座城市做出自己的贡献，从而获取应得的收益，而不要只想着赚个"差价"就走。

至于成都中心城区之外的周边圈层，受楼市热度进一步外溢的影响，今年（2018 年）估计热度还会持续。这从周边圈层近期"土拍"连续创出高溢价率已经可以得到验证。但是笔者还是那句话，房地产首先是一个宏观经济问题，购房者要注重宏观因素波动的影响，更重要的是把控自身资金使用的风险。

破解精装房困局：如何把"双输"变成"双赢"

背景回顾

2018 年以来，维权事件频发的精装房问题让人闹心。

想破局？先得弄清楚精装房问题的作用机理。

本文首次发表时间为 2018 年 7 月 31 日，其阅读量在千氪财经上有约 1.2 万人次，在新浪头条上有约 5 500 人次，在一点资讯上有约 5 300 人次，在微信公众号上有约 5 100 人次，在网易号上有约 1 500 人次，在房天下房产圈上有约 1 300 人次，在今日头条和新浪财经上有约 1 000 人次。

此外，本文被中金在线、华尔街见闻、楼盘网、房天下资讯、搜狐焦点、地产情报站、商丘楼市内参、房产达人、零距离房产、ZAKER、品略等多家媒体转载。

本文讨论当前楼市中精装房的"死结"如何破局，就事论事。

相信各位读者最近已经看了太多关于装修房问题的"情绪帖"。

若问题已经发生了，还来抱怨问题为什么会发生有什么用？解决问题才是最应该关心的事情。

本文不是情绪帖，而是技术帖。

在鼓励发展成品房的大背景之下，"精装房"的发展却似乎正在陷入困局，问题频出。对于关心楼市健康发展的笔者来说，这真是看在眼里、痛在心里。

随着多轮楼市调控政策的推出，当前楼市正在"软着陆"，来之不易的局面各方须珍惜。为了深入研究如何破解当前精装房的困局，笔者也是不敢怠慢，最近连夜通宵建模，分析问题背后的机理，探寻"破局"之道。这是一个学者的社会责任。

特殊背景下装修房的发展趋势

住房以成品房的形态销售是大势所趋，由于具有集约利用资源、低碳环保、集中处理装修建渣、避免小区内部业主在不同时间装修对彼此造成的干扰等多种好处，因而受到鼓励。国外发达城市住房的交付标准一般也都是成品房，很少有毛坯房的形态。

在鼓励成品房销售的大背景下，这两年楼市恰逢"限价"的房地产调控措施，开发商纷纷主动选择用"精装房"的状态来销售，但主要目的是通过"精装修"来获取比清水房更高的溢价，从而提高利润率。由于在"限价"的调控下，开发企业普遍感觉开发利润率偏低（其中一些项目也的确是由于拿地价格高而承受成本压力），因而在装修标准上逐渐背离了正常的标准，使得一些项目从"精装修"变成"惊装修"，从而引发购房者的维权问题。

精装房维权的机制分析

由于在装修房维权的问题上购房者占据主动，且在通常意义上处于"弱势"，因此本文以购房者的视角出发来看待这个问题。

显然，这是一个非常复杂的问题。

为了把问题说清楚，笔者首先定义三个关键的变量。

一是"新房二手房价差"：指购房者买房时的价格和当前周边二手房的单价差（元/平方米）。例如，买成15 000元/平方米，而当前二手房价格为20 000元/平方米，那么这个"价差"就是5 000元/平方米。为简化讨论，"二手房"默认是已经装修了的住房，这样既符合通常的实际情况，也便于对比。二手房装修标准的差异性本文不做过多探讨。

二是"装修损失"：指购房者认为的开发商装修报价和实际装修价值之间的差额。例如，开发商装修标准报价3 000元/平方米，但是购房者认为的实际装修效果只值500元/平方米，那么这个"装修损失"就是2 500元/平方米。

三是"开发商退房违约金"：指开发商主动承担购房合同的解约责任（如单方面要求解约）退房并向购房者支付的违约金。如合同金额的10%。

经过烦琐地建模和推演，笔者独创出破解精装房困局的"三段分析法"。具体来说，笔者可以推导出以下核心结论（所涉及的具体算法笔者将发表论文，恕不能在此处公开）：

　　从一个理性的购房者的视角出发，其对精装房问题的最优决策完全取决于前述三个关键变量之间的关系。在其他因素不变的情况下，如果"新房二手房价差"足够大，那么维权反而有可能招致损失。如果"新房二手房价差"低于"装修损失+退房违约金"这个计算出来的门槛值，那么维权并拿违约金退房更划算（前提是开发商主动承担购房合同的解约责任并支付违约金）。

　　而如果"新房二手房价差"进一步低于"装修损失"这个门槛条件，那么购房者必须获得大于退房违约金的补偿金额才划算（前提是开发商愿意支付大于退房违约金的装修补偿金），否则不如直接退房。

　　笔者研究的上述核心结论可以用一个简要的示意图（图7-1）表示如下：

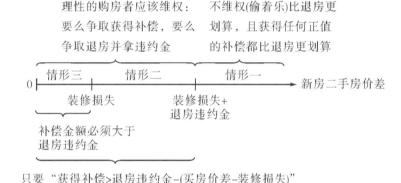

图7-1　站在购房者立场的精装房问题最优决策示意图

数值案例

　　可能上面的机制分析有一些抽象，那么我们现在举个例子就清晰了。

　　当前在精装房市场上常见的一个矛盾是：开发商的装修标准报价3 000元/平方米，但是购房者认为的实际装修效果只值500元/平方米，那么这个"装修损失"就是2 500元/平方米。又如果假设购房者的买房签约价格为15 000元/平方米，那么按照10%计算的开发商主动退房违约金就为1 500元/平方米。此时，我们可以根据上面分析的机制快速计算出决定购房者决策的两个关键门槛：

"装修损失+退房违约金"为 2 500+1 500＝4 000（元/平方米）；

"装修损失"为 2 500（元/平方米）。

现在我们就可以做一些很有意思的推演了。

情形一：如果此时周边的二手房价格是 20 000 元/平方米，那么购房者的理性决策是不维权。

因为此时购房者继续持有该套住房的实际"套利"是"新房二手房价差"5 000 元/平方米减去"装修损失"2 500 元/平方米等于 2 500 元/平方米。而如果维权导致开发商单方面解约退房则只能获得违约金 1 500 元/平方米。显然，"新房二手房价差"越大，购房者退房越不划算。此外，在此种情形之下，购房者如果能获取任何大于零的装修补偿（并且不退房）也都是比退房更划算的。但此时即使没有任何补偿，理性的购房者也不会接受开发商的主动退房。

情形二：如果此时周边的二手房价格是 18 500 元/平方米，那么购房者的理性决策是争取一定数额的装修补偿或者拿违约金退房走人。

因为此时购房者继续持有该套住房的实际"套利"是"新房二手房价差"3 500 元/平方米减去"装修损失"2 500 元/平方米等于 1 000 元/平方米。显然这不如拿到退房违约金 1 500 元/平方米划算。请注意：此时的"退房违约金-（买房价差-装修损失）"为 1 500-（3 500-2 500）＝500 元/平方米。因此，在此种情形下，购房者获得任何大于 500 元/平方米的补偿都比退房更划算。假设开发商不退房，但向购房者支付 600 元/平方米的装修补偿，此时购房者持有房产仍然有 1 000 元/平方米的实际"套利"，再加上获得的补偿金 600 元/平方米，总计 1 600 元/平方米。显然这比和开发商"谈崩了"让开发商退房并支付违约金划算。

情形三：如果此时周边的二手房价格是 16 500 元/平方米，那么购房者的理性决策是争取大于退房违约金的装修补偿金或者拿违约金退房走人。

因为此时购房者继续持有该套住房的实际"套利"是"新房二手房价差"1 500 元/平方米减去"装修损失"2 500 元/平方米等于负 1 000 元/平方米。在此情形下，如果开发商愿意主动承担购房合同解约责任退房并支付违约金，那购房者肯定拿钱退房走人更划算。但在此种情形下购房者如果要获取装修补偿，那么应按照 2 500 元/平方米的标准补偿对购房者来说才能与开发商主动退房并支付违约金 1 500 元/平方米的情形相同。

开发商的视角

显然，这是一个硬币的两个方面。

对应上面的情形一，如果退房后开发商能把退回房源溢价再次销售，那么只要能溢价 10% 以上再次销售，主动退房就是开发商的最优策略。反之，如果不能将退房房源做溢价 10% 以上的销售（由于监管限制等原因），那确实也没有必要"赌气"。

对应上面的情形二，开发商的最优策略是对购房者补偿一个小于退房违约金但是大于购房者的门槛条件"退房违约金-（买房价差-装修损失）"的金额，这样对开发商来说比主动退房并支付违约金划算，而购房者面对的情况比被动退房更好。请注意在此种情况之下，如果开发商"赌气"退房，那对开发商和购房者来说就是"双输"的局面。如果开发商对购房者支付适当金额的装修补偿，那就可以变成一种"双赢"的结果。

对应上面的情形三，开发商的最优决策是主动退房并支付违约金。此时购房者可能很难指望开发商会支付高于退房违约金的装修补偿。

小结

综上所述，整个装修房问题的关键就是"新房二手房价差"，而我们也可以把破解问题的办法根据这个"价差"分成三个区间来讨论。在本文模型划分的三个区间里，购房者和开发商相互"角力"。如何破局相信已经一目了然了。显然，如何妥善处理装修房的问题首先就要看这个"价差"究竟是落在了哪个区间。

在情形一，购房者不维权"偷着乐"是上策，但是开发商也可以"象征性"地做一些补偿"安抚"购房者的情绪，以合作共赢。总体来说，在该区间购房者更为强势，进可攻退可守。事实上，在一些购房群里，的确有购房者把装修维权看作"二次创业"。为什么呢？因为其认为去年买到"限价房"赚了和周边二手房的差价就已经是"一次创业"了。那么今年在装修上如能再获得一些补偿款就可以算作"二次创业"了。显然，能有这种心态的购房者必然处在本文模型所划分的情形一。

在情形二，如果谈崩了导致退房则对购房者和开发商双方都不好，属于"双输"。而此种情形双方处于可以好好协商，变"双输"为"双赢"的一个区间。请注意，此种情形并非"零和博弈"，双方完全可以合作共赢。总体来说，在该区间购房者和开发商之间的力量对比较为均衡、互有攻防。对于装修房问题的处理，只要双方不谈崩，那就是一个好结果。而一旦双方谈崩了，那对双方来说都是坏结果。

在情形三，对购房者来说直接退房并获得违约金是上策。此种情形下开发商不大可能支付高于退房违约金的补偿金。但是如果开发商不想退房（此种情况下退房后再次销售不一定能卖出当时那个相对较高的价格），也可以适当地多补偿购房者一些，以合作共赢。总体来说，在该区间开发商更为强势，而开发商真正获取"精装"部分的溢价也正是在这个区间。

总体来说，对于装修房问题的解决，购房者和开发商双方以和为贵，好好协商解决才是上策。希望本文能为双方客观、理性地思考问题有所帮助。

特别说明：

①为了简化分析和便于讨论与对比，本文所用所有的价格均指"单价"，即"元/平方米"，而非整套住房的总价。

②本文省略了"维权成本"，即耗费的人力、物力、财力，包括打官司的费用等。如果考虑这个成本，本文的区间划分会有一些变化，但分析问题的框架不会有根本性的变化。

又见"风口"？撬动一个特大城市的租房市场可能比想象中更容易

背景回顾

2018 年 7 月和 8 月，一线城市的房屋租金出现了较大的上涨。作为租房市场系列专题研究之一，该篇文章从一个"另类"的视角，分析了资金对一个特大城市租房市场的影响作用。

本文首次发表时间为 2018 年 8 月 21 日，其阅读量在千氪财经上超过 3.3 万人次，在百度知道日报上有约 2.9 万人次（改名为《为什么撬动北上广深的租房市场只需 180 亿元》），在封面号上的阅读量有近 2.8 万人次，在一点资讯上有约 1.5 万人次，在微信公众号上有约 3 200 人次，在新浪头条上有约 4 400 人次，在新浪财经上有约 2 000 人次，在四川发布号上有约 1 300 人次。本文已收录于《经济资料译丛》2018 年第 2 期。

解构租房市场

我国的房地产市场长期以来"重售轻租"，使得租房市场仍还在摸索中发展。

2015 年 1 月，住房和城乡建设部发布《住房城乡建设部关于加快培育和发展住房租赁市场的指导意见》。2017 年 7 月，九部委联合印发《关于在人口净流入的大中城市加快发展住房租赁市场的通知》，租房市场利好频传。2017 年 11 月以来，"加快建立多主体供给、多渠道保障、租购并举的住房制度，让全体人民住有所居"被正式提出，而"租购并举"无疑是让住房回归居住本义、让房地产市场形成稳定健康发展的长效机制的十分关键而紧要的一环。然而，2018 年以来，全国多地（特别是一线城市）出现了住房租金较快上涨的情况。

影响房租涨跌的因素有很多，既有房价、物价变化的宏观经济背景，也有暑期"毕业季"等季节性变化的因素。而当前对房租上涨争议最大的，可能就是"新生事物"长租公寓的问题。在这样的背景之下，本文并不直接讨论长租公寓对房租的影响。咱们不妨换个思路来看问题的本质：

本文将重点考察一个城市的租房市场的容量到底有多大？清楚了这个问题，自然就会明白资金对一个城市租房市场的影响如何了。

租房时代来临：北京的存量住房到底有多少

大力发展租房市场的关键背景是需要有一个成熟的存量房市场。显然，楼市发展得更为成熟的一线城市，已经抢先进入以存量房为主的时代。

像北京这样的一线特大城市，住房存量是惊人的。那么，当前北京到底有多少存量房呢？要在像北京这样的特大城市中准确统计住房套数是比较困难的，特别是不同年代修建的各类住房（老房子、单位房、商品房、安置房、保障房，等等）混杂，给统计带来了很大难度。

2018 年 2 月，广发地产综合了多个渠道得出的估计是"北京住房可交易存量 538 亿平方米、730 万套住房"。

笔者也采取了各种"查表"的方式来进行交互验证（注：下列数据均来自国家统计局）。

水表：当前北京全市的城市供水家庭用户约为 611 万户（包括公共供水和自建设施供水）。

电表：国家电网智能电表数据显示约为 737 万户（套）。

气表：2016 年年底北京家庭用天然气户数约为 598 万户，此外液化石油气家庭用户 303 万户。

从上述"水、电、气"的统计情况来看，由于单一的数据来源可能有欠缺或叠加的情况，因而"水电气"三组数据不能完全匹配。但综合来看，对北京的存量房有 700 多万套的估计是没有问题的。

此外，在一份题为《北京市住房租赁市场发展现状及政策建议》①的文章中，提道："根据北京市住房租赁合同登记备案数据以及住房和城乡建设委员会和房地产经纪机构的相关数据统计，2016 年北京市住房租

---

① 刘军. 北京市住房租赁市场发展现状及政策建议［J］. 中国房地产，2017（34）：16-22.

赁成交大约为 200 万套次，租赁状态的住房约有 150 万套，约占整体住房存量的 20%。"照此推算，北京全市范围内的住房存量应在 750 万套。

北京可租房源的市场容量到底有多大

前面提到，北京全市有约 750 万套的住房存量，但是不可能所有的住房都是潜在的租赁住房的房源。因为自有住房自己住或者子女和父母一起住等情况的存在，使得全部存量住房当中只会有一个比例用于出租。根据前面提到的《北京市住房租赁市场发展现状及政策建议》一文中的信息可知，"租赁状态的住房约有 150 万套，约占整体住房存量的 20%"。

对比前面提到的各项数据，这 150 万套和 20% 的比例应该是一个比较合理的估计。北京市统计年鉴数据显示，租住人口为 738 万，占常住人口为 2 170.5 万人的 34%。如果按照平均 1.5 个人租一套房来估算的话，那么从平均意义上看，这占比 34% 的租房人口就应该在存量住房中占比 22.67%。这和前面提到的"20%"是比较吻合的。

然而，如果将上面提到的"租赁状态"和"租房市场"相等同，这是有很大的歧义的。对于一个想租房的人来说，已经有人住进去的处于"租赁状态"的房源是没有意义的，就算房源再好别人正住着自己也无法搬进去住。显然，只有正在挂牌的可租赁房源才是这个求租者应该关心的对象。

当然，严格地说，已经有人住进去的处于"租赁状态"的房源和正在挂牌的可租赁房源的加总共同构成一个城市完整的租房市场。而正在挂牌房源，则像是一个"蓄水池"，一旦有人租房成功，那么这套房源就会退出该蓄水池而转变成已经处于租赁状态的房源。与之对应的，如果有房源的租约到期或房客退租，那么一旦房东再次将房源挂牌出来招租，则该套房源又会转变成这个"蓄水池"里新增的可租赁房源。显而易见，这是一个有增有减的动态过程。

现在问题来了：类似北京这样常住人口超过 2 000 万的特大城市，到底有多少正在挂牌的房源呢？

笔者浏览了一些机构的网站，单家大型机构显示的北京当前真实挂牌租房房源有 3 万多套。而根据相关数据显示，北京当前挂牌的真实"全网租赁房源"约为 14 万套（数据来源：诸葛找房）。这里所谓的

"真实"房源，是指用技术手段剔除了假房源、重复房源、已成交房源等干扰信息之后得到的房源。这个 14 万套左右的房源数字是基本排除了合租房源之后的数据，如果包含合租房源的话数字就更大。当然，"全网租赁房源"顾名思义是指挂网的可租房源，而一些未上网的房源（特别是小产权房或者城中村之类的租赁房源）的存在，使得实际的可租房源必然大于这个"全网租赁房源"。不过考虑到当前互联网的普及性，实际的可租房源应该和"全网"口径的可租赁房源的差别不会很大。对比前面的"150 万套处于租赁状态"的数据，可知这个约 10% 处于出租"周转期"的房源套数是较为合理的。

要"控盘"一个特大城市的租房市场需要多少资金

现在，将是本文要讨论的真正核心问题所在：从资金的角度来看，一个特大城市的租房市场容量到底有多大？

（1）月每平方米租金和月每套租金是多少？

要回答这个问题，我们首先要了解当前北京的租房市场在平均意义上的租金水平是多少。

地产网中国于 2017 年 9 月 30 日发布的《2017 北京市租房市场报告》（数据来源：诸葛找房）显示，北京市整体的市场平均租金为 84.8 元每月每平方米，而平均每套租金为 7 201 元。

《华夏时报》在 2018 年 8 月 17 日报道中引用诸葛找房的数据显示：2018 年 7 月，北京房租均价为 90.12 元/平方米（对比参考：中国指数研究院发布的 2018 年 6 月的北京租金均价为 89 元/平方米）。

于是，在同一数据口径之下，和 2017 年的月每平方米租金相比，2018 年租金的整体平均涨幅为 6.27%。请注意这是北京全市均价意义上的租金涨幅，虽然看似不算高，但是落实到具体的优质房源上，其月每平方米的租金上涨 30% 是完全可能的。按照此涨幅类推，北京当前的平均每套租金应为 7 652.76 元。

（2）北京全市的租房市场的整体租金规模有多大？

现在，如果我们要计算北京全市的租房市场的整体租金规模，那么究竟应该按照前面提到的全部处于"租赁状态"的 150 万套房计算呢，还是应该按照正在挂牌的可租房源 14 万套计算呢？

我们不妨都来算一算。

按照第一种口径，即全部处于"租赁状态"的 150 万套房计算，那么北京全市每月的租金规模为 114.79 亿元。而一年 12 个月下来就是 1 377.50 亿元。这的确是一个大蛋糕。

按照第二种口径，即全部正在挂牌的可租房源计算，那么北京全市每月的挂牌可租租金规模为 10.71 亿元（笔者也用其他方法对此金额进行了验算，所得结果相差不大，故此处不再赘述）。而一年 12 个月下来就是 128.57 亿元。显然，这就比第一种口径的计算金额小多了。

（3）多少资金可以"控盘"？

本文最关键的一步分析来了：

假设如果有资金想"锁定"像北京这样的一个特大城市的全部可租房源，显然它并不需要获得所有已经处于"租赁状态"的房源。相反，其准确的目标应该是当前市场上正在挂牌的可租赁房源。

正如上面的第二种口径计算所示，北京全部正在挂牌的可租房源的每月整体租金总额为 10.71 亿元，不到 11 亿元。事实上，如果有资金想"控盘"，根本不需要"年付"租金，即上面计算的总额 128.57 亿元。

按照租房市场常见的"季付"传统，资金只需要向分散的小业主房东们支付总额为 32.13 亿元的租金，就可以实现"控盘"。至于之后的租金，完全可以在收了租客租金以后再对分散的小业主房东进行支付，后续的现金流是很容易就可以"滚动起来"的。

当然，资金在收了房源之后肯定是要对房源"收拾"一下的，如升级一下家具和家电，粉刷墙面等简单装修一下，或者，"隔断"一下……对于每一套房源来说，其实可能也花不了多少钱，此处就按 30 000 元/套来估算，应该差不多了，毕竟现在一台全新的 55 寸平板电视，在网上标价 1 599 元都能买到，还可以用满 1 000 减 15 的优惠券（注：此处指标准的 1 080P 配置，非国际大牌）。这样一来，全部 14 万套正在挂牌的可租房源的硬件"升级"费用的总额估计为 42 亿元（注：实际上这个金额可能都估计得有点多了）。

这样汇总一下，如果有资金想"控盘"像北京这样的一个特大城市的全部可租房源，总共需要 32.13+42＝74.13 亿元。

这笔钱是一个什么概念呢？在北京这样的一线特大城市，70 多亿元的资金其实大约也就是买一块地的资金规模。

我们再来对比一下 2017 年大热的资本"风口"——共享单车"烧"了多少钱。

根据《共享单车被 12 元贱卖,一图看懂共享单车近年烧掉的钱!》[①]一文整理,"从 10 家共享单车企业来看,所融得的资金量就有 395 亿元人民币,而且这还仅是具有详细融资金额的数据。再考虑到整个共享单车行业,所整理的 10 家企业仅能算是一小部分,如此说来,保守估计500 亿元的融资额是有的,而这也就是这两三年的事。"

笔者对比共享单车这个行业,有这样的担心:

当前国内如果某个行业被资本市场认定了是"风口",那么在短时间内"一窝蜂"式地涌入 400 亿~500 亿元规模的资金是完全可能的。

事实上,根据本文上面的估算和分析,300 亿元级别的资金规模,可能已经足够"控盘"北京、上海、广州、深圳 4 个一线城市的租房市场了。

另外,在上面笔者的估算中,采用了北京全市范围内的挂牌可租房源数据。然而由于住宅物业在空间上分布的不平衡性,资金完全可以只"锁定"市区以及近郊的房源,那么所需资金可能仅为上述估计值的三分之二甚至一半,就可以"撬动"这座城市的租房市场。换句话说,按照约 44 亿元(根据前述估计值接近 60% 的比例估算)一座一线城市,总计 180 亿元左右的资金规模就可以"撬动"北京、上好、广州、深圳4 个一线城市,并给这四座城市的租房市场带来可能是"翻天覆地"的变化。请注意,此处所用的"翻天覆地"一词,其本身是一个中性词,既可以指好的方面的变化,但也可能是一些不好的变化。

对更小城市的担忧

根据和上面部分对一线城市分析完全一样的方法,笔者也测算了更小规模城市的租房市场。

在一个标准化的分析模型中,一个抽象的标准的大型二线城市(注:常住人口超过千万,租房市场活跃),其租房市场挂牌待租房源每月的租金总额可能在 3 亿元左右。

---

① 百家号. 共享单车被 12 元贱卖,一图看懂共享单车近年烧掉的钱![N]. 创业家媒体,2018-08-13.

于是，按照"季付"租金 9 亿元，再加上估算的装修、配置家具家电等"升级"的总费用约 20 亿元（实际上完全可能用不到这么多房屋硬件升级费用），总计约 29 亿元的资金规模可能就"控盘"一个大型二线城市的租房市场。这在二线城市一般也就是拿一块地的资金规模。

实际上，按照前面部分接近 60% 的比例进行估算，17 亿元左右的资金规模就已经可以"撬动"一个大型二线城市的租房市场。

显而易见，对于"体量"更小的三、四线城市而言，也许几亿元的资金规模就已经能给当地的租房市场带来显著的影响了。

特别说明：

由于租房市场随时在变化，本文以上所做的估计和分析仅基于获得数据当时的情况。

国有、机构、散户：一个城市租房市场的合理结构是什么

背景回顾

作为租房市场系列专题研究之二，该篇文章从有国有租赁房源、机构房源和散户房源三方面出发，讨论了一个城市租房市场的合理构成。

本书首次发表时间为 2018 年 8 月 22 日，其阅读量在千氪财经有约 6.9 万人次，在封面号上近 2.8 万人次，在百度知道日报上有约 1 万人次，在新浪头条上有约 4 600 人次，在微信公众号上不到 1 300 人次，雪球、新浪财经上的情况与微信公众号差不多，在搜狐上有约 1 000 人次。

在前文中，笔者完全以一种"中性"的态度探讨了以北京为代表的城市租房市场的潜在规模和可能受到的资金进入的影响。"资金"本身也只是一个中性词，或者说只是一种工具而已，既不代表好，也不代表坏。

那么，人们在对资金冲击的担忧之下，又如何破解当前租房市场的难题呢？

在本文中，笔者就将探讨：一个城市租房市场的合理结构是什么？以及国有租赁住房、机构长租公寓、散户私人房源这三者各自在租房市场中发挥的重要作用又是什么？

不要"妖魔化"长租公寓，但可保持警惕

就长租公寓本身来说，它只是一种租房产品的客观形态。影响房租涨跌的因素有很多，而长租公寓所带来的市场集中度的提高只是其中之一。

诚然，当前长租公寓成为舆论焦点，自然是源于市场中出现的一些"不正常"现象，从而引起了广泛的社会关注度，相关搜索结果已达 400 多万条。

毕竟，买房的人不一定是刚需，但租房的人却一定是刚需。

因此，租房市场的任何一丝风吹草动，都能牵动很多人敏感的神经。此外，别忘了当前房价不计入 CPI，而房租却是要计入 CPI 的。如果房租由于"不正常"的原因出现上涨，导致 CPI 跟着上涨，那问题可就大了。这不仅可能会引发人们对通胀的错误预期，甚至可能会干扰宏观经济决策的制定。

实际上，长租公寓的优点是很多的，如更专业化的服务、更稳定的租约、更好的租房体验，等等。

另外，长租公寓体现了"消费升级"的优点。从技术层面来说，利用大数据和人工智能等现代技术手段，专业化的平台通过整合大量分散在私人业主手中的房源，可以使房源的供需双方得到高效匹配。除了更稳定的租约之外，长租公寓提供专业化、人性化服务，租客不用担心上当受骗，也不需要中介费，线上线下的社群活动还能够拓展租客的交际圈，丰富业余生活，这些都是传统租赁无法比拟的。笔者认为："长租房平台应立足于盘活市场上既有房源，特别是要把空置住房的闲置资源用好。"这实际上是对社会经济运行效率的提升。

当前人们对长租公寓发展的担忧，主要在于担心资金的"碾压"。毕竟有"O2O"和共享单车的前车之鉴。事实上，通过笔者前文的测算和分析，可以看出，人们的这种担忧是有一定道理的。但是，我们也不能因噎废食，因此就否定长租公寓这一新生事物。

"三足鼎立"格局

在当前强调租购并举、大力培育和发展租房市场的大背景之下，笔者认为一个城市中理想的租房市场结构，应该是国有租赁住房、机构长租公寓、散户私人房源形成"三足鼎立"的格局，并相互促进、互为补充。

1. 国有租赁住房

作为"国家队"的国有租赁住房，侧重"四两拨千斤"式的"以点带面"，通过在城市的关键节点布局来规范和引导市场，并突出保障性质。例如，在城市新兴的工业园区附近缺乏存量的私人可租房源，那就只有依靠集中建设的国有租赁房源来为新进入园区工作的职工提供租房服务。此外，在城市租金高昂的核心区域，国有租赁住房也可以"见缝插针"地为平抑房租发挥积极作用。

此处笔者想特别强调一下"群租"的问题。在私人房源中，群租现象屡见不鲜，不仅分租一套房内的单间，甚至连一间房里的床位都有分租的情况出现。虽然这的确能降低租客的租金压力，但是群租的火灾和治安等隐患非常突出，而且对所在小区的物业品质也会产生严重的负面影响（现在不少住宅小区在门口竖立"严禁群租"的牌子，但实际上群租行为仍较为普遍）。

大量私人的群租房源在灰色地带游走，监管困难，隐患严重。此时，国有租赁住房就可以提供合法合规的群租房源，通过集中设置减少对周边居民的干扰和影响，并加强消防、治安等方面的硬件配置。这类合法的群租房源类似学校里的宿舍，通过提供单间或者一间房多个人租住这样的租房产品，可以有效缓解类似刚走出校园的大学毕业生这样群体的租房压力，发挥规范和保障的作用。

例如在上海浦东的城区，一些小区"床位"房源的月租金在八九百元。事实上，当前在一线特大城市的市区，如果要想把租房的开支控制在每月 1 000 元以下，那也许群租中的"单间"房源都没有办法做到，可能只有"床位"房源才能解决问题。虽然隐患重重，但是这种低价群租房源可能也的确是刚毕业大学生等群体所需要的。毕竟他们刚从几人一间的学校宿舍出来，对群租房的接受度可能也相对较高。

显然，这种低价（群租）房源的提供，可能正是国有租赁房源最应该发力的地方，既能规范市场，还能突出保障性的重要特征。

笔者在央视财经评论节目（2018 年 1 月 5 日）中，强调了国有租赁房源"四两拨千斤"的重要作用。

2. 机构长租公寓

机构长租公寓和散户私人房源，本质上都是存量的私人租赁房源，完全可以共同为租客提供可选择的多层次租房产品。市场上长租公寓多一点还是散户房源多一点，这并没有一个机械的比例限制，但最重要的还是让租客从房源位置、品质到租金都有十分丰富的选择。如前面部分所分析，一个城市的全部可租房源如果都变成了机构长租公寓，这可能也不合适。也许有的租客并不需要房间有多么好的配置，可能他们需要的只是便宜。

租房市场的蓬勃发展，势必加速资金涌入长租市场。在《人民日报》的采访中，笔者就表达了这样的观点①：

"随着资本和创业者的涌入，长租房业务竞争将趋于白热化。从全国来看，长租公寓的发展将经历盘活存量房、市场规模化、产品精细化这三个阶段，产品精细化将促进运营和投资主体的专业化。市场规模化后，长租房市场竞争将变成包括资本、品牌、服务、商业模式在内的全方位竞争。"

然而，如果指望长租公寓来平抑房租，这可能是不现实的。

一般来说，长租公寓本质上并没有增加新的可租房源供应（除非是直接把新建的住宅/商业公寓项目等变成了长租公寓）。而是从分散业主手中先收了存量房源再转租出去，这实质上就是"二房东"，必然要赚差价获利。而且其本身投入的硬件改造、升级和资金成本等，都是成本，必然会转变成一定的价格上涨才能盈利。

因此，长租公寓的租金相对于同区域散户房源的租金，在合理范围内涨一些是正常的。然而，像网传的烧钱加价抢房源这种行为，就应该坚决禁止。那是资本市场的玩法，先烧钱抢用户，接着拉升企业估值，这是流量经济的典型商业模式。

但如笔者前文中的分析，其实租房市场总体的资金规模不算大，是禁不起"烧钱加价抢房源"这样折腾的。

3. 散户私人房源

那么"感觉"会被"淘汰"的散户私人房源究竟有什么作用呢？它们又是怎样的一种存在呢？

分散的私人房东出租房源，相当于"完全竞争市场"，虽然也有诸多弊病，但分散的房东相对机构而言议价能力较低，可能反而是租房者的福音。

当然，市场上也出现了分散私人房源随着长租公寓"跟风"涨房租的现象。但是，如果分散房源自身的硬件配置和软件服务都比不过长租公寓房源，又凭什么能够涨价呢？决定房租的本身还是来自租房市场的供求关系。比如一个较偏僻位置的散户房源，本来的月租金是2 000元，现在房东非要涨价到5 000元，那租不出去就只能空置，最后也只有降价才有可能租得出去。

---

① 张文. 长租房，给你一个安稳的"家"[N]. 人民日报，2018-06-29.

对比机构长租公寓和散户私人房源，不难发现，在一个成熟的租房市场上，散户私人房源实际上应该发挥房租"稳定器"的重要作用。正是因为大量"自私自利"的散户私人房东的存在（得快点租出去，否则不仅损失房租还要自己出物业管理费），才能够在一定程度上平抑房租。

因此，从监管的层面来看，对区域性的租房市场来说，务必保留一定比例的散户私人房源，而不能被机构完全"控盘"。

租房市场前景广阔

根据相关统计数据，2015 年我国的流动人口就已经达到 2.47 亿，占据总人口的 18%，这相当于每六个人就有一个是流动人口（数据来源：《中国流动人口发展报告（2016）》）。而在像北京这样的一线特大城市，流动人口的比例更是超过了三分之一。因此，我国城市租房市场的发展还有着广阔的空间（国外一些发达城市的租赁住房占比甚至可能超过一半，而北京当前约为 20%）。

对于国内刚处于起步阶段的长租公寓而言，其发展的市场空间也很大。但是，长租公寓的发展不妨更稳健一点，须更加符合"实体"的经济特征，而不要又变成一场资金狂欢的"游戏"。

毕竟，相对于"O2O"、共享单车这样曾经的资本"风口"而言，租房市场的客户群体都是刚需中的刚需，他们禁不起哪怕是一点点的折腾。如果狂欢之后又留下一地鸡毛，再次成为一场闹剧，那受伤的还是这些租客。

相比于"O2O"、共享单车这类替代性非常强的新生事物而言，更为"传统"的租房市场在资金的冲击之下必然更加脆弱。正如笔者前文所做的估计和分析，租房市场所涉及的资金规模其实远比想象的更小。相对于金额体量庞大的住房销售市场而言，租房市场的成长和发展其实更需要全社会的呵护。

希望这一次，租房市场不要成为资金的"风口"。

14 个月之后，土地市场迎来理性回归

背景回顾

与 2017 年全国土地市场的火热相反，2018 年 1—7 月全国流拍土地接近 800 宗。土地市场的转冷，为初秋的楼市带来了丝丝凉意。对于总价动辄几亿元到几十亿元的一宗地来说，土地单价的稍许变动都会给项目的整体成本带来较大变化，有时甚至能左右一个项目甚至一家公司的生死。这篇文章选取了相近位置的两块地作为案例，用它们在一年多时间里的价格变化，揭示"价值回归"这四个字在土地市场的应用。

本文首次发表时间为 2018 年 9 月 3 日，其阅读量在封面号上近 2.8 万人次，在千氪财经上有约 9 000 人次，在微信公众号及企鹅号均有约 2 300 人次，在雪球上有约 1 500 人次，在今日头条、房天下有约 1 400 人次，在新浪财经上有约 1 000 人次。

此外，本文被和讯房产、南华早报、长富财经、安居客、搜狐焦点、ZAKER、腾讯视频、天津房产网等多家媒体转载。

2018 年土地市场回归理性

2018 年 8 月，武汉、广州、太原、上海、杭州等地，多宗被市场看好的地块遭遇流拍。事实上，与 2017 年全国土地市场的火热相反，2018 年 1—7 月全国流拍土地接近 800 宗。这难免让关注楼市和土地市场的人有"冰火两重天"的感觉。一方面，一些城市的房价还在上涨，调控政策也仍然在不断升级；另一方面，"土拍"市场的表现又难免让人联想到 2014 年。如果需要找一个国内楼市的"困难"年份，那 2014 年肯定是一个教科书式的典型年份。自 2014 年 5 月开始，全国的土地市场几乎是"哀鸿遍野"：一些城市的土地市场几乎每逢拍卖就流拍，全年的流拍比例甚至超过三分之一。

然而现在是 2018 年，房地产市场的情况似乎比 4 年前更为复杂。从

"面粉"和"面包"的关系来看，土地市场的表现无疑相对于楼市来说具有前置性。和早些年从拿地到开盘动辄拖个一两年的情况不同，当前很多房企从拿地到销售的周期已经被压缩到惊人的半年以内。因此，在楼市变热之前，土地市场往往提前就会火热起来。同理，在楼市转冷之前，土地市场往往也有着更快的反应。

实际上，根据笔者长期的研究，土地市场的波动程度是远远大于楼市本身的。在同一城市同一区域，房价在 1 年之内变化（如上涨）1 倍，已经非常夸张了。但 1 年之内同区域的地价（此处指楼面地价）变化五六倍的情况则相当常见（特别是在 2016 年和 2017 年 这两年）。和住房对购房者还具有较强的消费属性不同，对房企而言，买地就是一个纯粹的投资行为。这可以部分解释为什么土地市场的波动会比楼市大这么多，因为投资行为本来就是比消费行为更具波动性的。

从这个意义上说，2018 年土地市场比 2017 年有着低得多的溢价率，这可能并不是一件坏事。贯穿整个 2017 年，笔者在公众号所发布的土地评估系列文章中，都在反复呼吁理性拿地。

2018 年，土地市场终于变得理性了。

一个"身边"的案例：2017 年"土拍"

在做土地测评的时候，笔者最喜欢强调的四个字就是"价值回归"。

价格围绕价值上下波动，这是市场经济的核心规律之一。笔者研究的意义，就在于用先进的技术手段来捕捉这个"价值"，从而在价格上下波动的时候帮助判断成交价处于一个什么样的位置。如果成交价格大大高于其应有的市场价值，那必然是值得警惕的；而如果成交价格大大低于其真实的市场价值，则又提供了投资的套利机会。笔者这套研究方法不是拿来做预测的，而是用来判断上面提到的这个市场价值的。

当然，这个"价值回归"听起来是比较抽象的。正好最近有一块地的"土拍"，为我们提供了一个非常好的具体案例。

我们把观察的坐标定在成都市龙泉驿区的十陵片区。

虽然身处"3.5 环路"的半径，但是十陵片区长期以来被业内认为是城东较为偏僻的一个区域。因此，长期以来，其市场价值是被显著低估的。2013 年 1 月一宗挂牌成交地块的楼面价仅 1 100 元/平方米，而

2012 年 12 月一宗拍卖成交地块的楼面价为 2 800 元/平方米。

2017 年 6 月 28 日，沉寂 4 年之久的十陵区域再度供地。那场"土拍"的热闹情况，即使现在还让人记忆犹新。

在当天的"土拍"现场，众多报名参拍的房企不仅经历了耗时很久的多轮竞价，最后还出现了"小红手"抽奖的戏剧性场面（编者注：这是指拍卖价格"熔断"之后的抽签环节）。

在当时笔者发布的土地测评之中，笔者对这块宗地的价值予以了充分的肯定，但同时也提醒了谨防市场过热的风险。

该宗地起拍的楼面价为 6 500 元/平方米，而最终的成交楼面价为 11 400元/平方米，溢价率75.38%。而且这可能是 2017 年成都土地市场最后一次没有搭配"苛刻"附加条件的土地拍卖。该地块除了配建少量市政道路之外，没有其他返迁、"配建"之类的附加条件，开发环境宽松。

做研究，既需要事后的总结，更需要事前的预判。

在十陵这场经典"土拍"的前一天，也就是 2017 年 6 月 27 日，笔者发布了一篇题为《十陵供地！——兼论如何在"生僻"区域进行土地估值》的文章，对十陵地块进行了详细的价值评估，也谈了对市场走势的分析，以及这套算法背后的故事。

大数据分析的精髓是什么

不知道从何时起，"大数据"成了一个时髦的词汇，很多人张口闭口就是大数据，但其实根本没有领会到大数据的精髓。例如，你昨天刚买房，今天就接到装修公司打来的电话，问你要不要装修。这算不算大数据呢？当然算，但这只能算原始层面的大数据应用。事实上，根据笔者对该行业的长期观察，目前绝大多数打了"大数据"旗号的公司，干的都是"卖数据"的事情。这里面有通过"爬虫"编程等技术手段"抓取"的，更多的则是通过合法或不合法的渠道从相关行业内部"获取"的（2017 年年初，中央电视台曾对各行业内部非法泄露用户数据的问题有过专题报道）。

那么，大数据的精髓又应该是什么呢？

大数据的精髓是一种能力，一定程度上可以说这就是"预测"的能力。根据笔者的理解，从大数据行业的发展趋势来看，大数据应该包含三个主要的供应端：一是数据供应商，二是算法供应商，三是计算硬件供应商。用餐饮来举个例子：数据供应商就相当于农户，算法供应商相当于大厨，而计算硬件供应商则相当于炊/厨具厂商。要做出一道可口的大餐，这三个环节缺一不可。显然，"算法"在这个链条中起着大脑和灵魂的作用。借用本文研究的案例来说，"算法"就是笔者编写的这数万行运算程序及其背后的经济学、数学和统计学模型，通过对模型参数进行不断的"校准"，估算精度就可以不断地提高。这可以说就是相关领域的人工智能的雏形。

在2017年6月27日的这篇文章中，笔者对十陵地块做出了如下的估值（以下为当时文章的原文）：

"该地块的市场均值评估价（普通模式）：790.87万元/亩，楼面地价：5 931.53元/平方米。此时溢价率为-8.75%。（该评估价已经充分考虑了地块周边的三环路、河景、高校、地铁4号线二期通车等各项因素。）

"笔者也给一个平均溢价率评估价（火热模式）：1 107.22万元/亩，楼面地价：8 304.13元/平方米。此时溢价率为27.76%。（该评估价已经充分考虑了拍卖现场"合理"的竞争因素。）

"毫无疑问，该地块的起拍价定得还是比较高的，基本已经'吃透'了其应有的市场价值。祝福这块地吧！笔者希望开发商能理性拿地，不要冲动，能给自己的项目开发预留出充足的利润空间以应对市场变化。地肯定是不错的地，但如果溢价率太高了还是需要谨慎。"

和最终的成交楼面价为11 400元/平方米相比，笔者的评估价值显然低了，而且低了不少。前面已经解释过，这并非"对与错"的问题，而是提供一个价值评判准绳的问题。实际成交结果比笔者的评估价低了，说明该地块是洼地，日后必然会被填平。实际上，笔者用这套算法多次发现区域性的价值洼地，如2015年的武侯新城板块，以及2016年的龙潭板块。有兴趣的读者朋友可以翻阅笔者以前的土地评估系列文章。

相反地，如果实际成交结果比笔者的评估结果高了，那笔者可以直截了当地判断该区域的地价过热了，拿地企业日后必然承压。

另一个"身边"的案例：2018 年"土拍"

时间一晃到了 2018 年 8 月底。在 2017 年的十陵"土拍"之后，14 个月过去了。在这 14 个月之中，楼市经历了很多变化：调控不断升级，而市场也日趋理性和冷静。

在与 2017 年"土拍"非常相近的一个位置，十陵一宗新的地块在经历了 6 月的一次流拍之后，最终以 8 750 元/平方米的楼面价成交，溢价率为 21.53%。

很有意思的一个细节是，该地块曾于 2018 年 6 月 12 日第一次走上拍卖台，当时的起拍楼面价为 9 200 元/平方米，并有"竞配建并无偿移交租赁住房套数"的附加条件。然而，该宗地在 6 月由于报名人数不足而流拍了。

两个多月之后，该地块以"回锅"的姿态再次入市，其起拍价楼面价下调了 2 000 元/平方米，变为 7 200 元/平方米，并且取消了"竞配建并无偿移交租赁住房"这一附加条件。据一些新闻报道，"这让各大开发商都十分心动"。

因为，出让条件一变，地块果然就成交了。

和 14 个月之前相比，同一区域，相近条件的两块地，成交楼面价已经下跌了 23.25%。如今，十陵地块 8 750 元/平方米的成交楼面价就与去年（2017 年）笔者所做的评估价较为接近了（指 8 304.13 元/平方米的"火热模式"评估价），误差仅约为 5%，而该评估价已经充分考虑了拍卖现场"合理"的竞争因素。

实际上，如果考虑到这 14 个月以来市场变化的"修正系数"，笔者对当前该地块的评估价与实际成交价相比就更为接近。但为了避免被认为是"马后炮"或者是"事后诸葛亮"，在此笔者就不公布这个新的评估价了。

土地市场的后市会怎么发展

笔者以前在各种场合经常和业内人士交流，曾反复表达的一个观点是：房地产首先是一个宏观经济问题，受国家宏观经济政策的影响很大，具有周期性。所以单独看一个城市或者一个城市内的某一个区域意义不大。笔者的这个观点在 2016 年以来的这一波行情中得到了充分的验证，可以说体会太深刻了。城市发展、人口流入等因素，都是楼市中长期的"基本面"，怎么能够解释一些城市短短几个月内就出现的房价暴涨呢？股市有句名言：研究基本面，输在起跑线。这句话同样适合楼市。

房地产说到底还是靠"天"吃饭："行情"来了，房子根本不愁卖；而没有"行情"，再怎么吆喝也很难把房子卖出去。例如，一些城市在 2016 年上半年楼市都还很艰难，但到了 2016 年下半年又感觉"坐了火箭"。那请问就这几个月的时间，到底是 GDP 翻倍了呢？还是人口翻倍了呢？又或者是引入的产业翻倍了呢？

那么，接下来土地市场的"行情"究竟会是怎么样呢？

2018 年以来，流拍的地块以在一、二线城市的居多。其主要原因是在调控和市场两方面的共同作用之下，开发商对于拿地的预期下降，而土地市场的起拍价又延续了 2017 年较高的基础，所以就流拍了。近期有些城市对流拍的地块下调了起拍价，然后就顺利地拍出去了。

参照 2014 年，当楼市下行之后，土地市场流拍的情况会较为普遍。实际上，土地市场远比楼市本身更"敏感"。楼市转冷，土地市场会冷得更快。

如果各地的土地起拍价不大规模下调，那估计流拍较普遍的情况会持续 1 年甚至更长。目前这一过程才刚开始。可以预计，随后各地出让土地（在相同情况下）的起拍价、成交价以及溢价率都会陆续走低。

目前三、四线城市还在由热转冷的初始阶段，土地市场的反应还不明显。而类似厦门这样的前期热点大城市，楼市都转冷一年半了，其土地市场的反应已经很明显了。前阵新闻里热传的有地块成交楼面价"腰斩"就是在这样的背景下出现的。

楼市和土地市场都有其周期性，一些影响因素是随机的，但也有一些规律是可以发现的。

就如同本文所描述的"价值回归"，可以不相信，但"价值回归"四个字的威力总会发挥作用，或早或晚。

特别说明：

笔者做出以上土地价值评估完全依靠土地市场的公开历史成交信息和笔者自己独创的土地评估的"LRT"系统。所有土地相关信息的获取均来自各地国土资源局的官方网站。

大手笔降准！但这次和以往有什么不同

背景回顾

2012 年以来，我国的存准率实际上经历了三个阶段的下调，而其各自都有不同的背景主线。很多人觉得"降准"一定会导致房价大涨。笔者觉得这其实是一种误解。

巧的是，本书所收录的第一篇和最后一篇评论文章都是关于"降准"的分析，这正好是一个轮回。

另外，有意思的是，笔者在微信公众号发表本文的时候，增加了一个问卷调查的小环节。结果显示，有 39% 的网友认为本次降准的用意既非刺激股市也非刺激楼市。此外，如果把目前国内楼市大致所处的整体"点位"与 A 股的上证指数做类比，则有 79% 的网友认为当前楼市处于 5 000 点及以上（其中认为是 6 000 点的网友占比为 22%，而认为是 7 000 点和 8 000 点的网友的占比为 18%）。

本文首次发表时间为 2018 年 10 月 10 日，其阅读量在千氪财经上有约 4.5 万人次，在封面号上有约 2.8 万人次，在百度知道日报上超过 1.6 万人次，在今日头条上有约 6 900 人次，在微信公众号上有约 2 800 人次，在新浪财经上有约 1 500 人次，在搜狐号上有约 1 500 人次，在新浪头条上有约 2 700 人次，在雪球上有约 1 000 人次。

当很多国庆出游的人还在返程途中的时候，2018 年 10 月 7 日中午，中国人民银行发布公告称，从 2018 年 10 月 15 日起，下调大型商业银行、股份制商业银行、城市商业银行、非县域农村商业银行、外资银行人民币存准率 1 个百分点，同时当日到期的中期借贷便利（MLF）不再续做。

据说很多做地产相关行业的人士当天下午已经开始庆祝，似乎"救命稻草"来了。在我们分析本次降准对地产的影响之前，不妨让我们来体会一下本次降准的时机。为什么不早不晚偏偏要在大假最后一天的中午发布消息呢？

在我们放国庆大假期间，中国 A 股休市。但是"外围"股市却是一批愁云惨淡。在 A 股休市的 9 天中，"外围"股市纷纷大跌，香港恒生指数、美国纳斯达克综合指数和韩国综合指数等都创出半年来最大周跌幅。

可见，选在 8 日 A 股开市前一天的中午发布降准消息，有着非常浓厚的提振信心的作用，相当于打了一剂"预防针"。为什么笔者要强调这是"大手笔"呢？因为相对于之前大多数时候 0.5% 级别的降准，这次 1% 的降准的确算是力度比较大的了。

存款准备金率变化的大趋势

存款准备金是宏观层面重要的货币政策工具，而且是一种较为好用的数量工具。相关数据显示，自 2000 年以来，大中小型存准率变动了 49 次。这其中主要可以按照 2011 年划断，分为两个大的趋势。

在 2011 年 6 月之前，即从 2000 年到 2011 年上半年，主要以上调存准率为主。到了 2011 年 6 月达到最高峰，当时大型存款类金融机构为 21.5%，而中小型存款类金融机构存准率为 19.5%。之后，从 2011 年 12 月开始直到现在，存准率又逐渐进入下降通道。

为什么存准率会有这样明显的变化趋势呢？

除了存准率作为货币政策宽松和紧缩的调节工具的原因之外，存准率的变化其实和我国外汇储备的变化有着非常密切的联系，本文后面会有详细的阐述。

近年来"降准"的三个不同阶段和其各自不同的背景主线

第一阶段：对冲外汇占款。

在 2000 年到 2011 年上半年这个阶段，正是我国加入 WTO（世界贸易组织）之后外贸飞速发展的阶段，同期外汇储备也在大幅增加。当时的中国人民银行行长周小川曾公开表示："近年来，存款准备金率工具的使用主要和外汇储备增加或减少所产生的对冲要求有关，因此绝大多数情况下，存款准备金率调整并不是表示货币政策松紧的信号，释放出的资金广泛分布在国民经济各个方向，没有典型的方向，并不是为了增强股市的信心或者主要流向房地产行业。"

长期以来，为了维持人民币汇率的相对稳定，央行一方面买进外汇资产，从而在其资产负债表上形成外汇占款；另一方面，央行又通过发行央票、上调存准率等方式进行对冲，回收流动性。

2011 年下半年至 2012 年是一个非常重要的参考年份。这一阶段由于欧债危机的持续发酵，我国的出口受到较大影响，而外贸顺差整体规模也出现收缩。作为结果，2012 年全年新增外汇占款的规模将远远小于往年。当时业界的普遍预期是：未来 5 年，中国进入外汇占款增量锐减时期是大概率事件。也正是从 2011 年 12 月开始，我国的存准率进入下降通道。

这里面的主要逻辑思路是这样的：

外汇占款的减少将会减少基础货币的供给，进而减少经济中的各种货币类别，如 M1、M2 等。为保持经济中货币数量的稳定，需要通过增加货币乘数来对冲，其主要手段之一就是降低存款准备金率。

2012 年的两次降准，其主要动因就是冲销外汇占款减少带来的影响。在之后长达约 3 年的时间内，我国的存准率维持在一个相对稳定的水平（大型金融机构为 20%，中小金融机构为 16.5%）。当时有相关研究表明，20% 左右的水平接近我国关于存准率的"最优"水平。此外，在这一阶段，货币政策也倾向于使用利率等价格手段而非存准率这样的数量手段来进行调控。

第二阶段：提振楼市。

在最近 8 年时间里，中国人民银行共进行了 12 次降准。但显然 2015—2016 年初的"6 次降准、6 次降息"，是这一阶段的高潮。

从 2015 年 2 月初到 2016 年 2 月底，稳定了约 3 年的存准率重新进入下调通道，并在约 1 年的时间内连续 6 次下调，从 20% 降到了 16.5% 的水平。

这一阶段的降准背景较为复杂。

首先，在这一阶段，我国积累的外汇储备经历了一个较大幅度的减少过程。从 2014 年 6 月底顶峰的 4 万亿美元级别（39 932 亿美元）下降到目前的 3 万亿美元级别（2017 年 1 月一度跌破 3 万亿美元），整体下降幅度约为 25%。可见，这一阶段应对外汇占款减少的降准需求是远远大于 2012 年时所面临的情况的。

其次，2015 年经济增速下滑并"破 7"（四季度为 6.8%）。作为一种重要的经济提振手段，较大规模的降准也随之而来。

有意思的是，笔者留意到在这一阶段，业内非常关注降准对于包括楼市在内的经济的刺激作用，而较为忽略对对冲外汇占款的影响。

第三阶段：更加复杂。

对于我国的外贸行业来说，2018年和2012年有相似之处：都是由于外部因素出口突然之间就受到了较大的影响。但2017年以来我国的外汇储备基本维持在3万亿美元级别且较为稳定，所以当前降准对于应对外汇占款变化的需求并不是那么迫切。要知道在最近的一些年份，再贷款（包括各种便利和抵押补充贷款）成为央行补充流动性供给的主要渠道。

进入2018年以来，自1月到现在央行已经4次降准（1月那次仅针对部分"达标银行"），而目前的存准率已经降到14%（大型金融机构）和10.5%（中小金融机构）的水平。这几次降准"定向"的意味较为明确，除了传统的流动性注入功能之外，还特别强调"引导金融机构继续加大对小微企业、民营企业及创新型企业支持力度"。特别从最近两次的降准来看，替换MLF的"还债"意味较浓。可见，用降准资金替换中期借贷便利，在一定程度上有优化流动性供给结构的作用。另据熟悉中国货币政策的业内人士表示，最近几年降准的使用频率虽然低，但是信号意义较强。联想到本次降准特别选在国庆大假结束前发布消息，稳定预期和提振信心的信号意义的确很明显。

降准和楼市周期的关联性

2018年10月7日央行宣布降准以后，网上即开始流传一些说法，大概内容是"不管降准是什么提法，钱都会流入房地产，最大的受益者也基本都是房地产"等。甚至还有以《房地产的救命稻草来了》为题的文章出现。笔者留意到兴奋的主要是一些房地产的从业人员，特别是中介。

笔者认为这其实有一定的误解。

结合本文前面提到的降准的三个阶段，其实每一个阶段所对应的楼市所处的状态是有很大不同的。为了把降准和楼市的关系说清楚，我们不妨来做一个简要的梳理。

在2012年所处的第一阶段，楼市处于2010年开始的以"限购和限贷"为代表的调控所带来的楼市下调期。当时虽然各地房价实际下跌很小，但成交量萎缩较为严重。现在回过头来看，2012年国内的楼市行情，只能说是有点困难，但真算不上有多么艰难。当然，2012 年鄂尔多斯楼市"从单价 2 万元到单价 3 000 元"的走势是一个值得警惕的个案。

2012 年虽然在 2 月和 5 月两次降准，但累积幅度只有 1%。结合当时的情况来看，这只能算是"毛毛雨"式的微调。此后，在长达将近 3 年的时间里，存款准备金率再无变化。而这期间，楼市经历了微跌后的回暖，并在 2013 年开始上涨。之后又于 2014 年 4、5 月开始下跌。可见，2012 年的两次降准（如果加上 2011 年 11 月底那次就是连续的 3 次降准）对楼市的涨跌几乎没有影响。这一阶段的楼市涨跌是由其他更多因素综合决定的。

在 2015 年所处的第二阶段，显然楼市所处的情况又有所不同。自从全国楼市于 2014 年 4、5 月开始普遍下跌之后，那个冬天是真的很冷。和 2012 年不同，这一次房价指数有了明显的下跌，而且一些城市的下跌幅度还比较大。这期间有房价指数下跌 10% 级别的城市。由于房价指数是一座城市行政区划意义上的均值，所以落实到"热点区域"，下跌幅度超过 30% 的城市较多。此外，与 2012 年那次由于楼市调控引起的微调不同，2014 年的这一次楼市下跌在很大意义上是市场自发出现的下调，也难怪当时业内有"楼市见顶"的提法。在当时，不仅房价下跌、销售困难，类似项目烂尾，甚至老板自杀这样的情况也都出现了。

于是，在 2015 年 2 月初，那个上一轮楼市下跌周期最艰难的时候，央行开始降准了。而且这一降就是连续 6 次。在 1 年左右的时间，存准率累积下降了 3.5%。而这一阶段降准的效果，除了如前文所分析的应对外汇占款的变化之外，对实体经济的提振和对楼市回暖以及随后上涨的作用都是非常明显的。

特别值得注意的是，在 2015 年，整个政策面对于楼市几乎都处于一种利好的状态。放松限购、降低首付比例等各项举措，以及连续 6 次的降息，使得降准所释放的流动性具备流向房地产市场的现实条件。

这一次为什么不同

在再次稳定了约两年之后的 2018 年，我国存准率的变化进入一个新的阶段。然而这一次降准和楼市的关系就更为复杂。

从 2012 年至今，我国楼市从整体上看完整地经历了两轮"跌—涨"

的变化周期。严格地说，当前正处于第三个周期的早期阶段。感兴趣的读者可以翻看笔者之前写的一些判断楼市趋势变化的文章，此处不再赘述。

简单地说，当前国内楼市总体仍属"高位运行"，处在开始回调的初期。当然，由于我国城市间楼市的分化及差异性，一些在2016年上涨过快的城市，在2017年就已经开始回调了。而另外一些前期涨得晚的城市自然回调也开始得更晚一些。

在目前楼市的这个整体"点位"，特别是在不少城市的楼市库存还偏低的情况下，政策面没有任何需要刺激楼市上涨的理由。事实上，当前对于楼市而言的政策环境，和2015年降准时楼市所处的政策环境可谓有着天壤之别。

这两年有100多个城市，累计加码了600多次房地产调控。仅在2018年的前8个月，就加码超过300次。目前楼市的调控力度没有任何要放松的迹象。因此，把本次降准看作刺激楼市的"救市"手段，在逻辑上是站不住脚的。

虽然本次降准1%的力度很大，但是本次降准所释放的实际流动性并非传说中的"破万亿元"。降准所释放的部分资金用于偿还10月15日到期的约4 500亿元中期借贷便利（MLF），这部分MLF当日不再续做。可见，这和上一次的降准有类似的地方，一部分增量资金都是用于"还债"的，属于前文所分析的"调结构"的一种举措。除去此部分，降准还可再释放增量资金约7 500亿元。根据对央行解读的理解，这次新增的7 500亿元也主要用于对"小微创"以及民企的融资支持。

当然，还是有人担心这些钱最终还是会或多或少地流进房地产行业，从而导致房价继续上涨。但是和2015年完全不同的是，当前社会资金流向楼市的通道已经大大减少，而各地600多次调控政策对楼市所起到的"封堵流动性"的效果非常显著。就更不要说随着楼市自然地"高位回调"，一些地方的很多投机性购房需求已经逐渐减少甚至消失了。

接下来还会继续降准吗

从近十来年的历史水平看，目前我国的存准率已经处在一个比较低的水平了。我们可以对比2007年1月那次"加准"之前的水平，当时大型金融机构和中小金融机构的存准率都是 9%。可见，虽然当前大型金融机构的存准率水平比 2007 年年初的水平还高一些，但是中小金融机构的存准率水平与当时相比已经非常接近了。作为参照，当时中国的外汇储备刚刚突破 1 万亿美元大关不久，达到 1.1 万亿美元左右的水平。所以从这个对比来看，当前的存准率水平实际上已经稍显"偏低"了。

可以预计，虽然 2018 年或 2019 年存准率仍有进一步下探的可能，但其大幅下降的空间实际上已经不大了。而且存准率越低，货币政策在提供流动性中所处地位就越被动。维持一个相对较高水平的存准率才利于掌握宏观调控的主动权。

当然，还有一种可能性，就是未来当人民币开始加息的时候，降准可能成为一种用于对冲的政策工具。届时，"加息+降准"将会成为一种很有意思的货币政策搭配工具。

后记

从财经评论到学术论文

这些年笔者的体会是：既要写学术论文，又要写财经评论，真的太难了。写财经评论非常占用写学术论文的时间和精力，这是矛盾的。但是，如果能通过财经评论来激发学术论文的写作思路和灵感，从而借用规范的数理和统计学工具，将大众关心的财经问题用科学理性的方式进行研究并得出一些结论，也是一个值得努力的方向。对于财经学科来说，只写论文闭门造车不好，与现实社会关心的问题脱节；而只写热点问题的评论文章也不好，不能流于"肤浅"，还需要提炼出学术深度。本书的主要内容都是在说房地产及其调控，也多次强调了楼市调控需要科学调控，甚至有一处还提到"以后房地产调控可能成为一门学科"。那么房地产究竟如何调控才是科学的呢？这就需要我们把对相关问题的思考从财经评论层面提升到学术研究的深度来加以系统性地分析和论证。

比如笔者曾经写过一篇题为《限贷和限购政策对一般均衡中房价的影响》①的论文。这篇文章主要针对始于 2010 年的上一轮房地产调控提出了一个在当时是较新颖的分析框架。当然目前始于 2016 年 10 月的这一轮楼市调控问题就更为复杂，但这篇文章提出的分析框架在目前仍然具有一定的适用性。笔者目前也正在写作这篇文章的续作，争取在一个更宏大的一般均衡框架之中，把房地产调控从"限购和限贷"扩展到

---

① 该文发表在《管理科学学报》（2013 年 9 月刊，20-32 页）。该篇文章在"中国知网"上被下载约 2 200 次，被学术论文引用次数约 35 次。限于本书出版的篇幅限制，这篇文章并未收录进本书。笔者在此也欢迎研究房地产调控相关问题的学者们在后续研究中引用这篇文章。

"限购、限贷、限价、限售、摇号"这"五限"上来。

此外，作为和本书序言的呼应，笔者还曾经写过一个关于"情怀"的故事，题为《一台电脑、一杯咖啡、一只小熊》。这应该算是一首现代诗，而不是一篇财经评论。该篇文章虽然阅读量不算多，但这可能是作者写过的最有情怀的一篇文章。2019 年 3 月底，该诗入选《中国当代作家书画家代表作文库》（2019 卷），并被评为特等奖。同样限于本书出版的篇幅限制，这篇文章并未收录进入本书。感兴趣的读者朋友们可以移步至笔者的公众号"学者刘璐"品鉴。

如果有来生，我想当一只大熊猫。

一台电脑、一杯咖啡，这就是一只小熊的生活。
社会很复杂，但也很简单。
管他那房价的涨跌与股价的起伏。
只要学会以小熊的眼光去看世界，一切都会变得很淡然。
一台电脑、一杯咖啡、一只小熊。